Meinungen

„Bob Prechters neues Buch *Besiege den Crash!* bietet eine Fülle von Tipps zur Selbsthilfe. Man muss es gelesen haben, und ich persönlich setze es auf meine Geschenkeliste für meine Freunde und meine Familie."

Dr. Martin D. Weiss,
Autor des Bestsellers *The Ultimate Safe Money Guide*

„Dies ist eine Zeit, die über Ihr gesamtes finanzielles Leben entscheidet. Dieses Buch erklärt, wieso. Es sagt Ihnen außerdem, was Sie deshalb tun sollten. Wenn Sie Ihr Vermögen nicht verlieren wollen, dann empfehle ich Ihnen dringend, Prechters Ratschläge zu befolgen. Sie werden später dafür dankbar sein."

Ian Gordon, *The Long Wave Analyst*

„*Besiege den Crash!* gibt disziplinierten Anlegern Landkarte, Kompass und Survivalführer in die Hand. Gehen Sie nicht ohne dieses Buch aus dem Haus!"

Henry Van der Eb, Präsident von Gabelli Mathers Fund

„Eine fesselnde Darstellung der Funktionsweise und der Psychologie der Konjunkturzyklen mit den Methoden der Marktanalyse."

Sean Corrigan, Capital-Insight.com

„Prechter kennt die Fakten wie kaum ein anderer. Lesen Sie seine zwingenden Ausführungen genau. Das kann Ihnen finanzielle Verluste ersparen."

James R. Cook, Präsident von Investment Rarities

„*Besiege den Crash!* ist ein höchst beeindruckendes Stück Research, basierend auf geistiger Integrität, tiefem Realismus und Logik. Es errichtet einen wichtigen Eckpfeiler für die Kapitalerhaltung. Wer seine Voraussetzungen und Schlussfolgerungen bestreitet oder ablehnt, könnte dies durchaus mit dem dauerhaften Verlust seines Wohlstands bezahlen."

Jean-Pierre Louvet,
Gründer und CEO von The Safe Wealth Group

„Dieses Buch skizziert auf brillante und einfache Weise die Entstehung der Investitionsblase und ihre Ursachen. Prechter wird als Legende in die Geschichte eingehen, denn er hat die Jahrhunderthausse vorausgesagt und bietet nun eine hellsichtige Beschreibung des wirtschaftlichen Desasters, das unglücklicherweise vor uns liegt. Ich rate Ihnen dringend, dieses Buch zu lesen und es an Freunde und Bekannte weiterzugeben. Es bietet hervorragende Ratschläge, wie Sie sich finanziell vorbereiten können. Die Lektüre dieses Buches kann den Ausschlag geben, ob Sie sich in den kommenden 20 Jahren in großem Mangel befinden oder bequem leben können."

David Tice,
Präsident von Prudent Bear Funds

Besiege den Crash!

Besiege den Crash!

Wie man eine Deflationskrise übersteht und dabei sogar gewinnt

Robert R. Prechter

BÖRSEN MEDIEN
AKTIENGESELLSCHAFT

Die Originalausgabe erschien unter dem Titel
**Conquer the Crash –
You Can SURVIVE and PROSPER in a Deflationary Depression**
im Verlag John Wiley & Sons, Inc.

Übersetzt aus dem Amerikanischen von Egbert Neumüller.

Druck: Ebner & Spiegel GmbH, Ulm

2. Auflage
(Original-ISBN 0-470-84982-7)
ISBN 3-922-669-44-1

BÖRSEN MEDIEN
AKTIENGESELLSCHAFT

Postfach 1449 · 95305 Kulmbach
Tel. 09221-90510 · Fax 09221-67953

Widmung

Dieses Buch ist allen meinen Freunden und meinen Kollegen bei Elliott Wave International gewidmet, die es drei Monate lang ertragen haben, dass ich nichts anderes als dieses Buch im Kopf hatte.

Danksagungen

Robert Prechter Sr., Lou Crandall, Pete Kendall und Jean-Pierre Louvet, die mehrere Kapitel durch Fachinformationen bereicherten, waren mir bei der Arbeit an diesem Buch eine unschätzbare Hilfe. Rachel Webb und Sally Web besorgten die Charts und die Gestaltung, Robin Machcinski und Darrell King entwarfen den Umschlag.

Inhalt

Vorwort

Buch eins

Warum es wahrscheinlich ist, dass es bald zu einer monetären Deflation und einer Wirtschaftskrise kommen wird

Teil I:

Argumente für Crash und Depression

Teil II:

Argumente für eine Deflation

Buch Zwei

Wie Sie sich vor Deflation und Depression schützen und sogar davon profitieren

Vorwort

„Pass auf! Pass auf! Pass auf! Pass auf!“

Barry, Greenwich und Morton
aus einem Hit der Shangri-Las

Mein erstes Buch, *The Elliott Wave Principle* (dt. Titel: *Das Elliott-Wellen-Prinzip*), das ich zusammen mit A.J. Frost geschrieben habe, war sehr bullisch gestimmt. Es erschien im November 1978, als der Dow Jones bei 790 Punkten stand.

Heute sind die Aussichten ganz anders. Dies ist nicht die Zeit, finanzielle Risiken einzugehen. Es ist Zeit, die Luken dicht zu machen, um den Sturm sicher zu überstehen.

Wie Sie an dem Titel des Buches erkennen können, sage ich wieder Ereignisse voraus, mit denen kaum einer rechnet. Aber dieses Mal ist mir ganz und gar nicht wohl dabei. Deflation und Depressionen/Wirtschaftskrisen treten nur äußerst selten auf. Eine anhaltende Deflation hat es schon seit 70 Jahren nicht mehr gegeben, und die letzte hat nicht einmal drei Jahre gedauert. In den vergangenen zwei Jahrhunderten hat es nur zwei Perioden gegeben, die die Historiker einstimmig als Wirtschaftskrisen gelten lassen, eine im 19. Jahrhundert und eine im 20. Jahrhundert. Es ist eine komplizierte und gewagte Angelegenheit, derart außergewöhnliche Ereignisse vorauszusagen. Alle, die es in den letzten 50 Jahren versucht haben, sind gescheitert. Angesichts der heutigen sozialpsychologischen Verfassung wird alleine schon der Gedanke an Deflation oder Depression als Ketzerei oder Irrsinn betrachtet. Studie um Studie zeigt, dass die meisten Wirtschaftswissenschaftler der Meinung sind, eine Wirtschaftskrise oder eine Deflation – ob nun einzeln oder zusammen – seien derzeit oder gar überhaupt gänzlich unmöglich. Die Mehrheit glaubt, dass sich die US-amerikanische Wirtschaft unter anhaltendem Wohlstand und mäßiger Inflation in einem Aufwärtstrend befindet; und wenn es unterwegs zu Unterbrechungen kommen sollte, dann werden sie diesem Glauben zufolge milde und von kurzer Dauer sein.

Meine Meinung steht trotz dieses überwältigenden Konsenses fest. Buch eins sagt Ihnen, warum, und Buch zwei sagt Ihnen, was Sie tun müssen, wenn Sie mit meinen Schlussfolgerungen übereinstimmen.

Falls Sie aufgrund irgendwelcher bizarren Umstände bereits davon überzeugt sind, dass es wünschenswert ist, sich auf Deflation und Depression vorzubereiten, dann können Sie gleich zu Buch zwei übergehen. Wenn nicht, dann müssen Sie erst Buch eins lesen. Bevor Sie Schritte unternehmen können, sich gegen einen Crash aufgrund von Deflation und Depression zu schützen, müssen Sie verstanden haben, was in einem solchen Fall passiert, sie müssen es für möglich halten und dann zu dem Schluss kommen, dass es wahrscheinlich ist. Es ist das Ziel von Buch eins, Sie zu diesem Punkt zu führen. Nachdem Sie sich diese Ideen zu Eigen gemacht haben, wird Ihnen in Buch zwei beigebracht, selbstbewusst zu handeln, um Ihr Überleben und Ihren Wohlstand zu sichern.

Warnung

Ich habe in der Vergangenheit auch schon falsch gelegen. Den größten Fehler meiner Laufbahn habe ich bezüglich des Aktienmarktes gemacht. Nachdem ich den Beginn der großen Hausse vorausgesagt hatte und geschrieben hatte „Das Verhalten der Anleger nimmt aufgrund der Massenpsychologie manische Züge an", konnte nicht einmal ich mir vorstellen, dass das Aktienfieber so lange anhalten und so hoch steigen würde, wie es dann tatsächlich geschehen ist. Ich bin von dem fahrenden Zug also zu früh abgesprungen. Doch sei es wie es mag, meine grundsätzliche Interpretation der langfristigen Finanzlage, die ich in Kapitel 4 erörtere, halte ich für zutreffend. Es ging nie darum, ob wir eine ungeheuere Hausse und eine Baisse von historischen Ausmaßen erleben würden, sondern nur darum, wann sie beginnen und wie lange sie anhalten.

Der Grund, weshalb ich weiterhin meine unkonventionellen Ansichten äußern will, ist der Glaube, dass meine Auffassungen vom Finanzwesen und von der Makroökonomie zutreffend sind und dass die üblichen Auffassungen falsch sind. Natürlich machen auch Wellen-Analysten Fehler, aber sie treffen auch erstaunlich exakte langfristige Vorhersagen. Diejenigen, die keine Ahnung von Wellen haben, können überhaupt keine nutzbringenden Gesellschaftsprognosen erstellen.

Die Aussicht, Maßnahmen zu ergreifen, die den Auffassungen einer ganzen Batterie von Experten zuwiderlaufen, mag Ihnen als großes Risiko erscheinen. Aber eine praktische Überlegung beseitigt dieses Risiko: Wenn Sie die Ratschläge des vorliegenden Buches befolgen und es tritt keine Finanzkrise auf, dann ensteht Ihnen kein Schaden. Tatsächlich dürften Sie von den meisten Empfehlungen sogar ganz nett profitieren. Selbst wenn sich meine Vorhersagen als unzutreffend erweisen, wird schlimmstenfalls Ihr Geld weniger Gewinn abwerfen als im anderen Fall. Vergleichen Sie diese Möglichkeiten mit dem entgegengesetzten Szenario: Wenn die etablierten Wirtschaftsexperten, denen es in der Regel nachgewiesenermaßen perfekt gelingt, Konjunkturschwächen nicht vorher zu erkennen, wieder falsch liegen, dann verlieren Sie alles, wofür Sie so hart gearbeitet haben. Sie verbauen sich damit auch die Chance, ab der nächsten größeren Talsohle ein Vermögen zu verdienen.

Und noch ein Pluspunkt: Wenn Ihnen am Ende ein Teil der Profite entgeht, die ein Jahrzehnt des Wohlstands Ihnen hätte bringen können, dann entschuldige ich mich hiermit im Voraus; ich weiß, wie es ist, wenn man eine Gelegenheit verpasst, und ich würde es bedauern, wenn ich Sie dazu gebracht hätte, dass es Ihnen genauso ergeht. Aber wenn Sie sich dadurch finanziell ruinieren, dass Sie den bullischen Rat von Wirtschaftlern, Finanzverwaltern, Brokern, Medienexperten und so weiter befolgt haben, dann entschuldigt sich keiner von ihnen. Sie werden sich darauf berufen, dass man die Zukunft nicht habe vorhersehen können, und daher sei es nicht ihr Fehler, dass die felsenfesten Überzeugungen und Binsenweisheiten, die sie so vollendet formuliert haben und auf die Sie sich in Ihrer Finanzplanung verlassen haben, falsch waren.

Und dann gibt es noch einen Haken: Ich biete Ihnen auf keinen Fall eine Ausrede, die Sie jeglicher Verantwortung entbindet. Wenn

Sie Ihr Geld, Ihr Haus, Ihr Einkommen und Ihre Rente durch Deflation und Depression verlieren, dann können Sie wenigstens den Fachleuten die Schuld in die Schuhe schieben. Sie können ausrufen: „Ich habe nur getan, was die mir gesagt haben!" Wenn Sie aber nach der Lektüre dieses Buches Maßnahmen ergreifen, dann bestehe ich darauf, dass Sie das tun, weil Sie meiner Argumentation zustimmen, und nicht weil Sie blindlings den Schlüssen folgen, die ich daraus ziehe. Wenn Sie es im Leben zu etwas bringen wollen oder zumindest etwas lernen wollen, dann müssen Sie schon selbst denken.

Robert R. Prechter, im März 2002

Buch Eins

Warum es wahrscheinlich ist, dass es bald zu einer monetären Deflation und einer Wirtschaftskrise kommen wird

Teil I
Argumente für Crash und Depression

Eine Frau, die im Auto unbequem sitzt:
„Ich sitze auf etwas drauf!"
W.C.Fields:
„Ich habe meins an der Börse verloren."

International House (1933)

Kapitel 1: Entzauberung eines Mythos

Wie oft haben Sie in den letzten zehn Jahren glühende Berichte über die „New Economy" gehört? Bestimmt hundert Mal, wenn nicht tausend Mal. Diejenigen unter Ihnen, die auf einer einsamen Insel leben oder die dieses Buch 50 Jahre nach Erscheinen lesen, werden das noch deutlicher erfahren, und zwar gemäß Abbildung 1-1. Sie zeigt, wie schnell die Medien der Welt Jahr um Jahr immer häufiger Bezug auf die „New Economy" genommen haben. Der Begriff war in aller Munde. Wirtschaftswissenschaftler feiern die Ausweitung der „Dienstleistungsgesellschaft" und behaupten, das Wirtschaftswachstum im Informationszeitalter sei „nie dagewesen" hinsichtlich der Lebhaftigkeit, der Robustheit und des Ausmaßes. Worte kosten nichts. Anders ist es mit Beweisen.

Was würden Sie dazu sagen, wenn Sie feststellen würden, dass wir bisher alles andere als eine New Economy haben, dass das ganze Gerede eine Lüge ist? Das vorliegende Kapitel soll Ihnen zeigen, dass die viel beschworene wirtschaftliche Expansion der führenden Wirtschaftsmacht – der Vereinigten Staaten – in den letzten Jahrzehnten weit weniger beeindruckend war als man Sie glauben machen will, und in weit höherem Maße gilt dies für den Rest der Welt.

Werfen Sie zunächst einen Blick auf Abbildung 1-2. Sie zeigt die Entwicklung des amerikanischen Aktienmarktes von dem Tief 1932 während der Weltwirtschaftskrise bis zur Gegenwart. Der Graph

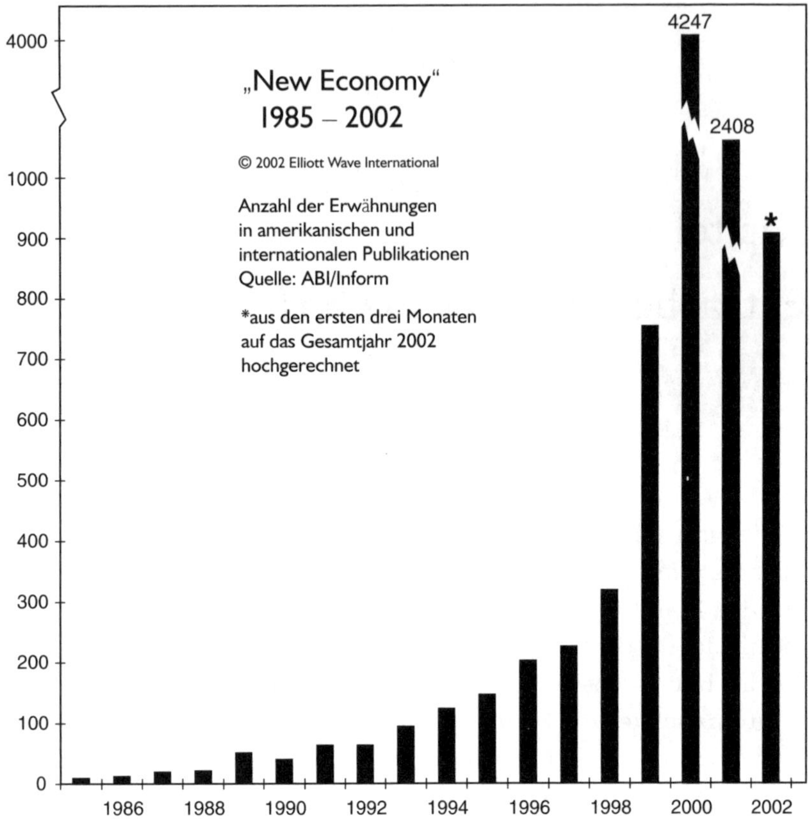

Abbildung 1-1

weist fünf Phasen – beziehungsweise „Wellen" – von Aufstieg und Niedergang auf.

Die Anmerkungen im Chart fassen eine schockierende Tatsache zusammen: Das Wirtschaftswachstum war in der letzten Phase (Welle V), die von 1974 bis 1990 gedauert hat, merklich schwächer als in der vorhergehenden Aufschwungphase (Welle III), die von 1942 bis 1966 gedauert hat. Die beiden Perioden sind sich insofern ähnlich, als sie eine Aktienhausse von einem Vierteljahrhundert hervorgerufen haben. Ein bemerkenswerter Unterschied ist die Tatsache, dass der Dow Jones Industrial Average (DJIA) in Welle III nur 971 Prozent zugelegt hat, in Welle V dagegen 1930 Prozent oder rund das Doppelte.

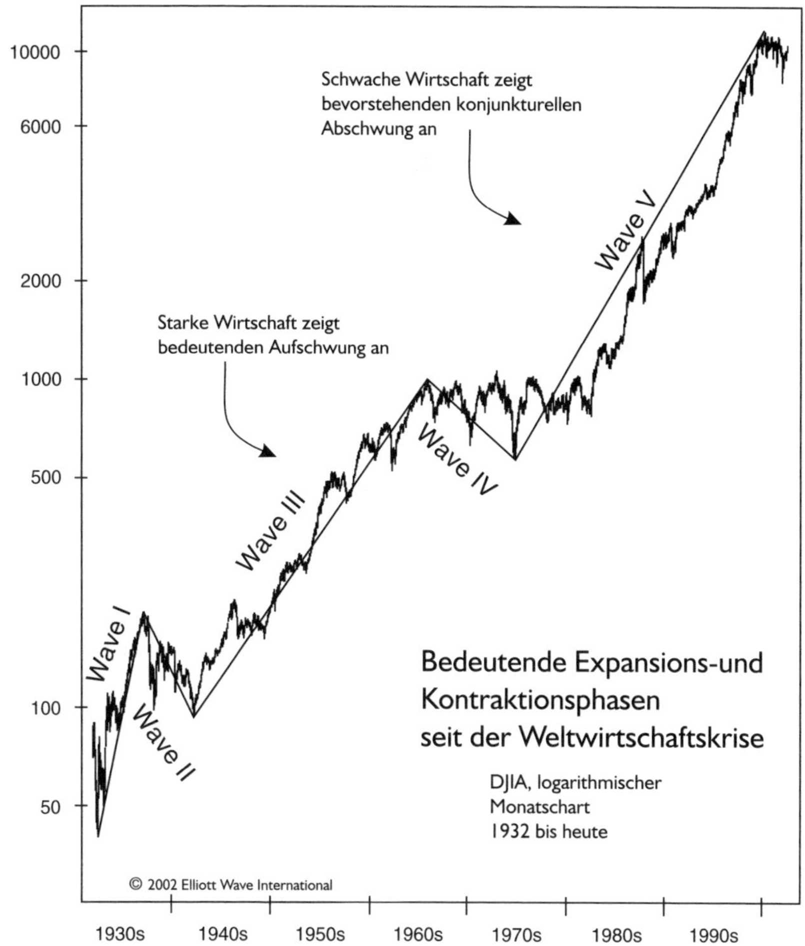

Abbildung 1-2

Die ungeheuere Aktienhausse in Welle V ist der große „Boom", den die Menschen unmittelbar empfinden. Aber wie Sie noch sehen werden, kann sich die wirtschaftliche Energie und finanzielle Kraft von Welle V, die eine so begeisterte Presse für sich verbuchen kann, in keiner maßgeblichen Hinsicht mit derjenigen von Welle III messen.

Ich bitte Sie, die unten stehenden Angaben eine nach der anderen durchzugehen (aus den 40er-Jahren stehen den Wirtschaftswissenschaftlern nicht alle Daten zur Verfügung, deshalb fangen die Daten für Welle III etwas verspätet an). Wenn Sie die Informationen aufgenommen haben, machen wir uns an die Aufgabe herauszufinden, was sie bedeuten.

Vergleich von Maßzahlen für den Zustand der Wirtschaft

(vgl. Abb. 1-3)

Bruttoinlandsprodukt (BIP)

- In Welle III, von 1942 bis 1966, betrug die durchschnittliche jährliche Wachstumsrate des BIP 4,5 Prozent.
- In Welle V, von 1975 bis 1999, betrug sie nur 3,2 Prozent.

Industrielle Produktion

- In Welle III stieg die Industrieproduktion jährlich um durchschnittlich 5,3 Prozent.
- In Welle V waren es nur 3,4 Prozent.

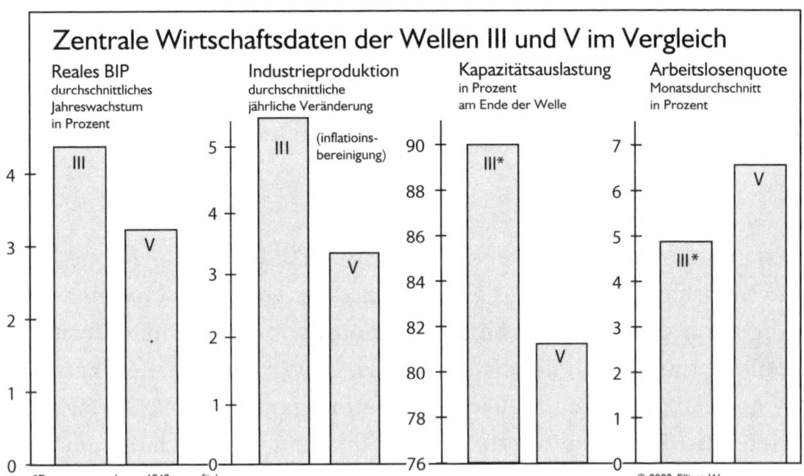

Abbildung 1-3

Berücksichtigt man die Zahlen für das BIP und die Industrieproduktion gemeinsam, dann lässt sich aus den vorliegenden Daten schließen, dass die Wirtschaftskraft in Welle V um ein Drittel geringer war als in Welle III.

Auslastung

Der Grad der Auslastung der Kapazität von Fabriken verdeutlicht das Verhältnis der Energie der wirtschaftlichen Expansion zur Fähigkeit der Infrastruktur, damit zurechtzukommen.

- In Welle III stieg die Auslastung von 1948 (ältere Zahlen liegen nicht vor) bis zum Juni 1966 um 22 Prozent auf 91,5 Prozent und blieb bis Ende der 60er-Jahre hoch.

- In Welle V stagnierte die Auslastung insgesamt betrachtet. Der Höhepunkt wurde im Januar 1995 mit 84,4 Prozent erreicht. Die amerikanischen Fabriken arbeiteten im nächsten Hoch im Juni 2000 nur mit 82,7 Prozent ihrer Kapazität.

Arbeitslosenquote

Sie zeigt an, wie ungesund die Wirtschaft ist.

- In Welle III ab 1948 (ältere Zahlen liegen nicht vor) lag die Arbeitslosigkeit im Monatsdurchschnitt bei 4,9 Prozent.

- In Welle V waren es 6,6 Prozent.

Vergleich von Maßzahlen für Verschuldung, Haushaltsdefizit und Liquidität

(vgl. Abb. 1-4)

Um das volle Ausmaß der Schwäche der „Fundamentaldaten" von Welle V zu ermessen, muss man neben den Wirtschaftsdaten auch die Bilanzen von Unternehmen, Haushalten und der Regierung betrachten, die diesen Ergebnissen zu Grunde liegen.

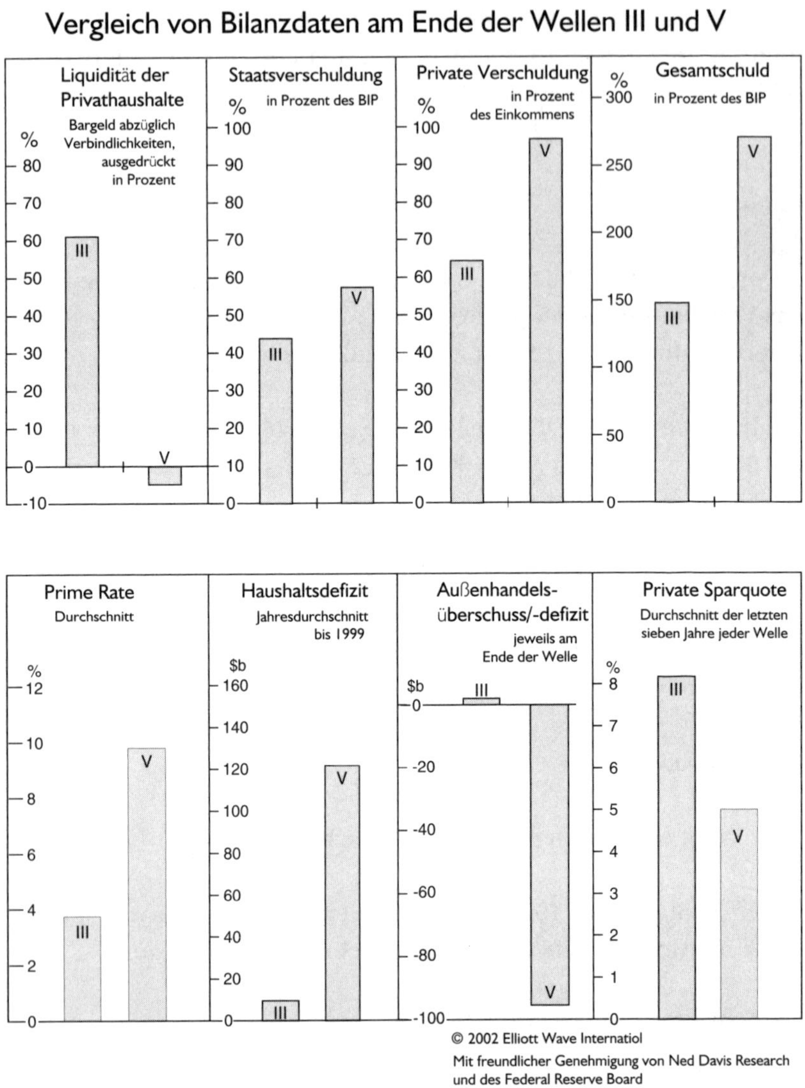

Abbildung I-4

Flüssiges Vermögen der Privathaushalte

- Am Ende von Welle II betrug das Vermögen der Privathaushalte 161 Prozent der Verbindlichkeiten.

- Am Ende von Welle V betrug das Vermögen der Privathaushalte

93 Prozent der Verbindlichkeiten, das heißt sie hatten weniger Geld als Schulden.

Staatsverschuldung

- Am Ende von Welle III betrug die Staatsverschuldung 43,9 Prozent des BIP.

- Am Ende von Welle V lag sie bei 58,6 Prozent.

Private Verschuldung

- Am Ende von Welle III betrugen die Schulden des durchschnittlichen Verbrauchers 64 Prozent seines verfügbaren Einkommens.

- Am Ende von Welle V waren es 97 Prozent.

Gesamtschuld im Vergleich zum BIP

- In Welle III sanken die am Kreditmarkt vorhandenen Schulden, ausgedrückt als Prozentsatz des BIP, von 1949 bis 1966 von 151 auf 148 Prozent.

- In Welle V stiegen die Schulden von 172 auf 269 Prozent.

Prime Rate

- In Welle III betrugen die Zinsen, die Unternehmen von höchster Bonität für Kredite zahlen mussten, durchschnittlich 3,74 Prozent.

- In Welle V lagen sie mit durchschnittlich 9,66 Prozent fast dreimal so hoch.

Haushaltsdefizit des Bundes

- In Welle III gab es kein dauerhaftes Haushaltsdefizit. Mehrere aufeinander folgende Jahre mit Defizit gab es nur in den Kriegsjahren 1942 bis 1946. Das durchschnittliche jährliche Haushaltsdefizit betrug weniger als 9 Milliarden US-Dollar.

- In Welle V betrug das jährliche Haushaltsdefizit im Schnitt 127

Milliarden US-Dollar, was sogar inflationsbereinigt weitaus mehr ist.

Handelsbilanz

- Am Ende von Welle III erwirtschafteten die Vereinigten Staaten im Außenhandel einen Überschuss von 1,3 Milliarden US-Dollar.

- Am Ende von Welle V betrug das Außenhandelsdefizit 96,2 Milliarden US-Dollar.

Private Sparquote

- In Welle III blieb die Sparquote relativ konstant und erreichte im Februar 1969 einen Tiefststand von 6,5 Prozent des verfügbaren Einkommens.

- In Welle V fiel die private Sparquote beständig und erreichte im März 2000 ein Rekordtief von 0,5 Prozent.

Bilanz der Vereinigten Staaten (ohne Abbildung)

- Am Ende von Welle III waren die Vereinigten Staaten ein Nettogläubiger.

- Am Ende von Welle V waren die Vereinigten Staaten ein Nettoschuldner. Der Staat hatte im Ausland zwei Billionen US-Dollar mehr Schulden als Außenstände.

So dramatisch diese Zahlen auch sein mögen, sie enthüllen die schwächere Wirtschaftsleistung von Welle V nicht in ihrem vollen Ausmaß, weil sowohl die Methoden der staatlichen Wirtschaftsberichte als auch die Bilanzierungsrichtlinien der Unternehmen im Verlauf von Welle V dahingehend geändert wurden, dass sie die Wirtschaftskraft beschönigen. Würde man diese kosmetischen Änderungen bereinigen, würden die meisten Zahlen eine noch größere Diskrepanz zwischen den beiden Zeiträumen offenbaren. Wenn man für Welle V nur die Zahlen ab 1982 verwenden würde, um die Expansion in möglichst gutem Licht erscheinen zu lassen, würden sie sich nur wenig verändern und in einigen Fällen sogar verschlechtern. Falls der Dow Jones in den kommenden Monaten ein neues Hoch markieren würde, dann müsste man auch noch die schwachen Wirtschafts- und Finanzdaten der vergangenen zwei Jahre zu der schlechten Performance von Welle V dazuschlagen; und das würde sie noch weiter herabziehen. Sie sehen also, dass es eigentlich keine New Economy gibt, sondern eher eine relativ schlappe Wirtschaft.

Konjunkturelle Abschwächung im letzten Jahrzehnt von Welle V

Die wirtschaftliche Expansion nahm nicht nur langfristig betrachtet ab, sondern auch kurzfristig, innerhalb von Welle V. Das reale BIP hielt sich während der gesamten Hausse relativ stabil, jedoch zeigten einige Maßzahlen eine feine, aber beständige Abschwächung der Wirtschaftstätigkeit. So sank beispielsweise die durchschnittliche jährliche Gewinnwachstumsrate der Unternehmen von 10,8 Prozent in den ersten 15 Hausse-Jahren auf 8,8 Prozent in den 90er-Jahren; das ist ein Abfall um circa 20 Prozent. Vom Börsentief im September/Oktober 1998 bis zum dritten Quartal 2000 (dem Höhepunkt der Wirtschaftsleistung in diesem Zeitraum) betrug das durchschnittliche Gewinnwachstum nur 4,6 Prozent. Das bedeutet, dass sich die Konjunktur mit dem Erreichen des Kamms von Welle V noch weiter abschwächte.

Vorboten der Wende?

Die Summe der angeführten Statistiken zeigt, dass sich die wirtschaftliche Entwicklung der Vereinigten Staaten um mehrere Größenordnungen verlangsamt hat, und dieser Trend gilt auch heute noch. Wenn er sich fortsetzt, dann wird sich die konjunkturelle Expansion, die im vergangenen Oktober begonnen hat, als die bislang kürzeste und schwächste erweisen.

Die stetige Verlangsamung der amerikanischen Wirtschaft ist von elementarer Bedeutung, denn sie kündigt meiner Meinung nach den Übergang von wirtschaftlicher Expansion zu wirtschaftlicher Kontraktion an. In Kapitel 5 werden die Gründe für diese Schlussfolgerung ausführlich dargelegt. Aber wie Sie jetzt schon erkennen können, braucht man sich nicht auf Hypothesen zu verlassen. Im 20. Jahrhundert gab es zweimal Situationen, die der jetzigen vergleichbar waren.

Die USA in den 1920er-Jahren

Wenn Sie sich noch an das erinnern, was Sie im Geschichtsunterricht gelernt haben, dann wissen Sie, dass es in den 20er-Jahren das geflügelte Wort von dem „Neuen Zeitalter" gab, in das die Wirtschaft angeblich eingetreten war. Präsident Hoover erinnert sich in seinen Memoiren wehmütig daran, dass die Wirtschaftsexperten damals genauso von der wunderbaren Wirtschaft schwärmten, wie sie das heute tun. Waren die Roaring Twenties wirklich ein Neues Zeitalter, oder war diese Behauptung nichts als maßlose Übertreibung, angeheizt durch die gute Stimmung, die die steigende Börse hervorrief?

Gemäß den Zahlen von Professor Mark Siegler vom Williams College in Massachusetts wuchs das jährliche Bruttoinlandsprodukt der Vereinigten Staaten von 1872 bis 1880 inflationsbereinigt von 98 auf 172 Milliarden US-Dollar oder um 68 Prozent. Von 1898 bis 1906 wuchs das reale BIP von 228,8 auf 403,7 Milliarden US-Dollar oder um 56 Prozent. Von 1921 bis 1929 dagegen, im angeblichen „Neuen Zeitalter" der Roaring Twenties, stieg das BIP von 554,8 auf 822,2 Milliarden US-Dollar oder um 48 Prozent. Besonders schwach erscheint diese Leistung angesichts der Tatsache, dass der Aktienmarkt zwischen 1921 und 1929 einen größeren prozentualen Aufstieg erlebte, als es in der Geschichte der Vereinigten Staaten je der Fall gewesen war.

Ähnlich wie heute gelang es der damaligen Wirtschaft erstens nicht, mit dem Anziehen der Aktienkurse Schritt zu halten, und zweitens blieb sie hinter der vorangegangenen Expansion zurück. Die Folge war die Weltwirtschaftskrise oder Große Depression.

Das Beispiel Japan und die Lehren, die man daraus ziehen kann

Wenn Sie älter als 20 Jahre sind, dann erinnern Sie sich sicher an das „japanische Wunder" der 80er-Jahre. Die Produkte des Landes waren Weltspitze. Die Manager japanischer Unternehmen hielten Vorlesungen und schrieben Bücher darüber, wie sie das geschafft hatten. Scharen von CEOs aus der ganzen Welt ahmten den japanischen Managementstil nach. Der Nikkei-Index stieg stetig, und Anleger aus dem Ausland investierten in dieses „todsichere Geschäft". Vollbrachte die japanische Wirtschaft wirklich ein Wunder, oder war es auch hier so, dass die Wirtschaftswissenschaftler die Wirtschaftszahlen nicht beachteten und einfach nur die gute Stimmung weitergaben, die durch den galoppierenden Aktienmarkt bedingt war?

Abbildung 1-5 zeigt das reale BIP-Wachstum Japans von 1955 bis heute. Beachten Sie, dass das Wachstum von 1955 bis 1973 mit 9,4 Prozent extrem hoch war. Von 1975 bis 1989 jedoch wuchs die Wirtschaft nur um durchschnittlich 4,0 Prozent im Jahr. Die relativ schwache Wirtschaftsleistung fiel zeitlich mit einem Rekord-Boom an der Börse zusammen. Ebenso wie in den Vereinigten Staaten in den 20er-Jahren hielt die Konjunktur in den ruhmreichen Jahren Japans weder mit dem Aufstieg des Nikkei Schritt noch mit der vorange-

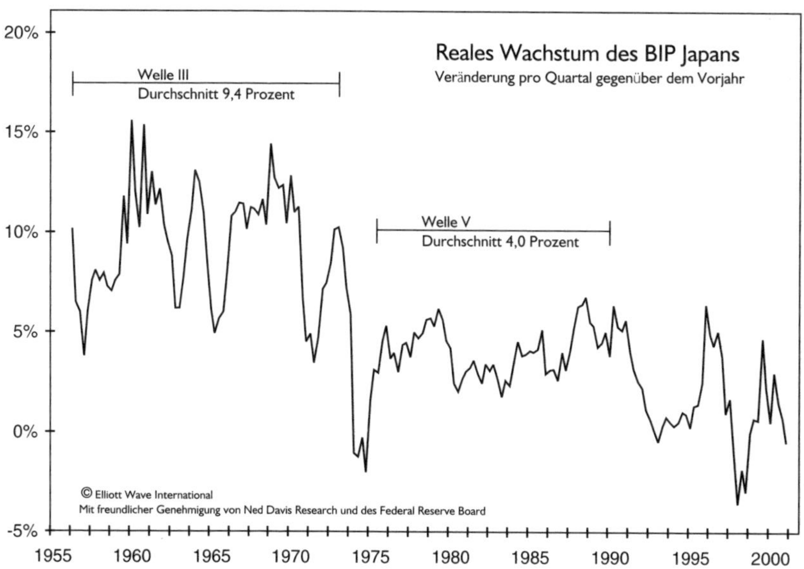

Abbildung 1-5

gangenen Expansion. Diese zweifache Diskrepanz kündigte das Nahen eines Umschwungs an, der die Aktien und die Wirtschaft auf Jahrzehnte hinaus prägen sollte. Vom Gipfel seiner „Welle V" ab hat der Nikkei-Index 70 Prozent verloren, die Wirtschaft hat in zwölf Jahren drei Rezessionen durchgemacht, und das Bankensystem ist schwer angeschlagen. Wir werden in Kapitel 8 sehen, dass der Abwärtstrend noch nicht beendet ist.

Der Kaiser ist nackt

Das „Neue Zeitalter" der 20er-Jahre endete im Zusammenbruch. Das „japanische Wunder" der 80er-Jahre endete im Zusammenbruch. Wird der heutigen „New Economy" das Gleiche widerfahren? Die Andeutung einer Antwort haben wir bereits, und die folgenden sieben Kapitel bieten eine definitive Antwort auf diese Frage.

Ich glaube, dass die Historiker der Zukunft, wenn sie auf unsere Zeit zurückblicken, den langsamen aber stetigen Rückgang des Wachstums in den USA und der Welt in der zweiten Hälfte des 20. Jahrhunderts erkennen werden und sich fragen werden, warum so wenige Menschen dies als Zeichen für den bevorstehenden Wechsel erkannt haben.

Kapitel 2:
Wann treten Wirtschaftskrisen auf?

Wirtschaftskrisen sind nicht nur ein Thema für Gelehrte. Während der Weltwirtschaftskrise von 1929 bis 1933 verloren viele Menschen ihre Geldanlagen, ihre Häuser, ihr Rentenkapital, ihr Bankkonto, ihr Geschäft – kurz gesagt ihr Vermögen. Renommierte Finanzfachleute verloren ihren guten Ruf, so mancher Geschäftsmann oder Spekulant nahm sich sogar das Leben. Die nächste Depression wird ähnliche Auswirkungen haben. Wenn man solche Erfahrungen vermeiden will, muss man die Krise voraussehen können. Lassen Sie uns sehen, ob so etwas möglich ist.

Die Definition von „Depression"

Eine konjunkturelle Kontraktion beginnt damit, dass die Nachfrage nach Gütern und Dienstleistungen im Verhältnis zur Produktion – berechnet nach den derzeit geltenden Preisen – abfällt. Wenn ein solcher Nachfragemangel entsteht, sinken die Preise für Waren und Dienstleistungen. Sinkende Preise signalisieren den Produzenten, dass sie die Produktion herunterfahren müssen. Somit geht die Produktion insgesamt zurück.

Wirtschaftliche Kontraktionen können in verschiedenen Größenordnungen auftreten. Die Ökonomen unterscheiden nur zwischen zwei Arten, nämlich Rezession und Depression (Wirtschaftskrise).

Anhand der Art, wie die Ökonomen diese Etiketten in der Vergangenheit vergeben haben, können wir schließen, dass eine Rezession einen mäßigen Produktionsrückgang bezeichnet, der einige Monate bis zwei Jahre andauert. Eine Depression ist ein Produktionsrückgang, der entweder zu tief oder zu anhaltend ist, als dass er nur Rezession genannt werden könnte. Sie sehen, die Begriffe sind zwar quantitativ, aber zutiefst ungenau. Und es ist auch nicht möglich, sie präziser zu fassen; fehlgeleitete Versuche dies zu tun hat es schon gegeben (dazu später mehr).

Für die Zwecke dieses Buches genügt es zu wissen, dass der Grad der wirtschaftlichen Kontraktion, die ich vorausahne, weitaus größer ist als eine Rezession, wenn man davon ausgeht, dass es seit 1933 elf Rezessionen gegeben hat. Wenn meine Voraussagen stimmen, wird nach dem Ende der Kontraktion kein Wirtschaftswissenschaftler mehr zögern, sie als Depression zu bezeichnen.

Depressionen und Aktienmärkte

Unsere Untersuchung der Frage, wie man Wirtschaftskrisen voraussagen kann, beginnt mit einer wichtigen Beobachtung: Ein größerer Niedergang der Börse führt unmittelbar in eine Depression. Abbildung 2-1 zeigt die Entwicklung der englischen und amerikanischen Aktienkurse (aggregiert) seit Beginn der Aufzeichnungen vor gut 300 Jahren. Man sieht, dass auf jeden Kursverfall, der in diesem Langfristchart besonders auffällt, eine Depression folgte. Es gibt drei derartige Perioden, und zwar von 1720 bis 1784, von 1835 bis 1842 und von 1929 bis 1932.

Um Sie in meine Denkweise einzuführen, möchte ich Ihnen die Überschrift von Abbildung 2-1 erläutern. Der Aktienmarkt ist das empfindlichste gesellschaftliche Stimmungsbarometer der modernen Gesellschaft. Wenn die Masse optimistisch ist, kauft sie Aktien und geht produktive Wagnisse ein. Wenn die Masse pessimistisch ist, verkauft sie Aktien und schraubt ihre Produktionsanstrengungen zurück. Die wirtschaftlichen Trends hinken den Börsentrends hinterher, denn es dauert eine gewisse Zeit, bis die wirtschaftspolitischen Entscheidungen sich auswirken, die an Höhe- beziehungsweise Tiefpunkten der gesellschaftlichen Stimmung gefällt werden. Die Weltwirtschaftskrise zum Beispiel erreichte im Februar 1933 die Talsohle, das heißt sieben Monate nach dem Börsentief vom Juli 1932. Psychologische Trends rufen also wirtschaftliche Trends hervor. Die tatsächliche Kausalbeziehung zwischen Psychologie und Wirtschaft ist dem, was allgemein angenommen wird, entgegengesetzt. Wundern Sie sich also nicht, wenn Ihnen diese Aussage widerstrebt. Kapitel 3 behandelt dieses Thema ausführlicher.

Wenn Sie die Abbildung 2-1 näher betrachten, werden Sie sehen, dass die größten Börsenzusammenbrüche nicht nach längeren Phasen verfallender Kurse stattgefunden haben. Sie waren nicht das Ergebnis von langsamen und langfristigen Veränderungsprozessen, sondern traten ziemlich unvermittelt nach längeren Phasen steigender Aktienkurse und expandierender Wirtschaft auf. Also beginnt eine Depression damit, dass sich eine beständige und häufig auch schnelle positive Börsenentwicklung anscheinend unvorhersehbar in ihr Gegenteil verkehrt. Der abrupte Wechsel von wachsendem Op-

Abbildung 2-1

timismus zu wachsendem Pessimismus ist der Auslöser der wirtschaftlichen Kontraktion.

Die Grafik zeigt, dass nicht nach jeder Periode steigender Kurse eine solche Kehrtwende stattfindet, sondern nur manchmal. Wenn Sie vermuten, dass es ein Anzeichen für eine bevorstehende Wende ist, wenn die Konjunktur während eines solchen Kursanstiegs erlahmt, dann liegen Sie richtig. Mehr darüber erfahren Sie in den Kapiteln 3 und 5.

Finanzielle und konjunkturelle Hierarchien

Vielleicht finden Sie es interessant, dass auch fast jeder kleinere Kursverfall, der in Abbildung 2-1 erkennbar ist, zu einer konjunkturellen Verlangsamung geführt hat. Die Schwere der Kontraktionen steht in Beziehung zum Ausmaß der entsprechenden Kursverluste.

Leider ist es schwer, die Rangfolge der Wirtschaftstrends darzustellen, denn die üblichen quantitativen Definitionen der Rezession verhindern dies. Es kann passieren, dass die Wirtschaft die willkürlich festgelegte Schwelle zur „offiziellen Rezession" nicht überschreitet; die Diagramme der Wirtschaftsexperten zeigen daher keine Rezession, auch wenn die Konjunktur sich in Wirklichkeit verlangsamt, die Unternehmensgewinne sinken und die Wirtschaftsindikatoren schwächer werden. Es kann vorkommen, dass die Konjunktur nach einem kleinen oder kurzen Börsentief gebremst wird, ohne dass es einen ganzen „negativen" Monat oder gar ein negatives Quartal gibt; aber trotzdem wirkt sich das Tief aus.

Neuere Versuche, den Begriff der Rezession mittels des absoluten Umfangs zu quantifizieren, sind von vornherein fehlerbehaftet. Das ist so, als versuchte ein Botaniker die Begriffe „Ast" und „Zweig" aufgrund von Länge und Dicke zu definieren. Das ergibt dann vielleicht „offizielle" Äste und Zweige, aber da die Übergänge der Größen von Baumteilen in der wirklichen Welt fließend sind, ist eine solche Definition zweifelhaft. Ähnlich resultieren die Versuche, den Begriff der Rezession zu quantifizieren, in den gleichen Missverständnissen hinsichtlich der hierarchischen Ordnung von wirtschaftlichen Kontraktionen und Expansionen, aus denen sie entstanden sind. Den Wirtschaftswissenschaftlern wäre besser gedient, wenn sie sich die Sichtweise des Wellenprinzips zu eigen machen würden, ein hierarchisch gegliedertes Modell der Veränderungen am Finanzmarkt, mit dem Sie im nächsten Kapitel Bekanntschaft schließen werden.

Alles was man braucht

Abseits von all diesen Diskussionen bietet die Abbildung 2-1 alles, was wir für unsere Zwecke brauchen. Sie zeigt, dass die größten Börsenschwächen nach ebenso großen Aufstiegsperioden auftreten. Sie führen zu derart dramatischen wirtschaftlichen Kontraktionen, dass nichts dagegen spricht, sie als Depressionen einzuordnen. Und nun lassen Sie uns sehen, ob uns die Mittel zur Verfügung stehen, sie vorauszusagen.

Kapitel 3
Warum kehren sich Aufwärtstrends an der Börse in Abwärtstrends um?

Wir haben gesehen, dass Depressionen während größeren Abschwüngen am Aktienmarkt auftreten. Wenn wir daher diese seltenen und dramatischen Bärenmärkte voraussagen könnten, dann könnten wir Depressionen voraussagen. Und können wir das?

Der Aktienmarkt weist wiederkehrende Muster auf

Ralph Nelson Elliott hat in einer Reihe von Büchern und Artikeln, die zwischen 1938 und 1946 veröffentlicht wurden (nachzulesen in: *R.N. Elliott's Masterworks*, 1994), den Aktienmarkt als Fraktal beschrieben. Ein Fraktal ist ein Objekt, das in verschiedenen Maßstäben betrachtet gleiche Formen aufweist.

Ein klassisches Beispiel für ein selbstidentisches Fraktal sind verschachtelte Quadrate. Ein Quadrat ist von acht gleich großen Quadraten umgeben, die zusammen ein großes Quadrat bilden; dieses ist wiederum von acht gleich großen Quadraten umgeben, die nochmals ein größeres Quadrat bilden, und immer so weiter.

Ein klassisches Beispiel für ein indefinites selbstähnliches Fraktal sind Küstenlinien. Vom Weltraum aus gesehen weist eine Küstenlinie bestimmte Unregelmäßigkeiten auf. Wenn man sich dann auf einen Abstand von zehn Meilen über der Erde nähert, sieht man nur noch einen Ausschnitt der Küstenlinie, aber die Unregelmäßigkeit des Umrisses ähnelt derjenigen des Ganzen. Das Gleiche gilt für den

Blick aus einem Ballon in einer Höhe von 30 Metern. Erklärungen dieses Konzepts finden sich in *The Fractal Geometry of Nature* (1982) von Benoit Mandelbrot und in zahlreichen späteren Publikationen.

Wissenschaftler erkennen an, dass die Kursverläufe von Finanzmärkten Fraktale darstellen, aber sie gehen davon aus, dass sie zur indefiniten Varietät gehören. Elliott hat das Verhalten von Finanzmärkten bis ins kleinste Detail untersucht und ist zu einem anderen Ergebnis gekommen. Er beschreibt die Zahlenreihen der Aktienkurse als Fraktale mit spezifischem Muster, allerdings mit quantitativen Variationen. Ich bezeichne derartige Fraktale – die Merkmale von selbstidentischen und von indefiniten Fraktalen vereinen – als „robuste Fraktale". Robuste Fraktale durchdringen verschiedenste Lebewesen. So verzweigen sich Bäume beispielsweise gemäß robusten Fraktalen, ebenso das Kreislaufsystem, die Bronchien und das Nervensystem von Tieren. Die Börsendaten fügen sich in die Kategorie der Lebensformen, weil sie das Produkt der sozialen Interaktion von Menschen sind.

Wie sehen die Muster des Aktienmarktes aus?

Abbildung 3-1 zeigt, wie Elliott die Muster des Aktienmarktes verstanden hat. Wenn Sie die Darstellung genau betrachten, stellen Sie fest, dass jedes Teilstück – jede „Welle" – der groben Struktur spezifisch untergliedert ist. Wenn die Welle in die gleiche Richtung läuft wie die übergeordnete Welle, dann untergliedert sie sich in fünf Wellen. Wenn sie der Welle höheren Grades entgegengesetzt ist, zerfällt sie in drei Wellen. Jede einzelne Welle folgt bestimmten Kriterien und Bauprinzipien, die in *Das Elliott-Wellen-Prinzip* (1978) beschrieben werden.

Die Wellen sind auf diese Weise bis in die kleinste beobachtbare Größenordnung untergliedert, und mit fortschreitender Zeit entwickeln sich nach diesem Prinzip immer größere Wellen. Den Grad (die Größenordnung) einer Welle kann man entsprechend einer Art sozialer Richter-Skala nach der relativen Größe beziffern, aber aus Gründen der Vereinfachung werden im vorliegenden Buch für die kurzen Bezugnahmen auf bestimmte Grade die traditionellen Bezeichnungen verwendet.

Abbildung 3-2 zeigt eine aufsteigende Welle, die Elliotts genauen

Abbildung 3-1

Abbildung 3-2

Beobachtungen typischer Entwicklungen in der Realität näher kommt. Beachten Sie zum Beispiel, dass die Wellen 2 und 4 jeweils leicht unterschiedlich geformt sind.

Wenn man versteht, wie sich der Markt auf allen Ebenen des Trends entwickelt, gewinnt man eine unschätzbare Perspektive. Man braucht dann nicht mehr die aktuellen Wirtschaftsdaten zu filtern, als wären es Teeblätter, sondern man erhält einen konzentrierten Blick auf die ganze Bandbreite der wesentlichen Trends, was die Stimmung und die Aktivitäten der Gesellschaft angeht, und zwar so weit zurück in die Vergangenheit, wie es die Zahlen erlauben.

Warum weist der Aktienmarkt wiederkehrende Muster auf?

Verbraucher beurteilen die Preise für Brot oder Schuhe in den meisten Fällen bewusst und vernünftig entsprechend ihren Bedürfnissen und Mitteln. Aber wenn Menschen finanzielle Werte abwägen, kämpfen sie hilflos gegen Unwissenheit und ein Gefühl der Ungewissheit an. Sie bewältigen diese Hindernisse weitgehend, indem sie ihr Urteil im Verhältnis zur Meinung Dritter oder als Reaktion auf das Verhalten Dritter bilden. Dadurch dass sie auf diese Weise die Verantwortung abgeben, werden sie zu Gliedern eines Kollektivs, das kein denkendes Wesen ist. Die Tatsache, dass Kursschwankungen Mustern folgen, zeigt einerseits, dass die Bewertungen des Kollektivs nicht vernünftig sind, dass sie aber andererseits auch nicht zufällig sind. Bleibt als letzte Möglichkeit, dass sie unbewusst bestimmt sind. In der Tat beruhen gemeinsame Stimmungsschwankungen und kollektives Verhalten offenbar auf einem Herdentrieb, der durch stammesgeschichtlich alte Teile des Gehirns unterhalb der Vernunftebene gesteuert wird. Dieser emotionsgeladene Trieb half den Tieren in der Evolution zu überleben, aber für die Bildung zutreffender Erwartungen bezüglich künftiger finanzieller Bewertungen ist er ungeeignet. Die einzige Möglichkeit, wie ein Individuum die Auswirkungen des Herdentriebs im Zaum halten und davon unabhängig werden kann, ist zu begreifen, dass er existiert. Weitere Begründungen für diese Schlussfolgerungen finden Sie in *The Wave Principle of Human Behavior* (1999).

Beispiele für Elliott-Wellen

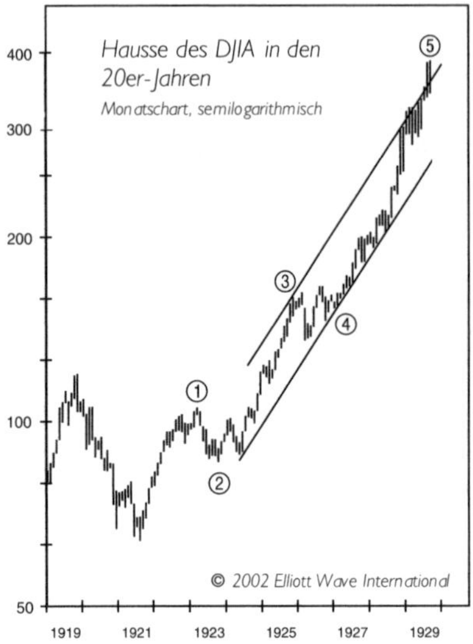

Abbildung 3-3

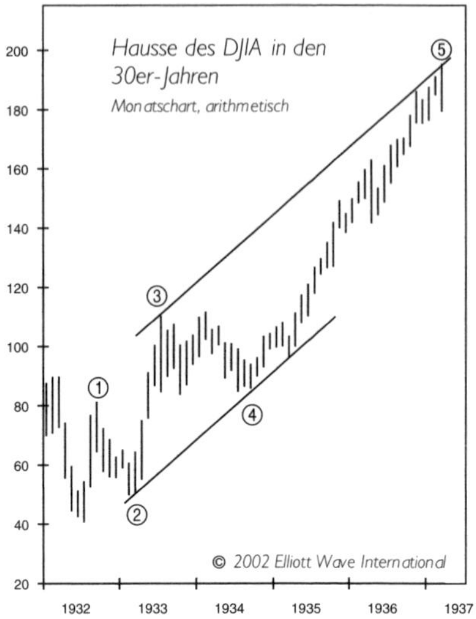

Abbildung 3-4

Abbildung 3-5

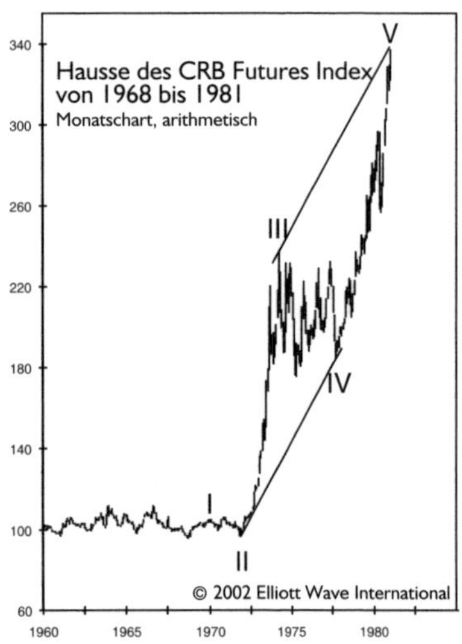

Abbildung 3-6

Beispiele für Wellen in der wirklichen Welt

Die Abbildungen 3-3 bis 3-6 stellen aufsteigende Wellen in verschiedenen Phasen der Finanzmärkte dar. Wie Sie sehen, bestehen sie alle aus fünf aufsteigenden Wellen. Die Fünf-Wellen-Muster setzten sich unbeirrbar fort, ungeachtet irgendwelcher Nachrichten, der Prohibition, eines Immobiliencrashs in Florida, Roosevelts Griff nach dem Gold, Hitlers Machtergreifung und des zuende gehenden Vietnamkrieges.

Ich habe diese Beispiele ausgewählt, weil sie eine von Elliotts Regeln illustrieren. Demnach gehen Haussen häufig zuende, nachdem sie die obere Begrenzung des Trendkanals erreicht haben. In den meisten Fällen entstehen an der Börse Trendkanäle, bei denen die untere Begrenzung die Täler der Wellen 2 und 4 berührt, während die obere Begrenzungslinie die Kämme der Wellen 3 und 5 berührt.

Ein Quiz

Okay, jetzt sind Sie dran. Abbildung 3-7 zeigt einen realen Kursverlauf. Besteht er aus zwei, drei, vier oder fünf vollständigen Wellen? Was ist aufgrund Ihrer Antwort als nächstes zu erwarten?

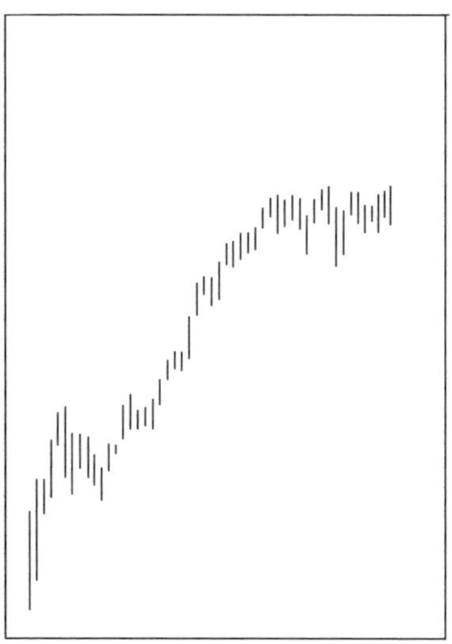

Abbildung 3-7

„Wenn man die gesamte Marktbewegung der letzten 200 Jahre untersucht, gibt es einem ein beruhigendes Gefühl genau zu wissen, wo man sich in der Abzählung der Wellen befindet."

The Elliott Wave Theorist vom 8. November 1982

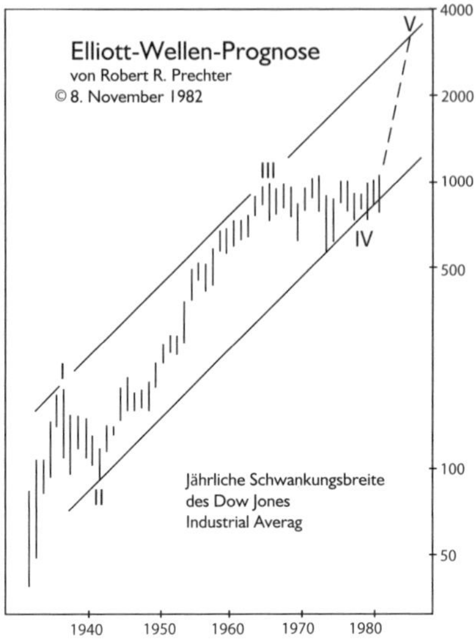

Abbildung 3-8

Vergleichen Sie Ihre Antwort mit meiner. Abbildung 3-8 zeigt eine grafische Prognose, die ich im vierten Quartal 1982 in *The Elliott Wave Theorist* veröffentlicht habe. Aus dem einfachen Gedanken, dass eine Hausse aus fünf Wellen besteht, ergab sich die Voraussage: „Spitzenmäßiger Bullenmarkt im Anmarsch!" Das war am 6. Oktober 1982; der Chart stammt vom 8. November.

Ich habe dieses Beispiel bewusst so einfach wie möglich gehalten. Wenn Sie die einzelnen Bezeichnungen und die Analyse nachvollziehen wollen, die zu der Prognose geführt hat, dann vergleichen Sie den Anhang und die Abbildung 5-5 in Das Elliott-Wellen-Prinzip.

Wie man sieht, sind Elliott-Wellen nicht nur im Rückblick klar erkennbar. Häufig sind sie – vor allem vor Wendepunkten – auch im Hinblick auf die Zukunft klar erkennbar. Mit der Beschreibung weiterer gelungener (und misslungener) Anwendungen des Wellenprinzips könnte ich ein ganzes Buch füllen, aber ich hoffe, dass schon dieses eine Beispiel die meist guten Vorhersagequalitäten dieses Prinzips vermittelt.

Wie sehen die Anzeichen für ein bevorstehendes Börsenhoch aus?

Einfach ausgedrückt endet ein Aufwärtstrend an der Börse, wenn fünf Wellen eines bestimmten Bauprinzips vollendet sind. Je höher der Grad der fünf Wellen, desto größer wird die darauf folgende Rückbewegung sein.

Die Wirklichkeit ist nicht so sauber wie eine idealisierte Wellendarstellung, ebenso wie echte Bäume nicht so sauber konstruiert sind wie die Darstellung eines Baumes im Allgemeinen. Die dritte Welle ist manchmal in die Länge gezogen und deutlich unterteilt. Die erste und die fünfte Welle sind manchmal ähnlich gestreckt. Wenn man ausschließlich Kursmuster verwendet, treten oft Zweifelsfälle auf – es ist nicht eindeutig, ob eine fünfte Welle tatsächlich existiert oder ob eine andere Welle einfach erweitert ist.

Um die Anwendung auf reale Beispiele zu erleichtern, habe ich die Merkmale zusammengefasst, die offenbar allen Wellen gemeinsam sind. Die Abbildung 3-9 illustriert einige dieser Merkmale.

Für die Zwecke dieses Buches ist die wichtigste Beschriftung die Erläuterung der fünften Welle: „Breitenwirkung am Markt und Konjunktur bessern sich, aber nicht so stark wie in Welle 3. Optimismus führt zu großzügigen Bewertungen." Diese Bemerkungen, die ich 1980 formuliert habe, nachdem ich Myriaden von fünften Wellen untersucht hatte, verdeutlichen, dass man vier Punkte überprüfen muss, wenn man annimmt, dass sich der Aktienmarkt in einer bedeutenden fünften Welle befindet, und nicht in einer ersten oder dritten:

(1) Eine fünfte Welle hat eine geringere „Breite" als die zugehörige dritte, das heißt, dass in einer fünften Welle pro Tag durchschnittlich weniger Aktien steigen als in der dritten Welle des gleichen Grades.

(2) Das Wirtschaftswachstum und die finanziellen Bedingungen sind schwächer als in der enstprechenden dritten Welle.

(3) Bezogen auf ihre historische Entwicklung erreichen die Aktien hohe Bewertungen.

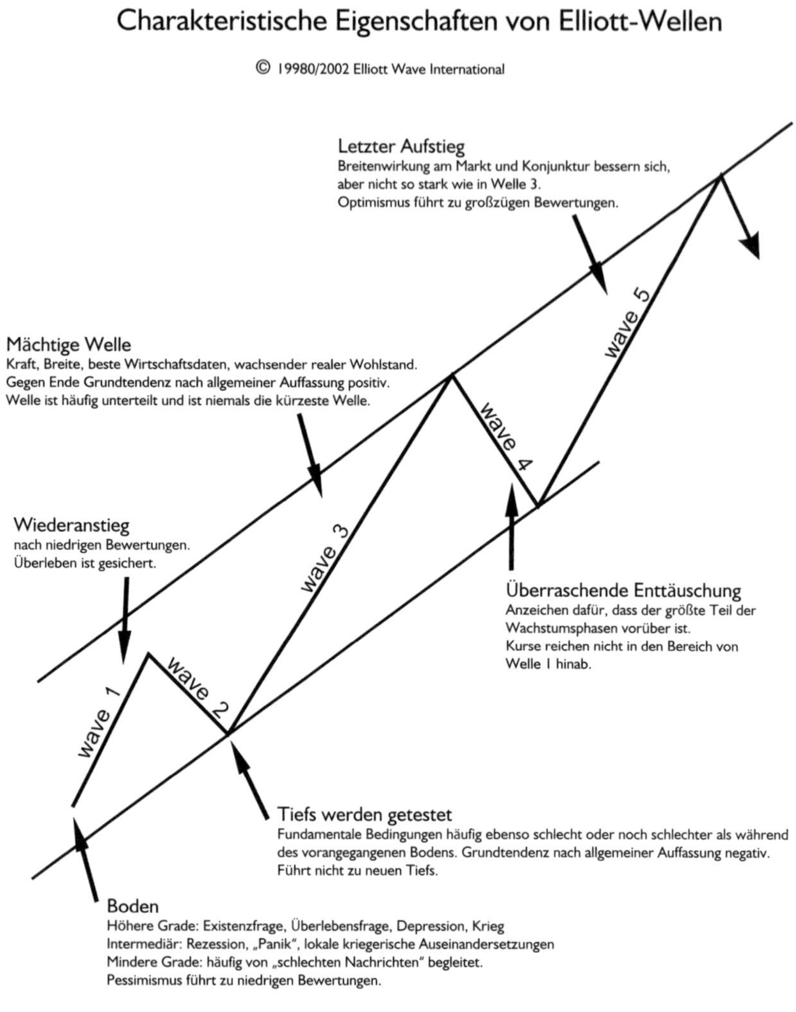

Abbildung 3-9

(4) Es gibt Anzeichen dafür, dass unter den Anlegern Optimismus herrscht.

Zu diesem Thema haben Sie zwar schon in Kapitel 1 etwas erfahren, aber die Kapitel 5 bis 7 erörtern diese Aspekte im Einzelnen, einen nach dem anderen, unter Berücksichtigung der derzeitigen Marktlage.

Die genannten Kriterien sind zwar hilfreich, aber sie beseitigen nicht alle Unsicherheiten. Fünfte Wellen können zum Beispiel manchmal recht kurz sein, aber in anderen Fällen setzen sie sich immer weiter fort. Andererseits weisen die fünf Teile, in die diese Welle noch einmal untergliedert ist, natürlich die typischen Welleneigenschaften auf und unterstützen somit die Einschätzung der Lage. Da aber die genannten Eigenschaften relativ sind, können jederzeit neue Entwicklungen stattfinden, die ebenfalls den Regeln entsprechen, auch wenn der Markt die Minimalanforderungen bereits erfüllt hat.

Somit können wir uns wichtiger Dinge häufig sehr sicher sein. Unter Anwendung der oben stehenden Kriterien wissen wir, ob eine bestimmte Welle eine fünfte Welle ist – oder eben nicht. Je größer sie ist und je länger sie dauert, desto wichtiger ist dieses Wissen. Am Anfang können wir die Kehrtwende vorausahnen; am Ende des Prozesses können wir glattweg behaupten, dass ein Abstieg unmittelbar bevorsteht.

Der Grund, weshalb es so wichtig ist, das Ende einer fünften Welle zu bestimmen, ist die Tatsache, dass auf das Ende einer fünften Welle eine Baisse vergleichbaren Ausmaßes folgt. Dies geschah nach allen Hausse-Phasen, die in den Abbildungen 3-3 bis 3-6 dargestellt sind. Jetzt verfügen wir über genug Wissen, um zu bestimmen, an welcher Stelle des Wellenmusters sich der Aktienmarkt im Augenblick befindet.

Kapitel 4:
Wo der Aktienmarkt heute steht

Die Abbildungen 4-1 bis 4-3 illustrieren, an welcher Wellenposition der Aktienmarkt meiner Meinung nach heute steht, und zwar hinsichtlich dreier Trendniveaus. Auch diesmal habe ich die Illustrationen und Erklärungen so einfach wie möglich gehalten.

Die Strukturen weisen faszinierende Feinheiten auf, und es lohnt sich, wenn Sie sich die Zeit nehmen und sie mithilfe der Publikationen von Elliott Wave International studieren. Für jetzt mag es genügen, dass meine Schlussfolgerungen mit den Analysen der bedeutendsten Wellen-Spezialisten des vergangenen Jahrhunderts übereinstimmen: R.N. Elliott (1871-1948), Charles J. Collins (1894-1982), A. Hamilton Bolton (1914-1967) und A.J. Frost (1908-1999). Ihre Publikationen zu diesem Thema sind – ebenso wie meine eigenen – alle (abgesehen von wenigen verloren gegangenen „Börsenbriefen" von Elliott) unter elliottwave.com/books verfügbar.

Abbildung 4-1 zeigt den Aufwärtstrend der Welle ((III)) eines „Großen Superzyklus", der von 1784 (plus/minus zehn Jahre, die Aufzeichnungen sind lückenhaft) bis heute reichen soll. Wie Sie sehen, drängt sich in groben Zügen eine Fünf-Wellen-Struktur auf. Ich habe die vorangegangene 64-jährige Baisse der britischen Aktien im Chart belassen, um zu zeigen, dass die Aufwärtsbewegung aus der Asche eines Bärenmarktes vergleichbarer Größe erstanden ist, Welle ((II)).

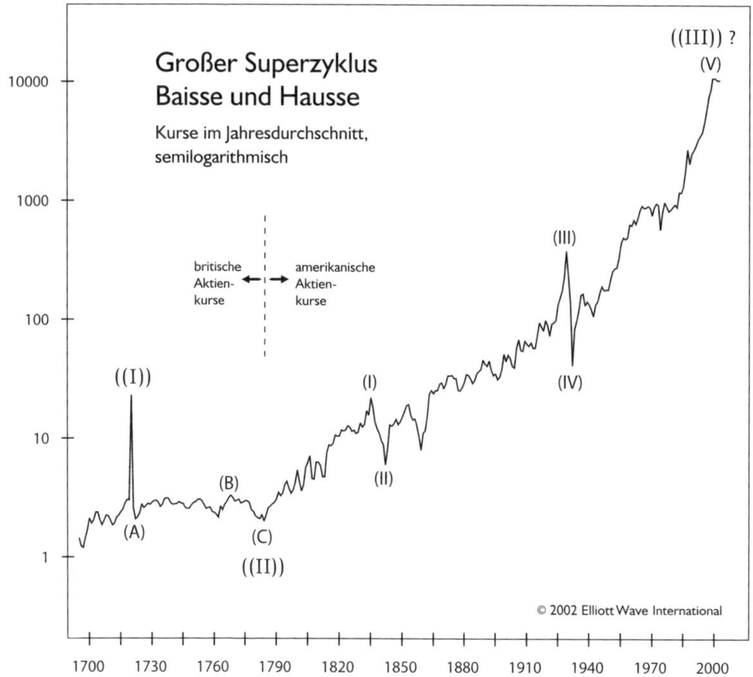

Abbildung 4-1

Abbildung 4-2 ist eine genauere Abbildung der Welle fünf aus Abbildung 4-1, die „Superzyklus"-Welle (V), die 1932 aus dem Boden des schlimmsten Bärenmarktes seit dem 18. Jahrhundert entstanden ist. Man kann leicht erkennen, dass aus der Asche eines vergleichbar großen Bärenmarktes, Welle (IV), eine Fünf-Wellen-Struktur hervorgegangen ist. Die Kapitel 5 bis 7 werden zeigen, dass diese Nummerierung endgültig feststeht.

Abbildung 4-3 zeigt die fünfte Welle aus Abbildung 4-2, die „Zyklus"-Welle V, die 1974 im Tal von Welle IV begonnen hat, der schwersten Baisse seit 1942. Sie sehen, dass man den Aufstieg in fünf vollständige Wellen untergliedern kann und dass diese in diesem Fall einen Trendkanal bilden. Ich würde zwar gerne behaupten, dass auch Abbildung 4-3 endgültig ist, aber aufgrund gewisser Feinheiten der Wellenerkennung besteht noch eine sehr kleine Chance, dass der Dow Jones innerhalb der Zyklus-Welle V doch noch ein neues Hoch

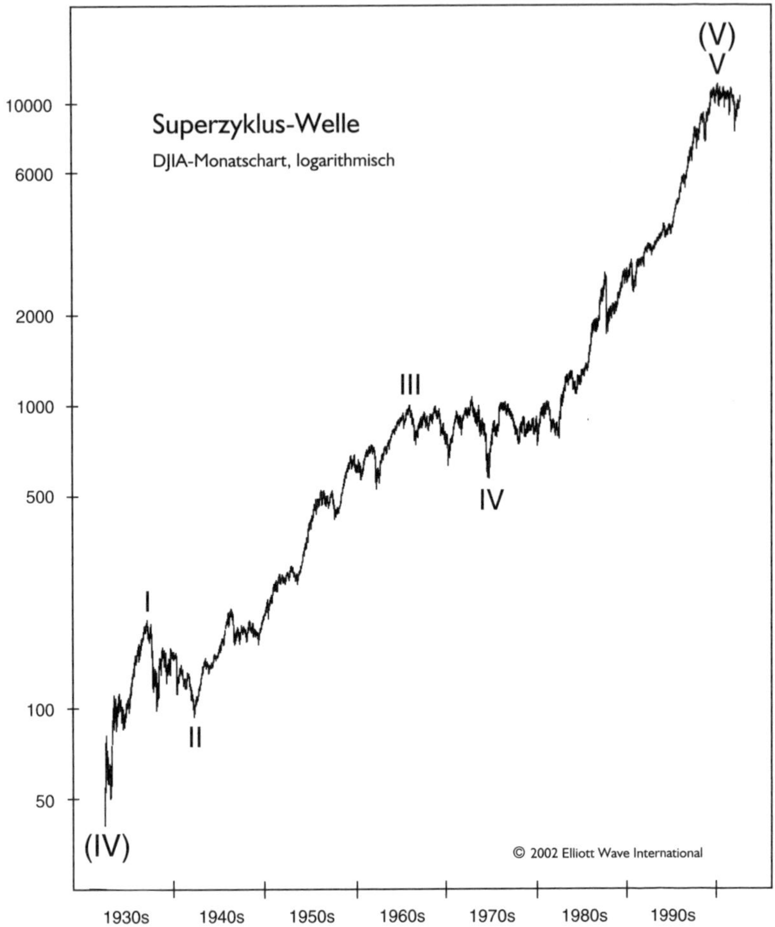

Abbildung 4-2

markiert. In diesem Fall wäre die abschließende, schon im Gange befindliche Erholungsphase sehr kurz.

Ich würde die Abbildung also folgendermaßen zusammenfassen: Der Aufwärtstrend seit 1784 besteht wahrscheinlich aus fünf Wellen, der Aufwärtstrend seit 1932 besteht definitiv aus fünf Wellen, und der Aufwärtstrend seit 1974 besteht sehr wahrscheinlich aus fünf Wellen. Daraus lässt sich folgendes Ergebnis ableiten: Die Hausse, die seit der Weltwirtschaftskrise anhält, nähert sich definitiv ihrem Ende,

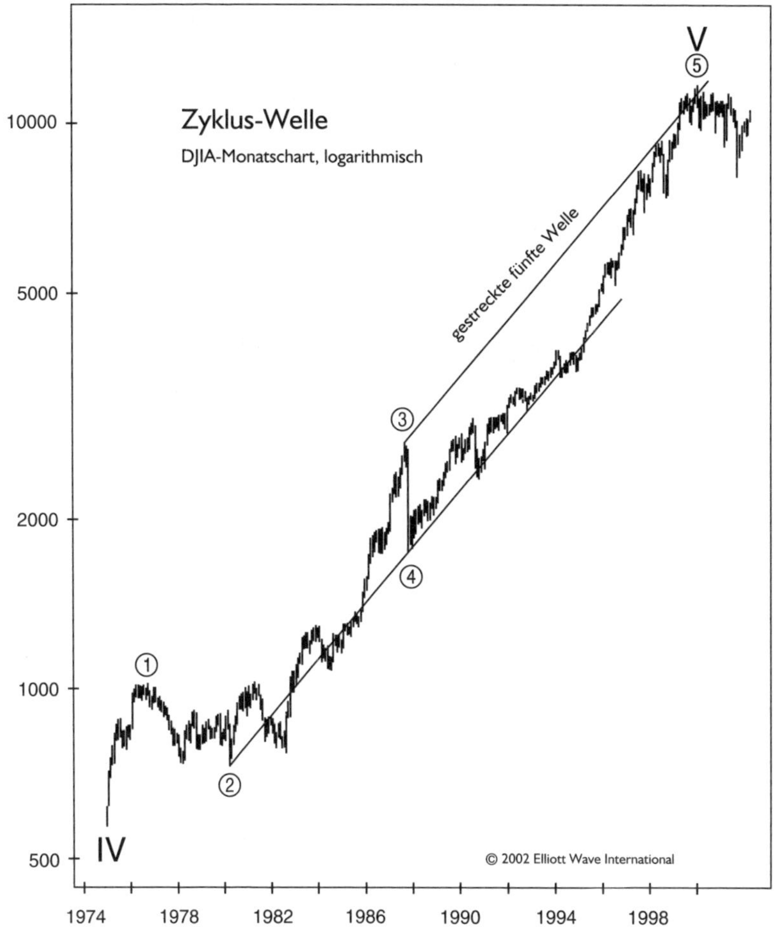

Abbildung 4-3

und dieses Ende könnte durchaus auch das Ende eines Aufwärtstrends auf der höheren Ebene mit sich bringen, der seit der Gründung der Republik besteht.

Spezifische Aussagen des Börsenfraktals

Das letzte Mal, dass der Aktienmarkt eine fünfte Welle auf Zyklus-Ebene gebildet hat, war in den 20er-Jahren. Die beiden in Abbildung 4-4 dargestellten Wellen unterscheiden sich zwar quantitativ hin-

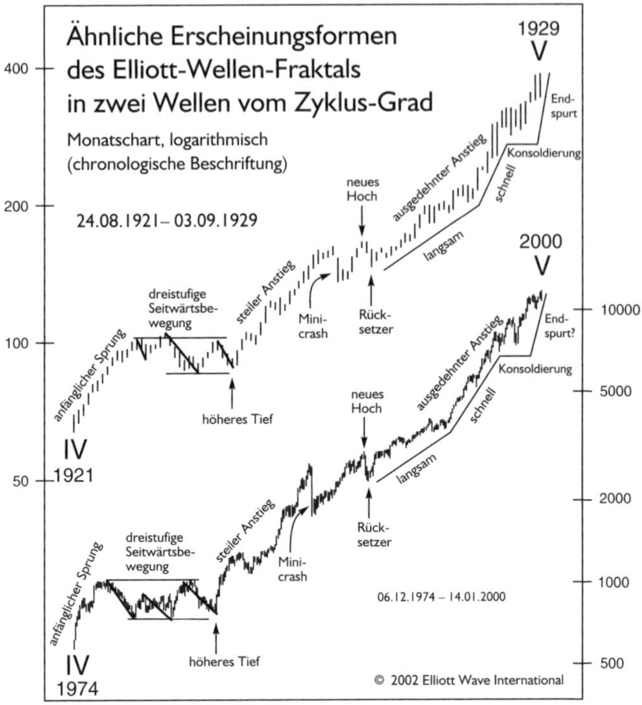

Abbildung 4-4

sichtlich der Dauer (8,05 beziehungsweise 25,1 Jahre) und des Ausmaßes (596,5 beziehungsweise 1929,6 Prozent), aber man sieht, dass die Form frappierende Ähnlichkeiten aufweist. Und wenn Sie die in Klammern stehenden Zahlen in Ihren Taschenrechner eingeben, dann sehen Sie auch, dass der untere Graph im 3,1-fachen der Zeit des oberen Graphen prozentual um das 3,2-fache des oberen Graphen steigt. Mit anderen Worten ist die Steigung insgesamt etwa die gleiche. Wenn man Ihnen diese beiden Datenreihen unbeschriftet vorgelegt hätte und behauptet hätte, sie verliefen im gleichen Zeitraum, hätten Sie dann nicht eine Korrelation festgestellt? Meiner Meinung nach sind die Ähnlichkeiten der beiden Aufwärtsbewegungen kein Zufall. Ihre Form drückt die massenpsychologische Bewegung in fünften Wellen auf Zyklus-Ebene aus, die ausgedehnte fünfte Wellen niedrigeren Grades enthalten; anscheinend bietet dies ideale Bedingungen für das Auftreten von Spekulationsfieber.

Die Aktien der Welt

Die langfristige Position der Elliott-Wellen und die Aussichten beschränken sich durchaus nicht auf die Vereinigten Staaten. Der World Stock Index, der den Gesamtwert der Aktien auf der ganzen Welt ausdrückt, weist seit 1974 ebenfalls fünf Wellen auf und lässt einen bedeutenden Kursverfall erwarten. Die Beschriftung von Abbildung 4-5 geht etwas mehr ins Detail, sie zeigt auch die Unterteilung der Intermediär- und der Primär-Ebene.

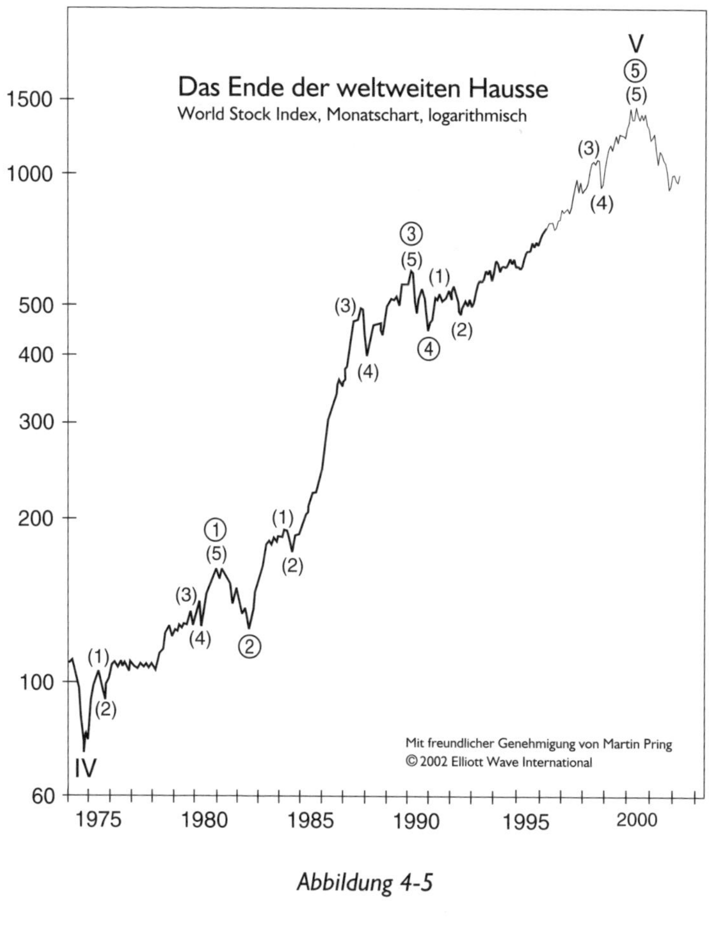

Abbildung 4-5

Eine letzte Verkaufsgelegenheit bahnt sich an

Der amerikanische Aktienmarkt wurde sofort nach dem Terroranschlag vom 11. September 2001 geschlossen. Das ganze Land war in Panik, nicht nur die Anleger. An diesem Tag erschien in meiner monatlichen Veröffentlichung *The Elliott Wave Theorist* ein prognostischer Chart des Standard & Poor's 500 Composite Index. Demnach sollte der Index noch ein wenig fallen und dann die größte Erholungsbewegung seit dem Hoch vom März 2000 beginnen. Sechs Handelstage später erreichte die Börse den Boden und wandte sich nach oben.

Abbildung 4-6 erklärt, wie ich zu dieser Voraussage kam. Im September 2001 beendete der S&P 500 ebenso wie der Wilshire 5000 und andere Indizes eindeutig eine Folge von fünf absteigenden Wellen. Wenn Sie noch einmal Abbildung 3-1 zur Hand nehmen, dann werden Sie sehen, dass ein Muster von fünf absteigenden Wellen nach einem bullischen Hoch immer eine Erholung gemäß dem Schema auf-ab-auf nach sich zieht und dass sich danach der größere Ab-

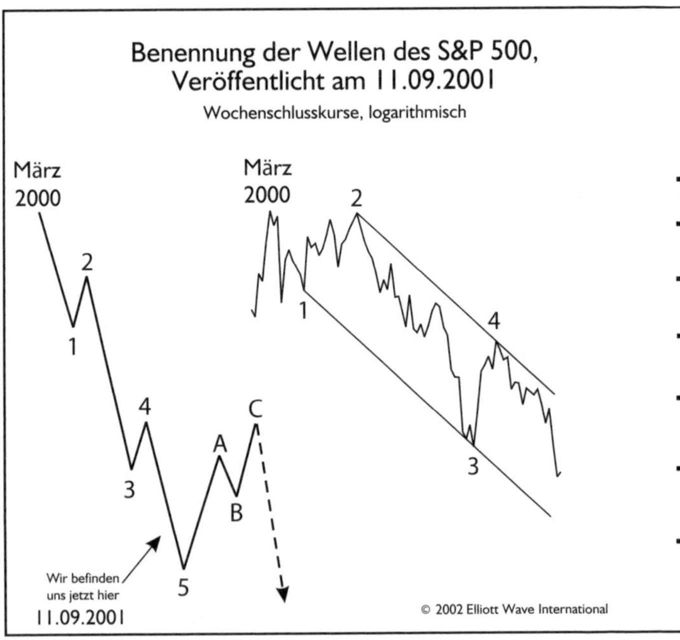

Abbildung 4-6

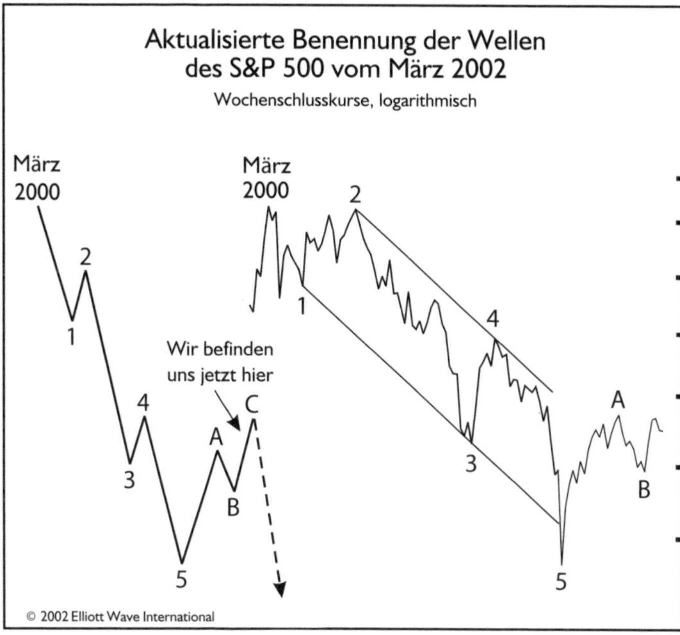

Abbildung 4-7

wärtstrend wieder fortsetzt. Die fünf absteigenden Wellen des S&P deuteten also auf eine bevorstehende Erholung in drei Wellen, die am 21. September, sechs Tage nach Wiedereröffnung der Börse, auch tatsächlich begann.

Im Moment, am Ende des ersten Quartals 2002, während ich dem vorliegenden Buch den letzten Schliff gebe, sind die meisten Marktsegmente immer noch in der Aufwärtsbewegung begriffen. Der S&P und der Wilshire 5000 folgen immer noch dem vorgezeichneten Pfad, wie Sie anhand der aktualisierten Abbildung 4-7 erkennen können, und der Dow Jones ist wieder über die Marke von 10.000 Punkten geklettert.

Die Erholung bestimmter Nebenwerte ist immerhin so kräftig, dass sie zwei darauf zugeschnittene Aktienindizes auf neue Allzeithochs getrieben hat, wie in Abbildung 4-8 dargestellt. Während für den S&P 500 und für den NASDAQ Composite das erste Quartal 2000 eine riesenhafte Verkaufsgelegenheit bildete, schafft die derzeitige Erholung eine ebenso gute Gelegenheit in bestimmten Sektoren. Es dürfte für

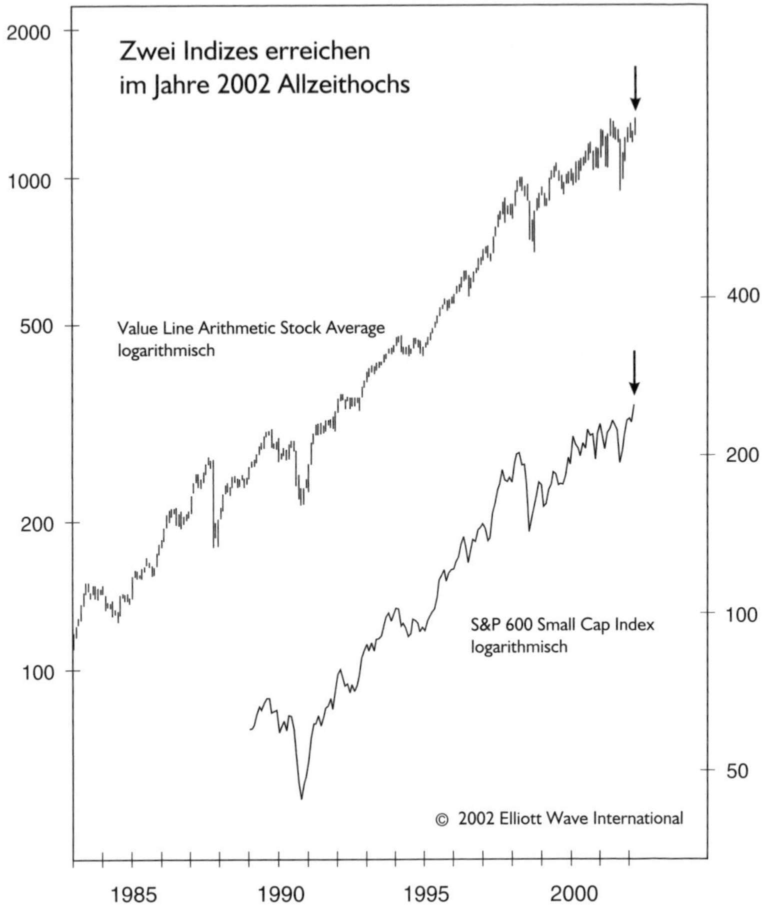

Abbildung 4-8

Sie von allergrößtem Nutzen sein, dass das vorliegende Buch in der heißen Phase der Erholung erscheint.

Weitere potenzielle Kursanstiege sind jetzt nur noch eine kurzfristige Angelegenheit. Worum Sie sich kümmern sollten, ist eher die große Umkehrung, die für Ihr finanzielles Wohlergehen von dramatischer Bedeutung sein wird. Die drei folgenden Kapitel demonstrieren die äußerst hohe Wahrscheinlichkeit, dass die aufsteigende Welle höherer Ordnung aus Abbildung 4-2 – die vor 70 Jahren begonnen hat – am Ende ihres Weges angekommen ist.

Kapitel 5:
Beteiligte Aktien und Wirtschaftsleistung als Indizien

Jetzt möchte ich zwei wichtige Untersuchungen durchführen, um die Frage zu klären, ob der Kursanstieg seit 1974 wirklich eine fünfte Welle war. Zunächst möchte ich die Breitenwirkung am Markt untersuchen, um dann den Wert der wirtschaftlichen Analyse von Kapitel 1 zu bestätigen.

Selektivität in Welle V

In *Das Elliott-Wellen-Prinzip* (1978) heißt es: „Am Aktienmarkt sind fünfte Wellen hinsichtlich der Breitenwirkung immer weniger dynamisch als dritte Wellen." Falls der Anstieg von 1974 bis 2000 also wirklich eine fünfte Welle war, dann muss er selektiver gewesen sein als in der dritten Welle, das heißt es müssen weniger Aktien am Aufwärtstrend beteiligt gewesen sein. Lassen Sie uns herausfinden, ob sich Welle V im Verhältnis zu Welle III erwartungsgemäß verhalten hat.

Abbildung 5-1 zeigt die so genannte „Advance-Decline-Line" so weit wie Daten verfügbar sind: Die tägliche Differenz aus gestiegenen und gefallenen Aktien wird durch die Anzahl der Aktien dividiert, deren Kurs sich verändert hat, und diese Verhältnisse werden dann aufsummiert. Entsprechende Daten sind seit 1926 vorhanden, und der sich daraus ergebende Chart zeigt die generelle steigende (advance) beziehungsweise fallende (decline) Tendenz der Aktien

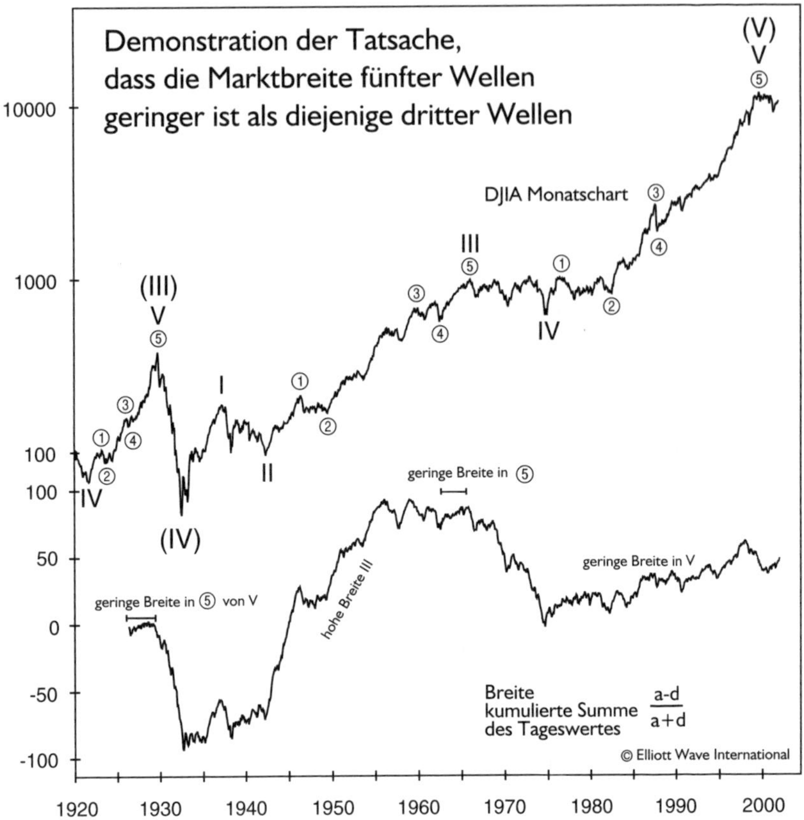

Abbildung 5-1

auf den Tag gerechnet. Man kann anhand der Linie erkennen, dass im größten Teil der Wellen I, III und V, als der Dow Jones insgesamt nach oben tendierte, an durchschnittlichen Tagen mehr Aktien stiegen als fielen und dass im größten Teil der Wellen II und IV, als der Dow Jones insgesamt abwärts oder seitwärts tendierte, an durchschnittlichen Tagen mehr Aktien fielen als stiegen.

Betrachten wir die Linie detaillierter. Beachten Sie, dass die Advance-Decline-Line während der Aufwärtsbewegung von 1926 bis 1929, die eine fünfte Welle innerhalb einer fünften Welle darstellt, kaum angestiegen ist. Beachten Sie des Weiteren, dass die Advance-Decline-Line gegen Ende von Welle III, während der Subwelle ⑤, nicht so kräftig angestiegen ist wie davor in Welle ③. Hier greift die Breiten-Regel aus Abbildung 3-9.

Betrachten Sie nun den dramatischen Unterschied zwischen dem Verhalten dieser Linie von 1974 bis 2000 und ihrem Verhalten von 1942 bis 1966. Obwohl die Gelehrten kurzsichtig von der „größten Hausse der Geschichte" sprechen, war die Advance-Decline-Line in 26 Bullenjahren so schwach, dass sie nicht einmal das wettmachen konnte, was sie in nur acht Bärenjahren von 1966 bis 1974 verloren hatte.

Beispiele lassen den Unterschied noch dramatischer erscheinen. Lesen Sie hier, wie R.N. Elliott 1946 eine erstaunliche Folge der überwältigenden Breitenwirkung von Welle ① innerhalb der Welle III beschrieben hat:

> „Die erste Welle von 1942 bis 1945 zeigt inflationäre Merkmale. Niedrig bewertete Akten von zweifelhaftem Wert stiegen auf Kosten der Bluechips. Die *New York Sun* wählte 96 Aktien aus, die phänomenal stiegen. Jede dieser Aktien begann mit einem Kurs unter zwei US-Dollar pro Stück. Der größte Kursgewinn betrug 13.300 Prozent, der niedrigste 433 Prozent. Im Durchschnitt gewann diese Gruppe 2.776 Prozent."

Vergleichen Sie diese Performance mit dem Gewirr der 90er-Jahre. Bei den Stockpicking-Wettbewerben des *Wall Street Journal* beispielsweise übertrafen die Profis den Dow Jones kaum öfter als in 50 Prozent der Fälle. Hier ein paar Berichte aus den eher rauen Phasen:

13. Juli 1994: Darts schlagen Profis, aber Verlust machen alle

> Vier Aktien, die durch das zufällige Werfen von Dartpfeilen ausgewählt wurden, fielen vom 10. Januar bis zum 30. Juni um durchschnittlich 8,7 Prozent. Die Aktien, die ein Team von vier Anlageprofis auswählte, fielen dagegen um durchschnittlich 13 Prozent. Der Dow Jones Industrial Average indes verlor 6,2 Prozent.

10. Juli 1996: Profis schlechter als der Zufall und der Dow Jones

> Die Aktien der vier Profis verloren im Schnitt 9,2 Prozent, während die vier von den fliegenden Darts ausgewählten

Aktien um 5,3 Prozent fielen. Der Dow Jones dagegen stieg um saubere 10,2 Prozent.

11. Februar 1997: Investmentprofis den Darts überlegen, aber schlechter als die steigende Börse

In den sechs Monaten bis zum 31. Januar 1997 legten die von vier Investmentprofis ausgewählten Aktien 7,7 Prozent zu; das sind volle drei Prozentpunkte mehr als die von unseren Mitarbeitern mithilfe von Wurfpfeilen ausgewählten Aktien gewonnen haben. Aber der Dow Jones stieg im gleichen Zeitraum um 19,6 Prozent.

9. April 1997: Profis schlagen Darts im Verliererwettkampf

Alle vier von den Profis ausgewählten Aktien machten in der Zeit vom 8. Oktober bis zum 31. März Verlust, der Durchschnitt lag bei 10 Prozent. Sie waren damit immerhin besser als die Macht des Zufalls. Die vier Aktien, die durch das Werfen von Darts auf eine Aktientabelle ausgewählt wurden, fielen um durchschnittlich 16,9 Prozent. Der Dow Jones Industrial Average indes stieg im gleichen Zeitraum um 9,6 Prozent.

13. Mai 1998: Profis schlagen Darts, aber alle hinken dem Dow Jones Industrials hinterher

Die Investmentprofis ließen die Darts hinter sich, konnten es aber mit dem steigenden Dow Jones Industrial Average nicht aufnehmen. Die vier Profis fuhren vom 12. November 1997 bis zum 30. April einen Gewinn von 17,4 Prozent ein, wohingegen die vier Aktien, die Mitarbeiter des Wall Street Journal auswählten, indem sie Darts auf Aktientabellen warfen, durchschnittlich 10,5 Prozent verloren haben. Der Index legte inzwischen 22,5 Prozent zu.

5. November 1998: Darts holen auf, Profis verlieren weit mehr als Dow Jones Industrials

Wenn es Ihnen in den letzten Monaten schwergefallen

> ist, Gewinneraktien zu finden, sind Sie nicht allein. Ein Team von vier Investmentprofis machte in unserem letzten Stockpicking-Wettbewerb vom 12. Mai bis zum Freitag 23,6 Prozent Minus. Ein Portfolio aus vier Aktien, die Mitarbeiter des Wall Street Journal auswählten, indem sie Darts auf Aktientabellen schleuderten, brachte mit einem Verlust von durchschnittlich 21,5 Prozent im gleichen Zeitraum kaum mehr. Der Dow Jones Industrial Average rutschte um 6,2 Prozent ab.

Wer Anfang der 40er-Jahre, im beginnenden Aufwärtstrend von Welle (V), in Aktien investierte – allerdings taten das nicht viele –, muss sich wie ein Genie gefühlt haben. Alle Methoden der Aktienauswahl funktionierten damals. Die Fondsmanager und Aktienbroker der 80er- und 90er-Jahre kannten diesen Luxus nicht. Jeden zweiten Monat wollten ihre Klienten wissen, warum ihre Auswahl nicht mit den Indizes – Dow Jones, S&P 500 oder Nasdaq – mithalten konnte. Als die Indizes 1998 himmelwärts stürmten, vertraute mir der Manager eines Brokerhauses folgendes an: „Ich bin so deprimiert wie noch nie in meinem ganzen Leben." Der Grund seines Elends war neben dem atemberaubenden „Internetaktien"-Fieber des Jahres 1999 die Tatsache, dass die Bluechips des Dow Jones, des S&P 500 und des Nasdaq im Zentrum der Manie standen. Kaum ein Stockpicker, Vermögensverwalter oder Aktienbroker konnte sie übertreffen, weil die Anzahl sonstiger Aktien, die an der Hausse beteiligt waren, relativ gering war.

Das Wellen-Prinzip bietet nicht nur die Grundlage für ein Verständnis des Breiten-Kontrastes, sondern auch ein Modell für Vorhersagen. Die Bemerkung in Abbildung 3-9 und die einfachen Beschriftungen „IV" und „V" in Abbildung 3-8 kündigen an, dass der darauf folgende Bullenmarkt vergleichsweise selektiv sein dürfte; und genau das ist eingetreten.

Es ist äußerst wichtig festzuhalten, dass die Breitenwirkung in allen fünften Wellen rapide abnimmt. Wenn der Aktienmarkt während einer „fünften der fünften" ein Hoch markiert, neigt sich die Advance-Decline-Line in der Regel bereits nach unten. In der Welle V der

20er-Jahre beispielsweise erreichte die Advance-Decline-Line ihren Höhepunkt im Mai 1928, also 16 Monate vor dem endgültigen Hoch des Dow Jones. Sie fiel ab, während der Dow Jones die Welle (5) der Welle ⑤ bildete. Ebenso erreichte die Advance-Decline-Line in der letzten Welle V im April 1998 ihren Höhepunkt, 21 Monate vor dem Höchststand des Dow Jones im Januar 2000. Während der Welle (5) von Welle ⑤, die Ende 1998 begann, war die Breitenwirkung so gering, dass während des Abstiegs der Advance-Decline-Line nicht nur der Dow Jones und der S&P 500 neue Hochs markierten, sondern sich der NASDAQ nahezu vervierfachte! Dies ist einer der Gründe, weshalb ich recht zuversichtlich bin, dass die Bezeichnung der Subwellen in den Abbildungen 4-3 und 4-5 zutreffend ist; und das heißt, dass jetzt die richtige Zeit ist, die Sicherheitsmaßnahmen zu treffen, die in der zweiten Hälfte dieses Buches dargelegt werden.

Schwache Wirtschaft in Welle V

Wie in Abbildung 3-9 festgestellt, muss der Kursanstieg seit 1974, wenn er wirklich eine fünfte und letzte Welle ist, mit einer schwächeren Wirtschaftsleistung und mit schwächeren finanziellen Rahmenbedingungen einhergehen als die vorangegangene dritte Welle, die von 1942 bis 1996 gedauert hat. Sie haben in Kapitel 1 gesehen, dass allen maßgeblichen Zahlen zufolge genau das der Fall war. In Kapitel 1 wurden auch zwei Präzedenzfälle beschrieben, die Geschehnisse in den Vereinigten Staaten in den 20er-Jahren und die Ereignisse in Japan von 1974 bis 1989, als die Wirtschaftsleistung sowohl hinter der Börsenentwicklung als auch hinter der wirtschaftlichen Expansion des letzten vergleichbaren Zeitraums zurückblieb. Wir sehen jetzt, dass das Wellenmodell nach Elliott zu der Vermutung passt, dass die aktuelle Situation ähnlich ist, und dass es die Analogien auch erklärt: Alle drei Fälle betreffen eine große fünfte Welle, genau genommen Zyklus-Wellen, die nach dem Wellenprinzip mit einer römischen Fünf – V – bezeichnet wird.

Beachten Sie die Ähnlichkeit zwischen dem Trend der Wirtschaftsdaten und der Advance-Decline-Line. Beide statistischen Werte zeigen sowohl eine relative Schwäche von Welle V gegenüber Welle III als auch eine Abschwächung im späteren Bereich von Welle V im

Vergleich zum früheren Bereich. Die beiden statistischen Werte offenbaren eine Parallelität zwischen den „technischen" und den „fundamentalen" Aspekten von Wellen, das heißt zwischen der Psychologie der Wellen und ihrem Ergebnis.

Was es wert ist, den Unterschied zu kennen

Die Wirtschaftsexperten äußern sich nicht einmal zu der auffallenden langfristigen Verschlechterung der Wirtschaftsleistung in den vergangenen 50 Jahren. Aber Sie wissen jetzt, dass es eine Methode für makroökonomische Prognosen gibt, die sie tatsächlich vorausgesagt hat.

Der Gedanke, dass sich die Wirtschaftsleistung in dritten von derjenigen in fünften Wellen unterscheidet, gehört seit mehr als 20 Jahren zum Wellen-Prinzip. *Das Elliott-Wellen-Prinzip*, das Frost und ich 1978 geschrieben haben, beschreibt dritte Wellen als „Wunderdinge", die „immer günstigere Fundamentaldaten" mit sich bringen. Im Gegensatz dazu „fehlt einer fünften der fünften [Welle] die Dynamik der vorhergehenden." Durch die Benennung der Hausse von 1942 bis 1966 als „Welle III" haben wir die Wachstumsrate der 50er- und 60er-Jahre als Maßstab gesetzt, den die neue Hausse nicht überschreiten sollte. Ein Bericht in *The Elliott Wave Theorist* bekräftigte im August 1983 über die entstehende „Super-Hausse" die Verbindung zwischen diesen beiden Zeiträumen und fügte hinzu: „Diese fünfte Welle wird mehr auf unbegründete Hoffnungen aufbauen als auf solide Fundamentaldaten, wie sie die Vereinigten Staaten in den 50er- und Anfang der 60er-Jahre erlebt haben."

Diese Beschreibungen und Voraussagen erschienen Jahre bevor die Daten für Welle V bekannt wurden. Können Sie sich vorstellen, dass die konventionelle Makroökonomie solche Einblicke bietet? Ich glaube, dass wir als Wellen-Analysten den Unterschied deswegen voraussehen konnten, weil wir die Dynamik verstanden haben, die ihn hervorgerufen hat.

Darüber hinaus haben wir mit der Vorstellung dieser entscheidenden Daten nicht gewartet, bis die Rezession begonnen hat, denn die entsprechenden Geschäftsleute mussten über den Beginn der Rezession des Jahres 2001 hinaus planen (der von Wirtschaftsexperten jetzt auf März 2001 rückdatiert wird). Im September 1998, fünf Monate nach dem Hoch der Advance-Decline-Line und 16 Monate vor dem Kamm von Welle V, veröffentlichten wir *„Fundamentaldaten von Welle V und was sie bedeuten"* (in Kapitel 1 des vorliegenden Buches nochmals kurz rekapituliert). Dort brachten wir Argumente dafür, dass eine bedeutende wirtschaftliche Wende bevorsteht. Jeder, der den Artikel gelesen hat, erhielt dadurch die Gelegenheit, seine Geschäfte auf die bevorstehende Trendwende abzustimmen; diejenigen, die ihn nicht gelesen haben, lehnten sich mit ihrer Spekulation auf die New Economy zu weit aus dem Fenster. Die gute Nachricht lautet, dass auch jetzt noch Zeit ist, die Gelegenheit zu nutzen, bevor die anderen merken, was passiert.

Der Grund für Verengung und Verlangsamung

Warum verengt sich der Bereich der beteiligten Aktien in fünften Wellen und warum wächst die Wirtschaft dann langsamer? Die einfache Antwort auf diese Fragen lautet, dass Kursanstiege und Konjunkturzyklen sich erst abschwächen müssen, bevor sie eine Wende vollziehen. Spätestens in der letzten Aufwärtsbewegung muss sich die Schwäche bemerkbar machen. Aufstiege bestehen aus fünf Wellen, und deshalb manifestiert sich die relative Schwäche in der fünften Welle.

Ich glaube, dass dieser Unterschied auf dem immensen Optimismus beruht, der in fünften Wellen herrscht und der die breite Masse dazu verleitet, sich an Finanzspekulationen zu beteiligen. Dritte Wellen bauen auf Muskel- und Hirnmasse auf, fünfte Wellen auf Schläue und Träumen. In dritten Wellen konzentrieren sich die Menschen auf die Produktion, um reich zu werden; in fünften Wellen konzentrieren sie sich auf die Finanzen, um reich zu werden. Das Verschieben von Geld ist nicht gerade produktiv. Die ganze Angelegenheit kostet ein Vermögen an Transaktionskosten sowie Personal und Zeit. Ausgiebige Kreditaufnahme zu Spekulationszwecken zieht ausgiebige Zinszahlungen nach sich, und die steigenden Zinsaufwendungen belasten den gesamten Produktionsprozess. In einem produktionsorientierten Wirtschaftssystem profitiert die Mehrheit der Unternehmen, in einem finanzorientierten dagegen nur vergleichsweise wenige Firmen. Diese Unterschiede werden anhand der Advance-Decline-Line augenfällig und sie sind bei genauerem Hinsehen auch aus den allgemeinen Wirtschaftsdaten herauszulesen.

Ein zentrales Symbol für die Verschlechterung während der Welle (V) von ((III)) (siehe Abbildung 4-1) ist das Federal Reserve System. Seine Eingriffe in das Geld- und Kreditwesen wirken seit 89 Jahren (siehe Kapitel 10) derart destabilisierend, dass sie Amerika von einer Produktionsmaschine in eine Gesellschaft verwandelt haben, die nur noch davon besessen ist, die Inflation einzudämmen und Geld sowie Kredite zu verwalten. Die Besorgnis darum belastet die Produktionskapazität der Vereinigten Staaten dermaßen, dass selbst die bedeutendste Wachstumsphase des 20. Jahrhunderts, Welle (V), hinsichtlich des realen Wachstums hinter der Wachstumsphase des 19. Jahrhunderts, Welle (III), zurückgeblieben ist.

Ein zentrales Symbol für die Verschlechterung während der Welle V von (V) ist General Electric, das erste Unternehmen des Dow Jones Industrial Average. Bis zum Ende der Welle III im Jahre 1966 war GE einer der besten Entwickler- und Herstellerkonzerne der Welt. Seine Produkte hatten eine Lebensdauer von Jahrzehnten. In Welle V übernahmen die Buchhalter das Unternehmen und verwandelten es von einem Hersteller- in einen Finanzkonzern. Heute stellt GE mittelmäßige Produkte her, und die viel gerühmte Gesellschaft ist nichts weiter als ein auf Kredite gegründetes Kartenhaus – ein verkleinertes Modell der Vereinigten Staaten.

Es ist eine fünfte Welle

In der zweiten Hälfte der letzten 60 Jahre hat sich sowohl die Breite der am Aufstieg der Börse beteiligten Aktien als auch die langfristige Wirtschaftsentwicklung verschlechtert. Das Ausmaß der Verlangsamung – über Jahrzehnte hinweg – bestätigt, dass der 1974 begonnene Aufstieg eine fünfte Welle darstellt. Und dies stützt die Benennung der Wellen in Abbildung 4-2.

Kapitel 6: Die Bedeutung der im historischen Vergleich hohen Börsenbewertungen

Sie erinnern sich, dass fünfte Wellen zu „großzügigen Aktienbewertungen" führen. Mit Belegen dafür, dass die Welle V der weltweiten Hausse zu historisch hohen Bewertungen von Unternehmensanteilen geführt hat, könnte man zwei Bücher füllen. Werfen wir einen Blick auf die wichtigsten Zahlen für die US-Bewertungen, um diesen Punkt zu überprüfen.

Dividendenrendite

Die „Rendite" des Dow Jones Industrial Average ist die Summe der Dividenden, welche die 30 Unternehmen, die im Dow Jones enthalten sind, an ihre Aktionäre prozentual auf den Wert der Aktien ausschütten. Wenn Sie die Abbildung 6-1 betrachten, sehen Sie, dass sich die Anleger in Börsenhochs mit niedrigen Dividenden zufrieden geben und dass sie in Tiefs nach hohen Dividenden verlangen. Der Grund liegt auf der Hand. Im Hoch glauben sie, dass die Aktien noch weiter steigen werden und große Kapitalgewinne abwerfen werden; wozu dann noch Dividenden? Im Tief glauben sie, dass die Aktien noch weiter fallen werden, was zu Verlusten führt. Deshalb fordern sie hohe Dividenden, um das empfundene Risiko auszugleichen.

Natürlich ist dies eine verdrehte Denkweise und führt dazu, dass die Anleger Geld verlieren. Aber es muss wohl so sein, denn wenn sie anders handeln würden, dann würden die Märkte nicht ständig Hochs und Tiefs ausbilden.

Beachten Sie, dass die Dividendenrendite des DJIA in der Nähe von mittleren Bärentiefs bei circa 6,5 Prozent liegt. Im Tal der Großen Depression war sie weitaus höher. Ablässlich größerer Hochs liegt

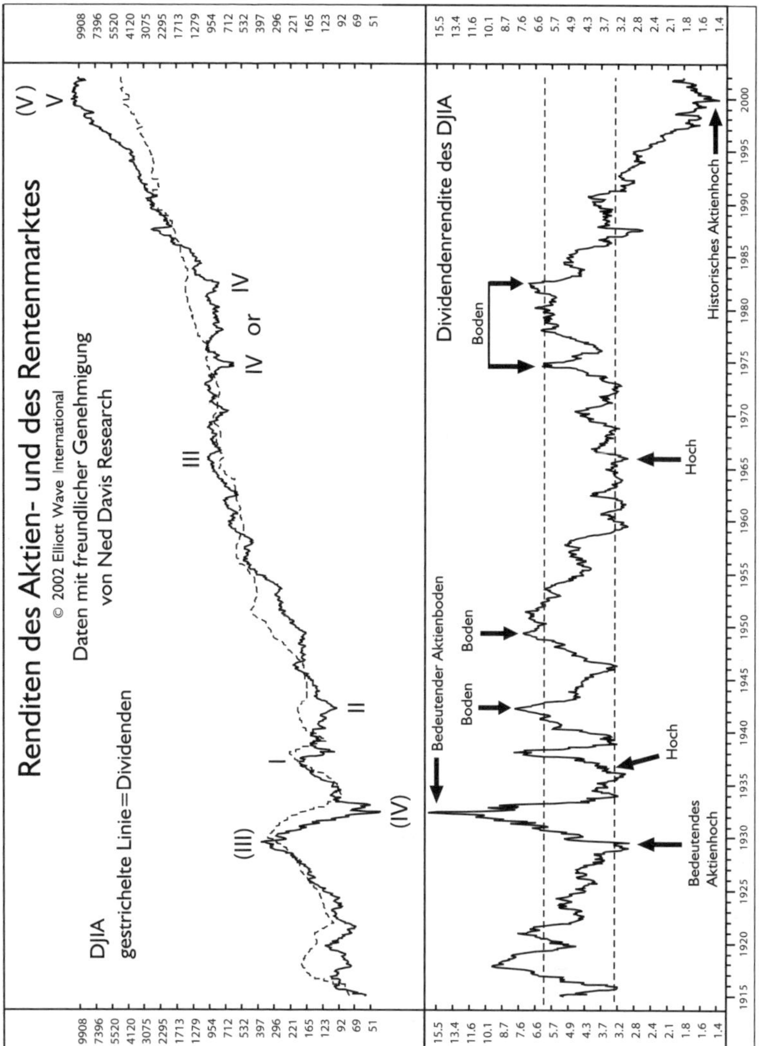

Abbildung 6-1

die Dividendenrendite üblicherweise bei circa drei Prozent; das gilt auch für das historische Hoch 1929.

Im Jahre 2000 hat die Dividendenrendite des Dow Jones etwas getan, das sie noch nie zuvor getan hat. Sie fiel auf 1,5 Prozent. Der Standard & Poor's 400 Industrials, ein breiterer Index für Industrieaktien, hatte gar eine Rendite von nur einem Prozent. Und das bedeutet historisch hohe Bewertung.

Ein Anleger bezahlt für den Kauf oder Verkauf einer Aktie etwa ein Prozent des Wertes. Somit deckte die Dividendenausschüttung im Jahre 2000 gerade die Transaktionskosten, wenn man nur einmal im Jahr kaufte oder verkaufte. Wenn man Anteile an einem Investmentfonds hält, kassieren die Manager jährlich ein Prozent Gebühren. Bei einem Prozent haben die Aktien daher effektiv keine Rendite. Dazu kommt noch, dass der Dow Jones die besten Bluechips des Landes repräsentiert. Die Mehrheit der an der NASDAQ notierten Unternehmen schütten gar keine Dividenden aus. Nehmen Sie dazu die Transaktions- beziehungsweise Managementgebühren und Sie haben eine negative Rendite.

Heutzutage vertreten Optimisten die Auffassung, Dividenden seien „nicht wichtig". Sie behaupten, die Anleger wünschten sich, „dass die Unternehmen das Geld wieder in das Unternehmen buttern", so dass das Unternehmen profitabler wird und der Aktienkurs weiter steigt. Das ist nichts weiter als eine Ausrede und eine Rationalisierung. Wenn niemals eine Dividende gezahlt wird, was ist ein Firmenanteil dann wert? Wollen Sie wirklich Anteile an einem Unternehmen besitzen, das alle Beteiligten ganz gut bezahlt, nur nicht Sie, einen der Eigentümer?

Die wenigen Optimisten, die Dividenden nach wie vor für wichtig halten, verkünden, dass die Aktienkurse nicht zu fallen brauchen, weil die „beispiellose Wirtschaftslage" den Unternehmen ausreichend Gewinne bescheren wird, damit sie die höheren Dividenden bezahlen können. Dies ist aber nach zwei Jahrzehnten nahezu ununterbrochenen Wirtschaftswachstums nicht passiert. Angesichts der in diesem Buch vorgelegten Indizien ist dies auch nicht wahrscheinlich. Mag sein, dass die Wirtschaftslage beispiellos ist, aber dann in der entgegengesetzten Richtung.

Die unvermeidlichen Stimmungsschwankungen der breiten Masse stellen sicher, dass die Dividendenrendite auf den Dow Jones und andere breite Aktienindizes eines Tages wieder bedeutend höher sein wird als heute. Unglücklicherweise wird die Veränderung nicht einfach durch eine Abwärtskorrektur der Aktienpreise verursacht. Das liegt daran, dass wesentliche Kursverfälle fast immer zu einer schwächeren Wirtschaft führen. Das Ausmaß der Abwärtsbewegung, die sich derzeit anbahnt, ist derart groß, dass die Wirtschaft mit Sicherheit äußerst geschwächt wird, und dieser Trend wird seinerseits Druck auf die Unternehmen ausüben, die Dividenden zu senken. Auf fallende Dividenden folgen fallende Kurse, und die fallenden Kurse werden zu fallenden Dividenden führen; dies erschwert es dem Aktienmarkt, zu attraktiven Dividenden zurückzufinden, wie sie für größere Tiefs typisch sind. Die Aktienindizes müssen noch sehr tief sinken, bevor die Renditen wieder ein Niveau erreichen, das den Pessimismus der Anleger widerspiegelt.

Der Buchwert

Wenn ein Unternehmen seinen Wert zum Zwecke der Liquidierung feststellen soll, dann tut es dies auf der Grundlage des Marktwertes seiner Vermögenswerte. Der so genannte „Buchwert" eines Unternehmens gibt diesen Wert grob wieder.

Wir werden gleich sehen, dass die heutigen Aktienkurse die höchste Bewertung des unternehmerischen Vermögens darstellen, die es seit Beginn der Aufzeichnungen gegeben hat. Die heutigen Preise sind im Verhältnis zum Buchwert nicht nur im historischen Vergleich hoch, sondern sie sind erstaunlich, übertrieben hoch.

Wie ist es dazu gekommen? In den 90er-Jahren kauften die Anleger teure Aktien, wenn das entsprechende Unternehmen einen stetig steigenden Gewinn pro Aktie ausweisen konnte. Für sich allein genommen ist dies aber bedeutungslos, denn die wahre Frage ist, wie hoch der Gewinn im Verhältnis zur Größe des Unternehmens und im Verhältnis zum Aktienbestand ist, und diese Fragen hat nie jemand gestellt. Wie sie sehen, geht es hier nicht um Vernunft (Ratio), sondern um Rationalisierungen. Das letzte Mal, dass die Anleger diese Kriterien angelegt haben, war in den 20er-Jahren. (Mehr zu diesem Thema finden sie in Graham & Dodd: *Market Analysis for a New Millenium*, 2002, Kapitel 14). Da die Anleger aber nun einmal diesen Kriterien folgen, kamen während der Welle fünf „aggressive" Bilanzierungspraktiken auf, die den Unternehmen das Kunststück ermöglichen, wiederholt einen höheren Gewinn pro Aktie auszuweisen. Zu diesem Zweck muss häufig der wahre zu Grunde liegende Wert des Unternehmens verwässert werden, beispielsweise indem das Unternehmensvermögen dazu verwendet wird, die eigenen Aktien zurückzukaufen. Wie wir in wenigen Augenblicken sehen werden, machen die heutigen Buchwerte diese Verwässerung sichtbar.

Ein zusammengesetztes Maß für die Bewertung

Eine geringe Dividendenrendite wäre vielleicht akzeptabel, wenn es keine anderen Renditen gäbe, aber es gibt sie. Die Anleihenrenditen sind gemeint, und die Anleger können sich zwischen den beiden Quellen entscheiden. Wenn wir die entsprechenden Bewertungen miteinander vergleichen wollen, müssen wir nach dem Verhältnis der Rendite der besten Aktien zur Rendite der besten Anleihen fragen.

Die Abbildung 6-2 kombiniert zwei unserer Bewertungskriterien. Auf der senkrechten Achse ist der Buchwert des S&P 400 Industrials Index abgetragen, und auf der waagerechten Achse die Rendite von hochwertigen Anleihen im Verhältnis zu hochwertigen Aktien. Das Rechteck im Diagramm grenzt den Bewertungsraum ab, der für den größten Teil des 20. Jahrhunderts gültig war. Anhand von Werten aus früheren Jahren ist zu erkennen, dass zumindest bis in das Jahr 1870 zurück das Verhältnis der Anleihen- zu der Aktienrendite deutlich im linken Bereich des Rechtecks lag.

Zwischen 1927 (wo das Diagramm anfängt) und 1987 gab es nur fünf Jahre, die mit Bewertungen außerhalb des Rechtecks endeten, und nur zwei davon im oberen Bewertungsbereich. Diese fünf Werte bedeuten fünf optmistische beziehungsweise pessimistische Extrema und daher wichtige Wendepunkte des Aktienmarktes.

Vermissen Sie in Abbildung 6-2 etwas? Wenn Sie genauer hinsehen, wird Ihnen auffallen, dass eine Reihe entscheidender Daten fehlt, und zwar alle Zahlen der letzten elf Jahre.

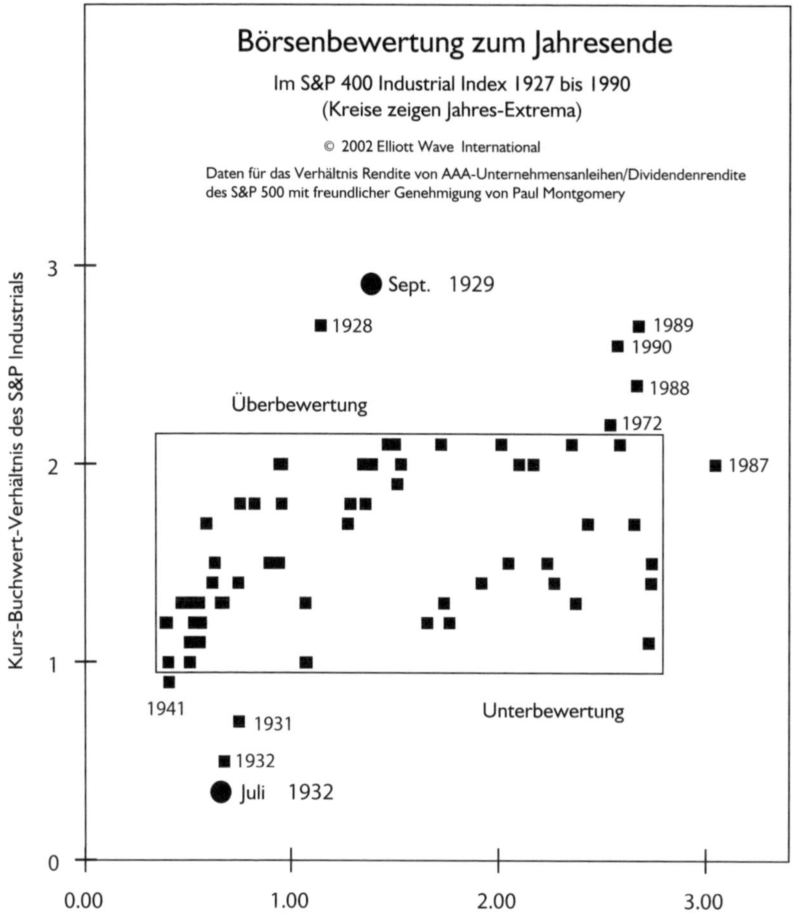

Abbildung 6-2

Betrachten Sie nun Abbildung 6-3; sie enthält die Bewertungen zum Jahresende von 1991 bis heute. Der Kreis, der die Bewertung im März 2000 bezeichnet, sieht aus wie Pluto in einer Abbildung unseres Sonnensystems, oder?

Es ist gar nicht nötig, den Wert irgendwelcher Argumente zu prüfen, die diese Aktienbewertungen rechtfertigen. Sie brauchen nur Ihre Augen.

Die Quadrate für die Bewertungen 2000 und 2001 zeigen eine Trendumkehr. Seien Sie versichert, dass die Bewertungen schon bald

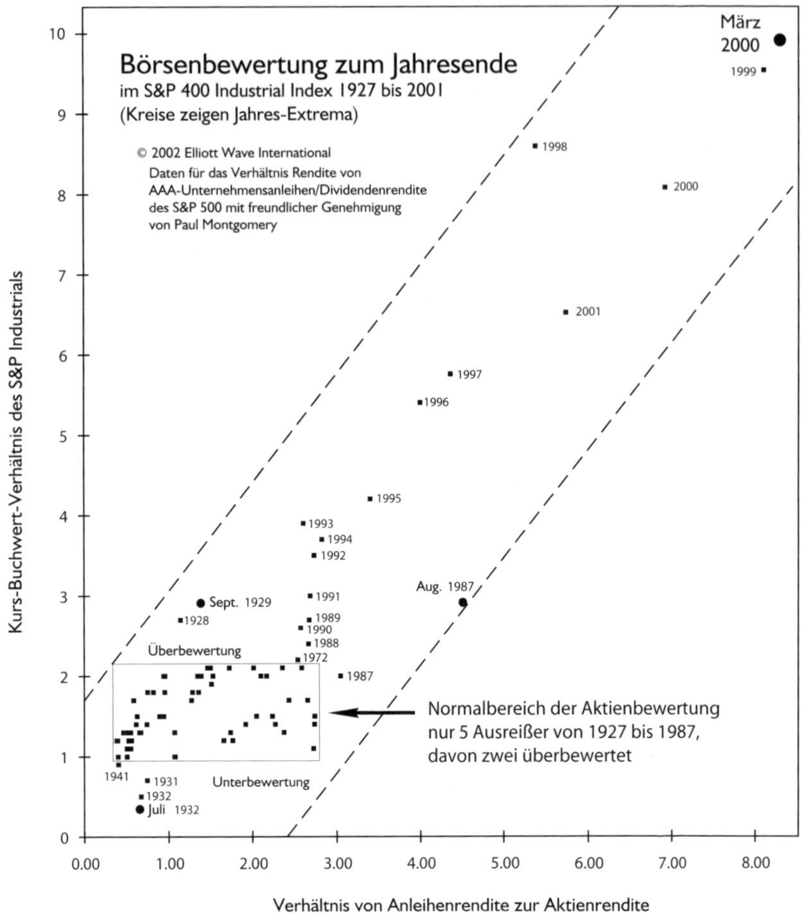

Abbildung 6-3

in das Rechteck zurückkehren werden. Wenn die Anleger dem üblichen Muster folgen, dann dürfte der Abstieg erst dann aufhören, wenn sich mindestens ein Kreis links und/oder unterhalb des Rechtecks befindet.

Das Kurs-Gewinn-Verhältnis

Das Kurs-Gewinn-Verhältnis (KGV) ist der einzige populäre Bewertungsindikator der Wall Street. Von seltenen Fällen abgesehen ist er auch der am wenigsten akzeptable.

Das KGV ist das Verhältnis aus dem Preis einer Aktie und dem jährlichen Gewinn des entsprechenden Unternehmens. Manchmal werden für die Berechnung Gewinnprognosen verwendet, also das, was das Unternehmen nach Meinung von Broker-Analysten verdienen wird. Ich brauche wohl nicht zu sagen, dass die Gewinnschätzer während Tiefs regelmäßig zu pessimistisch und während Hochs regelmäßig zu optimistisch sind, gerade dann, wenn man den Indikator am nötigsten bräuchte, um den wahren Wert zu erkennen. Deshalb vergleichen wir in unserem Diagramm die Aktienkurse mit dem tatsächlichen Gewinn des Vorjahres.

Die Unternehmensgewinne folgen der Börsenentwicklung mit einer Verzögerung von zwei Monaten bis zu zwei Jahren. Die Gewinne steigen erst deutlich, nachdem die Aktienkurse nach einem Boden nach oben gedreht haben oder sich nach einem Hoch nach unten wenden. Daher sind die beiden Trends häufig entgegengesetzt. Buchwert und Dividendenzahlungen sind im Vergleich dazu viel beständiger. Sie schwanken nur langfristig und folgen dabei den großen Wirtschaftstrends. Somit bieten sie eine stabile Messlatte, mit der man die Aktienkurse vergleichen kann, um ein verlässliches Maß für die relative Bewertung zu erhalten. Es ist gewöhnlich nicht sehr sinnvoll, den Aktienkurs mit dem Gewinn zu vergleichen, weil zwei entgegengesetzte zyklische Bewegungen das Verhältnis dermaßen hin- und herschieben, dass der aktuelle Wert für zeitliche Voraussagen meistens so gut wie wertlos ist. Meistens ist es so, dass man einen verlässlicheren Wert erhalten würde, wenn man den Aktienkurs durch den Preis für saure Gurken dividieren würde.

In einem Ausnahmefall gilt dieser grundlegende Einwand nicht: Nachdem der Aktienmarkt eine Wende von großer Bedeutung vollzogen hat, ergibt sich aus dem Zyklus und der Anlegerpsychologie ein hochinteressantes Zusammenspiel.

Normalerweise betrachten die Anleger steigende Unternehmensgewinne (irrtümlicherweise) als bullisch. Es gibt einen Fall, wo sie das nicht tun, aber auch damit liegen sie (natürlich) wieder falsch.

Blättern Sie zurück zu Abblidung 3-9 und lesen Sie die charakteristischen Eigenschaften von zweiten Wellen nach. Das ist die Zeit, in der die Menschen fest daran glauben, dass der übergeordnete

Trend zuende ist, auch wenn das noch gar nicht zutrifft. Ein hervorragendes Beispiel für diese Neigung ist die Tatsache, dass eine 1952 an der New York Stock Exchange durchgeführte Studie ergab, dass nur kümmerliche vier Prozent der wahlberechtigten Amerikaner Aktien besaßen. Die restlichen 96 Prozent hielten Aktienbesitz offenbar für närrisch und riskant. Selbstverständlich befand sich der

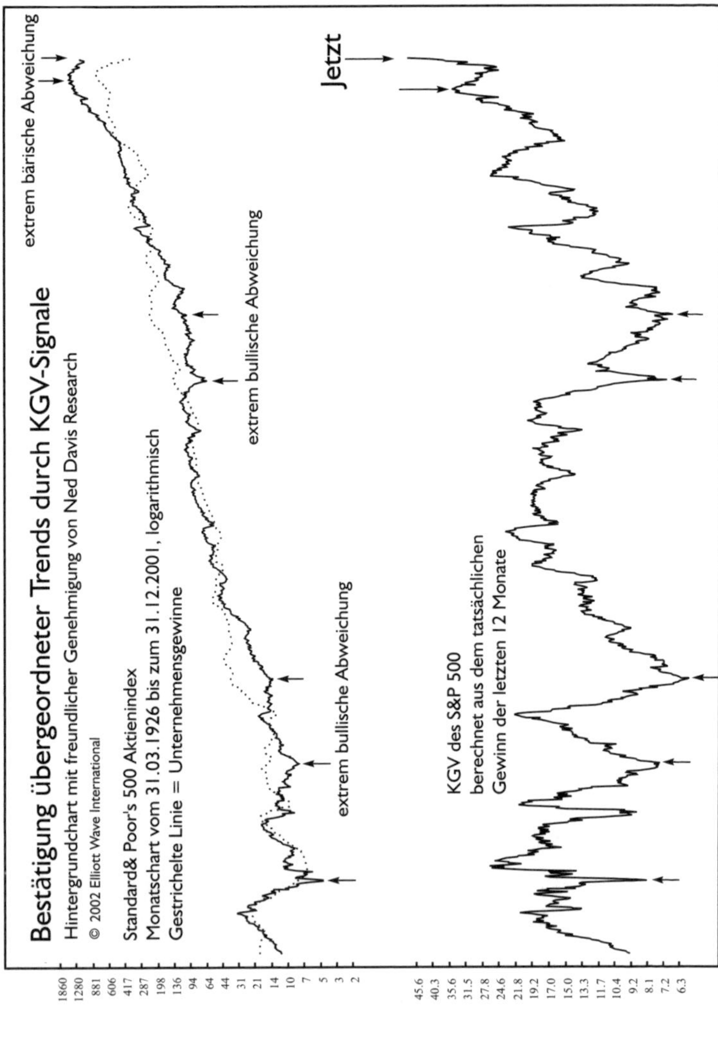

Abbildung 6-4

Markt damals in den ersten Jahren eines jahrzehntelangen Aufwärtstrends; in solchen Zeiten denken die Menschen eben so.

Abbildung 6-4 zeigt das KGV des S&P 500 Composite von der Mitte der 20er-Jahre bis in die Gegenwart. Betrachten Sie die Pfeile im linken Bereich der Grafik. Grob ausgedrückt folgten die Gewinne dem Aktienmarkt nach dem großen Tief von 1932 brav auf dem Weg nach oben. Trotzdem wurde der Pessimismus der Anleger 1942 und dann wieder 1949 so stark, dass er das KGV unter den Wert des letzten Börsentiefs drückte. Die Werte zeigen einen tief gehenden Pessimismus trotz steigender Aktienkurse und expandierender Wirtschaft, also trotz eines immensen psychologischen Potenzials für Kurszuwächse. Die Pfeile im mittleren Bereich zeigen das zweite Auftreten dieses Phänomens im Jahre 1980; die Aktien wiesen ein niedrigeres KGV auf als während des vorangegangenen Tiefs von 1974. In allen Fällen hatten die Aktien einen großen langfristigen Kursanstieg bereits in Angriff genommen und das meiste davon noch vor sich.

Zum ersten Mal in der Geschichte der Zahlen haben wir heute eine entgegengesetzte Situation. Wenn die Aktienkurse nach einem bedeutenden Hoch wieder fallen, lässt die geschäftliche Aktivität nach und die Gewinne fallen niedriger aus. Im vergangenen Jahr fielen die Unternehmensgewinne schneller als der S&P 500, so dass das KGV trotz sinkender Aktienkurse stieg. Und es stieg so kräftig, dass es im Dezember den Wert von 46 erreichte – das höchste Verhältnis aller Zeiten. Das KGV des S&P 400 Industrials betrug 53. In der Vergangenheit bewegte sich das KGV des S&P 500 zwischen 7 (in tiefen Baissen) und Mitte der 20er (in hohen Haussen). Das KGV des S&P 500 liegt derzeit also doppelt so hoch wie üblicherweise anlässlich eines Höchststandes und sechs bis sieben Mal so hoch wie typischerweise am Tiefststand einer Baisse. Mit anderen Worten müsste der S&P 500 um 85 Prozent fallen, um ein normales Boden-KGV zu erreichen, aber das gilt nur, wenn die Unternehmensgewinne nicht weiter fallen. Jedoch werden die Gewinne in einer Baisse der jetzigen Größe fallen, und daher kündigen die derzeitigen KGVs ebenso einen dramatischen Kursverfall an wie die Wellenstruktur des Aktienmarktes, die niedrigen Dividendenausschüttungen, die überzogenen Buchwerte und die hohen Anleihenrenditen im Vergleich zu den Aktienrenditen.

Die derzeitigen Rekord-KGVs sind schon für sich bemerkenswert (übrigens ist das Aktien-Saure-Gurken-Verhältnis ebenfalls so hoch wie nie), aber noch wichtiger ist das KGV in Relation zu den Marktbewegungen und zu der Wirtschaftsentwicklung. Betrachten Sie die Pfeile im rechten Bereich von Abbildung 6-4. Obwohl die Unternehmensgewinne seit dem Börsenhoch im ersten Quartal dem Aktienmarkt brav nach unten gefolgt sind, ist der Optimismus der Anleger nach wie vor so groß, dass er die KGVs über das Niveau während des letzten Aktienhochs getrieben hat. Der dramatische Aufstieg auf ein Allzeithoch ist ein Zeichen für hartnäckigen Optimismus trotz fallender Aktienkurse und erlahmender Konjunktur und hat daher ein immenses psychologisches Potenzial, die Kurse nach unten zu drücken. Diese Diskrepanz ist dafür verantwortlich, dass die Bluechips bereits in einer Baisse stecken, deren größter Teil noch bevorsteht.

Wie kommt dieses Phänomen zustande? Im Frühstadium großer Aufwärtstrends sind die Anleger aufgrund ihrer Erfahrungen im vorangegangenen Bärenmarkt und der entsprechenden wirtschaftlichen Kontraktion psychologisch betrachtet noch gebrannte Kinder. Auch wenn die Abwärtsbewegungen und Kontraktionen schon vorüber sind, bleibt die Angst vor ihnen bestehen. Das KGV fällt auf ein extremes Tief, weil die Menschen das Gewinnwachstum für vorübergehend halten und glauben, dass die Wirtschaft wieder in sich zusammenfallen wird, was dann niedrige Aktienbewertungen rechtfertigt. Der zweite Pfeil in der letzten Gruppe (der mit „JETZT" beschriftet ist) zeigt, dass die Anleger heute die exakt entgegengesetzte Haltung einnehmen. Obwohl die Aktien seit zwei Jahren abwärts und seitwärts tendieren und obwohl die Wirtschaft schwach ist, hält sich die Annahme, dass Aufwärtstrend und Expansion der natürliche Lauf der Dinge sind, stabiler denn je. Die Anleger rechnen – ganz im Gegensatz zu ihren Vorgängern in den 40er-Jahren – mit weiteren ruhmreichen Tagen. Die Menschen glauben, dass die Unternehmensgewinne wieder steigen werden, und bevor das geschieht, wollen sie so viele Aktien wie möglich besitzen.

Das erste Problem, das dieses Denken mit sich bringt, ist die Tatsache, dass die Anleger die Aktienkurse so hoch getrieben haben, dass die Gewinne um 600 Prozent steigen müssten, damit die Bewertung Bärenniveau erreicht, und das gilt nur für den Fall, dass der S&P 500 gegenüber dem aktuellen Stand auch nicht einen Prozentpunkt zulegt. Das zweite Problem besteht darin, dass die ausgedehnte wirtschaftliche Expansion, mit der so viele rechnen, mit an Sicherheit grenzender Wahrscheinlichkeit nicht stattfinden wird. Wenn meine Interpretation der KGV-Abweichung zutreffend ist, dann macht der S&P 500 nicht nur eine „Korrektur" durch, sondern dann haben wir einen Bärenmarkt. Und das bedeutet, dass die konjunkturelle Kontraktion nicht nur eine „leichte und kurze Rezession" ist, sondern die erste Kontraktion einer beginnenden Depression.

Verdunkelung und Rationalisierung

Während ich dieses Kapitel verfasse, ist der „Wachhund" für Unternehmensgewinne, das Unternehmen Standard & Poor's, im Begriff, sich dem wachsenden Druck zu beugen und die Grundlage seiner Ergebnisberichte zu ändern. Demnach benutzt S&P jetzt nicht mehr den Unternehmensgewinn (oder Nettogewinn), sondern den Betriebsgewinn („operativen Gewinn/Überschuss"). Das sich daraus ergebende KGV beträgt nur noch circa die Hälfte des wahren Wertes. Und das neue Verhältnis wird in die 80-jährige Historie des alten Verhältnisses eingefügt, als wären sie ein- und dasselbe. Im operativen Gewinn sind einige Posten nicht enthalten, unter anderem die Zinszahlungen für den Schuldendienst. Aber hallo! Die Schulden sind es doch, die der Industrie die Luft abschnüren! Sie wegzulassen ist so, als würde man bei der Beschreibung einer Folterkammer die Instrumente weglassen. Die Finanzwelt unternimmt verzweifelte Versuche, um „schlechte Nachrichten" (also die Wahrheit) zu umgehen.

Wie können die vielen öffentlichen und sonstigen professionellen Investoren den Besitz derart teurer Aktien vertreten? Die neueste Ausgabe von *Money* (März 2002) zitiert den Manager eines der größten Investmentfonds der Welt: „Man muss Vertrauen haben. Bis zu einem gewissen Grad werden Aktien zu einer Glaubenssache." *Money* stößt ins gleiche Horn: „Die Anleger müssen sich genauso viel auf ihr Bauchgefühl verlassen wie auf objektive Analysen. Und manchmal ist eine Extraportion Hoffnung erforderlich." Ein schlechterer Rat für das Leben ist kaum denkbar, ganz zu schweigen von dem finanziellen Risiko. Diejenigen von uns, die sich der objektiven Finanzanalyse verschrieben haben, liegen nicht immer richtig. Aber diejenigen, die sich auf Extraportionen Vertrauen, Glauben, Hoffnung und „Bauchgefühl" verlassen, werden es immer bereuen.

Kapitel 7: Was die im historischen Vergleich optimistische Anlegerstimmung bedeutet

Der Motor der hohen Börsenbewertung ist der verbreitete Optimismus. Je höher der zuende gehende Kursanstieg geführt hat, desto größer ist der Optimismus auf dem Höhepunkt. Auch in den ersten Stadien der Baisse (in Wellen gesprochen: A aufsteigend und B fallend) herrscht noch starker Optimismus. Man sagt, dass jede Hausse eine Mauer aus Kummer überwinden muss. Lassen Sie mich hinzufügen, dass Baissen einen Hang aus Hoffnung hinabgleiten.

Sind die Anleger derzeit optimistisch oder pessimistisch gestimmt, und in welchem Ausmaß? Die Indikatoren für Optimismus erreichten Anfang 2000 unfassbare Werte, und sie halten sich bis heute knapp darunter, gelegentlich sogar darüber. Wie Sie gleich sehen werden, ist die Stimmung meilenweit von dem allgemeinen Pessimismus entfernt, der Kaufgelegenheiten hervorbringt.

Die Stimmung der Gelehrten

Etwa ab dem Jahre 1997 begannen Professoren, Doktoren und hoch dekorierte Wirtschaftsexperten aus Universitäten und Denkfabriken die Medien mit Artikeln zu füttern, die in der Öffentlichkeit das Bild vermittelten, die wissenschaftliche Makroökonomie habe die extremen Aktienbewertungen, die durch die große Börsenmanie der 80er- und 90er-Jahre hervorgerufen wurden, sozusagen abgesegnet. Allein im *Wall Street Journal (WSJ)* standen bullische Artikel oder wurde auf bullische Studien von zwei Nobelpreisträgern verwiesen, von einem ehemaligen Fed-Vorsitzenden und von Wissenschaftlern des American Enterprise Institute, der University of Pennsylvania, des Massachusetts Institute of Technology, der Brookings Institution, der Wharton School, der University of Rochester, der Princeton University, der New York University, von Bear Stearns, von Credit Suisse First Boston, von den Federal Reserve Banks (ungefähre deutsche Entsprechung: Landeszentralbanken, Anmerk. d. Übers.) Dallas und Philadelphia, von der Hoover Institution, des Discovery Institute und der Graduate School of Business der University of Chicago – um nur die prominentesten Referenzen zu erwähnen. Am zahlreichsten waren diese Artikel zwischen März 1998 und April 2000, aber sie erscheinen weiter bis heute. Kein einziger gründet seine Schlussfolgerungen auf eine Analysemethode, die als Prognoseinstrument erprobt ist, und manche wenden sich gegen Artikel, die solche Methoden verwenden. In der Zeit, aus der die unten stehenden Zitate stammen, ermahnte im WSJ nur ein einziger Wissenschaftler die Anleger leidenschaftlich zur Vorsicht, und zwar in zwei Artikeln, die im April 1999 und im März 2000 erschienen. Wenn Sie beim Lesen der folgenden Zitate jeweils auf das Datum schauen, dann bedenken Sie, dass der Value Line Geometric Aktienindex und die Advance-Decline-Line im April 1998 ihren Höhepunkt überschritten, dass die Gold- und Güterindizes von Dow Jones und von S&P den Gipfel im Juli 1999 erreichten und dass die Hochs des S&P 500 und des NASDAQ (wahrscheinlich auch des Dow Jones) im ersten Quartal 2000 liegen. Folgendes haben uns die Experten erzählt:

- 30. März 1998: „Die Fachleute, die behaupten, die Börse sei überbewertet, sind Narren."
- 30. Juli 1998: „Das Wachstum wird sich ewig fortsetzen."
- 3. Februar 1999: „Endlich sind wir in einem Neuen Zeitalter der Wirtschaft angekommen."
- 9. März 1999: „Ein vollkommen vernünftiger Wert für den Dow Jones liegt vielleicht bei 36.000 Punkten – und zwar morgen, nicht erst in zehn oder zwanzig Jahren. Der Risikozuschlag steuert auf sein angemessenes Niveau zu: auf null."

- 30. August 1999: „Der aktuelle dramatische Aufschwung bietet rosige Aussichten für das Gewinnwachstum in der Wirtschaft."
- 18. September 1999: „Forscher haben schlagende Indizien dafür gefunden, dass die herkömmlichen Bilanzierungsmethoden das Gewinnpotenzial der heutigen Unternehmen unterrepräsentieren."
- 1. Januar 2000: „Ähnlich wie Albert Einsteins Relativitätstheorie zu Beginn des 20. Jahrhunderts das Raum-Zeit-Gitter der klassischen Physik verändert hat, so verändern die Einsteins der Internetkommunikation jetzt das Raum-Zeit-Gitter der Weltwirtschaft."
- 18. April 2000: „Lassen Sie sich nicht täuschen. Historische Kräfte wirken auf eine Große Prosperität hin, die den Dow Jones Industrial Average bis zum Ende des Jahrzehnts auf 35.000 Punkte und bis 2020 auf 100.000 Punkte tragen könnte."

Es würde mich mächtig wundern, wenn diese gelehrten Ergüsse etwas anderes sein sollten als eine Manifestation der vorherrschend optimistischen Stimmung, die sich nach sieben Jahrzehnten vorwiegend steigender Aktienkurse und zweieinhalb Jahrzehnten dramatisch steigender Aktienkurse herauskristallisiert hat.

Die Stimmung der Wirtschaftsexperten

Als vor zwei Jahren die meisten großen amerikanischen Aktienindizes ihre Allzeithochs erreichten, bemerkte das *Wall Street Journal*: „Die Wirtschaftsexperten sind durch die Bank euphorisch." Von 54 befragten Wirtschaftswissenschaftlern waren bis auf zwei alle für das Jahr 2000 bullisch gestimmt. Ein Jahr später, als der Dow Jones, der S&P 500 und der NASDAQ 8 Prozent, 15 Prozent beziehungsweise 51 Prozent von ihren jeweiligen Hochs verloren hatten und die beginnende Rezession nur noch ein paar Wochen entfernt war, war der Konsens, dass sich das Wachstum fortsetzen würde, sogar noch breiter. Nur einer von 54 Befragten sagte für 2001 eine Rezession voraus. Am Neujahrstag 2002 brachten es die Wirtschaftsexperten zu einem noch breiteren optimistischen Konsens, obwohl die Wirtschaft seit fast einem Jahr schleppend verlief. Das lag sicher daran, dass der Dow Jones sich wieder bis über 10.000 Punkte erholt hatte. Nicht einer der 55 vom *Wall Street Journal* nach einer Prognose befragten Wirtschaftsfachleute rechnet damit, dass sich die derzeitige Kontraktion zu einem ernsthaften Abschwung auswächst. Alle prophezeien, dass die Wirtschaft in diesem Jahr wachsen wird, wenn sie nicht schon damit begonnen hat. Die jüngste Erholung des Aktienmarktes – die die bessere gesellschaftliche Stimmung widerspiegelt – führt selbstverständlich zu besseren Werten für eine Anzahl von Wirtschaftsindikatoren. Diese Veränderungen haben die Experten dazu verleitet, weiter die Trommel zu rühren. Von hunderten Beispielen hier nur drei Auszüge:

The Atlanta Journal-Constitution, 22. Februar 2002: „Wirtschaftsexperten optimistisch: Erhebung ergibt, dass die Rezession wahrscheinlich vorüber ist"

> Die Rezession in den Vereinigten Staaten ist laut einer Erhebung der National Association for Business Economics, die für das zweite Halbjahr 2002 und für 2003 ein Wachstum von mindestens 3,5 Prozent verspricht, wahrscheinlich zuende.

USA Today, 28. Februar 2002: „Rezessiönchen vielleicht zuende"

> Der Chef-Wirtschaftler der Bank One spricht von einem „Rezessiönchen", und der Chef-Wirtschaftler der US-Handelskammer betont, die derzeitige Verlangsamung sei keineswegs eine Rezession.

Fortune, 18. März 2002: „[Dies ist] die Meinung quasi aller Wirtschaftspropheten."

Offenbar sind Wirtschaftsexperten jeglicher Couleur, egal ob Theoretiker oder Praktiker, seit zwei Jahren bullisch gestimmt, über die Hochs der meisten Aktien hinweg, über den Beginn der Rezession 2001 hinweg (ob sie nun „offiziell" anerkannt ist oder nicht) und durchgehend bis heute. Sie brauchen sich jetzt nicht mehr zu fragen, woher all die Erwähnungen der „New Economy" kommen, die in Abbildung 1-1 dargestellt sind.

In der Vergangenheit haben es die Wirtschaftsexperten als Gruppe niemals geschafft, wirtschaftliche Kontraktionen vorherzusagen. In den meisten Fällen ist unbegründeter Optimismus harmlos, weil Rezessionen in den meisten Fällen milde und kurz sind. Dies liegt daran, dass die konjunkturellen Fluktuationen ein hierarchisches Fraktal darstellen, wie in Kapitel 3 beschrieben. Kleine, milde Rückgänge treten häufiger auf als große, so dass falsche Voraussagen nur geringe Schäden verursachen. Aber selten ist nicht gleich unmöglich. Es wäre falsch anzunehmen, dass nach einer langen Zeit der Prosperität und kleinerer Rezessionen nie wieder große wirtschaftliche Kontraktionen auftreten könnten. Aber dieser Glaube entsteht in solchen Zeiten unweigerlich. Warum ist das so?

Wirtschaftsprognosen sind selten etwas anderes als Beschreibungen des aktuellen Zustands, der aufgrund der vorangegangenen

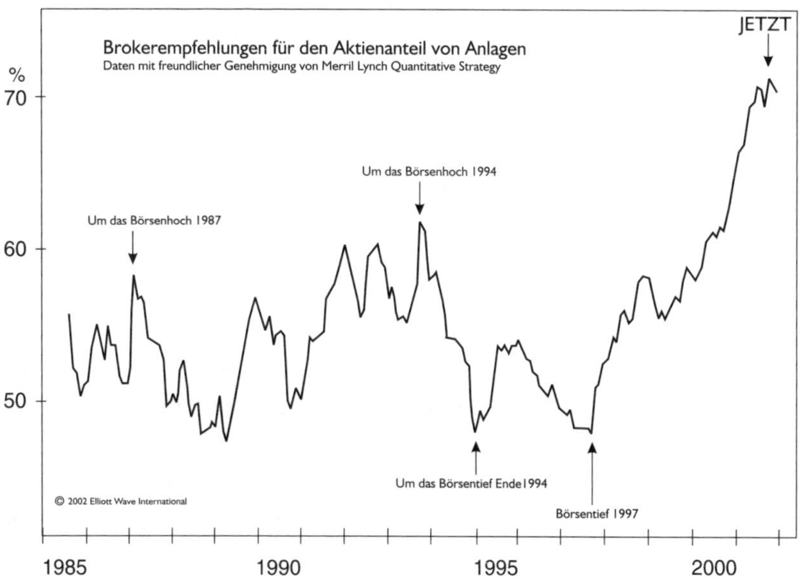

Abbildung 7-1

Trends etwas gedämpft oder gesteigert fortgeschrieben wird. Das liegt in der Natur des Menschen. Die Menschen – einschließlich der Profis, die es eigentlich besser wissen müssten – betrachten im allgemeinen ihre aktuellen Erfahrungen als „normal", egal wie sie aussehen. Die Wirtschaftsexperten würden ihren Klienten einen besseren Dienst erweisen, wenn sie die Trends und Extrema, die sie vermuten, genau in ihr Gegenteil verkehren würden.

Die Stimmung der Wertpapierhändler

Die strategischen Anlagespezialisten der Brokerhäuser empfehlen üblicherweise eine kräftige Aktiengewichtung kurz bevor der Markt fällt, und eine leichtere Gewichtung, wenn der Markt bald steigt. Das ist ein normales Verhalten, das selbst zur Bildung der Börsenhochs und -tiefs beiträgt.

Abbildung 7-1 zeigt die durchschnittlichen Gewichtungsempfehlungen der Broker über 15 Jahre hinweg. Beachten Sie die aktuelle durchschnittliche Meinung: eine Rekord-Gewichtung von 71 Prozent. So ging es den Beratern in der Erholungsphase in den frühen 30er-Jahren ebenfalls. Ihre Empfehlungen brachten keinen Gewinn. Das konnten sie auch gar nicht. Eine derart breite Übereinstimmung bedeutet, dass die Menschen so stark investiert sind, wie sie können. Sie ist bärisch.

Die Stimmung der Fondsverwalter

Insgesamt betrachtet sind Vermögensverwalter immer während Hochs am stärksten in Aktien investiert und während Tiefs am schwächsten. Abbildung 7-2 zeigt, wie die Pensionskassen und Versicherungsgesellschaften den Anteil der Aktienpositionen von 1952 bis zum Neujahrstag 2000 von 7 auf 53 Prozent erhöht haben. Abbildung 7-3 zeigt den Bargeldanteil von Aktienfonds. Wiederum ist er in Zeiten der Bodenbildung hoch und in Hoch-Zeiten niedrig. Unnötig zu sagen, dass den Klienten besser gedient wäre, wenn sich dies umgekehrt verhielte. Unnötig zu sagen, dass es nicht anders sein kann.

Der Optimismus der Manager ist heutzutage nicht nur in den Vereinigten Staaten, sondern in der ganzen westlichen Welt erschre-

Abbildung 7-2

ckend einseitig. Das kanadische Meinungsforschungsinstitut Towers Perrin berichtet, dass von 48 kanadischen und 23 ausländischen Investmentgesellschaften nicht eine einzige für das Jahr 2002 mit negativen Erträgen aus seinen Aktieninvestitionen rechnet. Und sie sind auch nicht nur mäßig optimistisch. Globe and Mail aus Toronto fasste die Erhebung am 10. Januar 2002 folgendermaßen zusammen: „Die Fondsmanager wollen in diesem Jahr auf den kanadischen, US-amerikanischen und internationalen Aktienmärkten zwei-

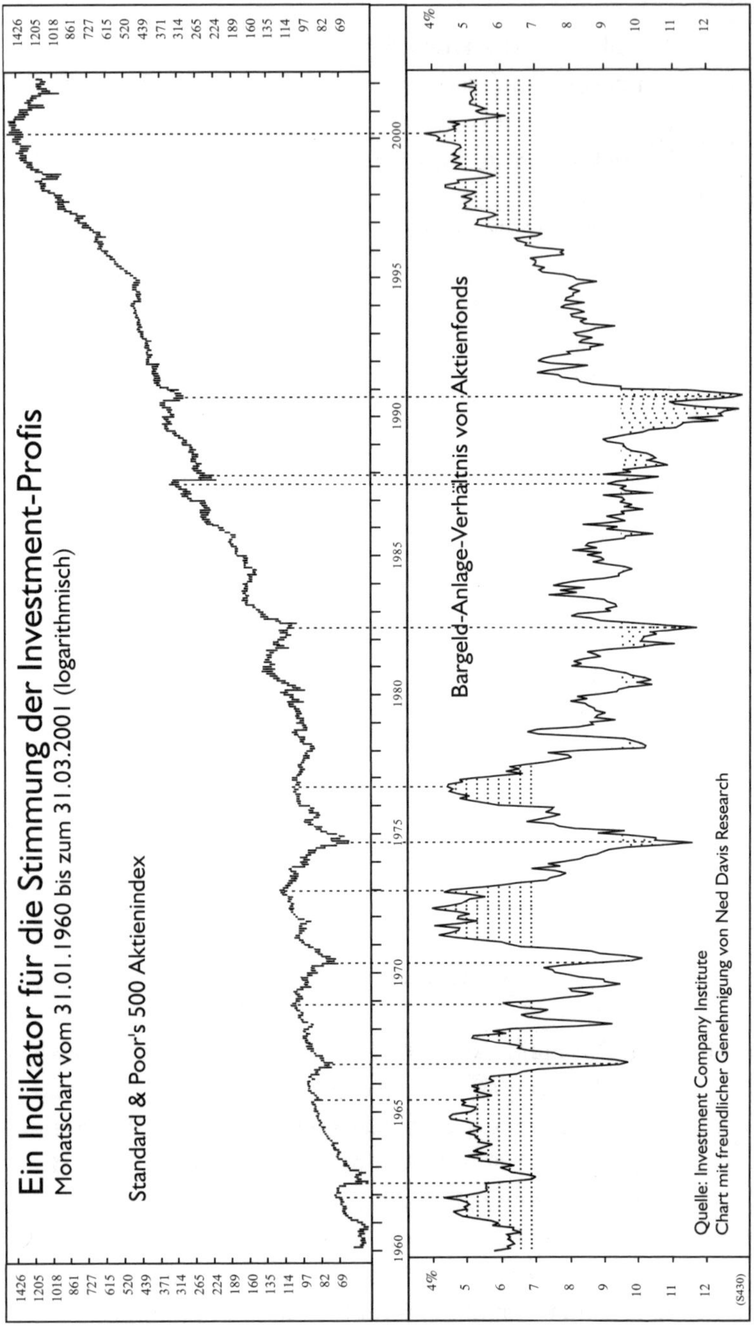

Abbildung 7-3

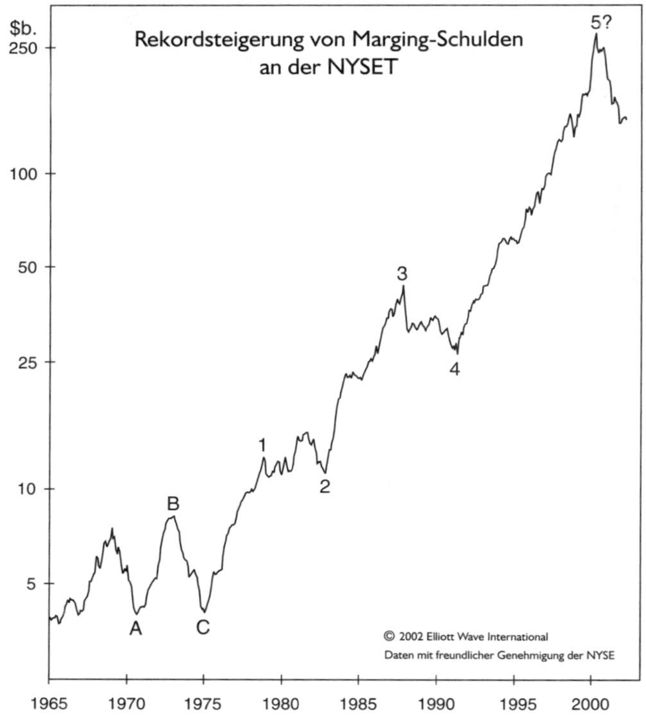

Abbildung 7-4

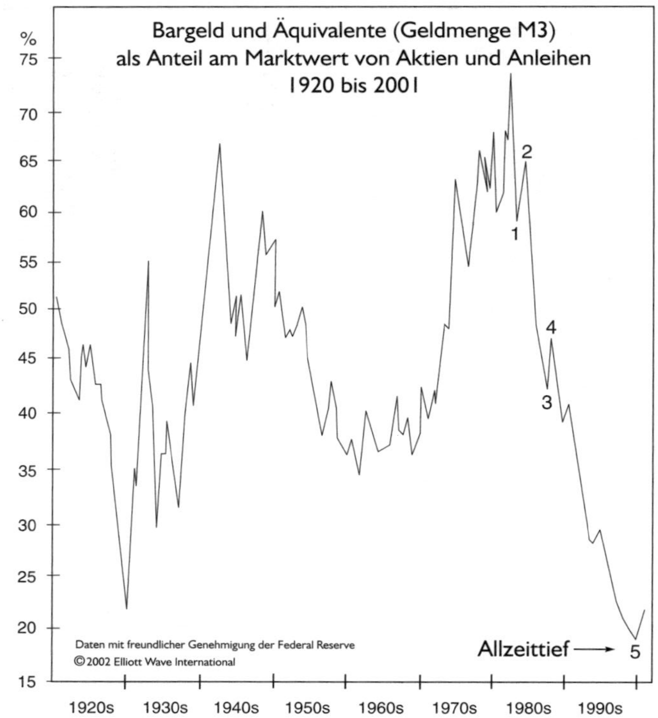

Abbildung 7-5

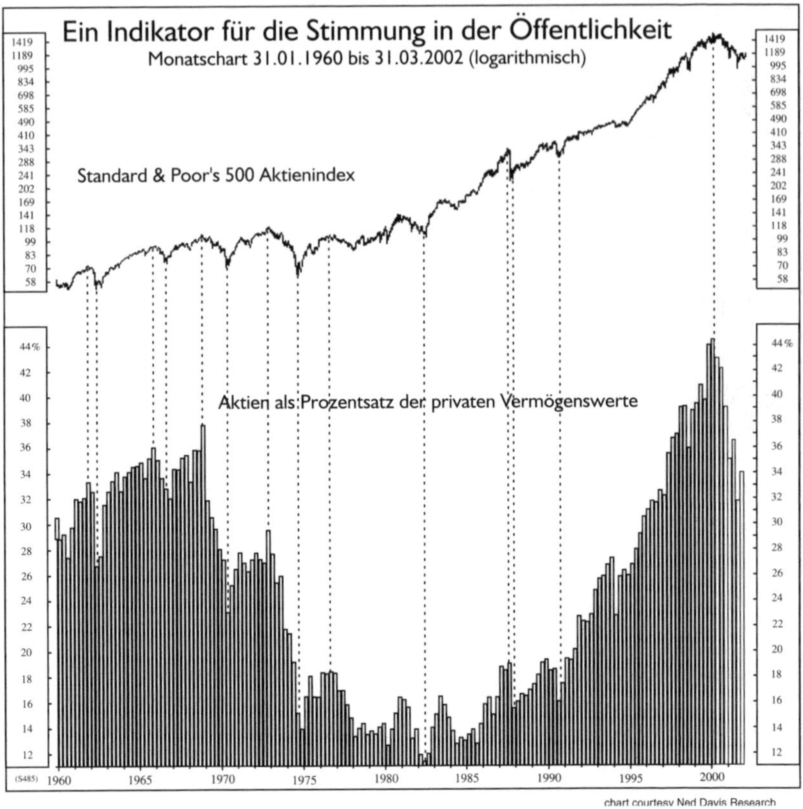

Abbildung 7-6

stellige Erträge erzielen." Auch wenn sich die Analysen im vorliegenden Buch auf den US-amerikanischen Aktienmarkt konzentrieren, gelten für alle Aktienmärkte der Welt, die fast ihren Höhepunkt erreicht haben, ähnliche Bedingungen.

Die Stimmung der Öffentlichkeit

Die Öffentlichkeit stimmt mit den Experten überein. Abbildung 7-4 zeigt, dass die Margin-Schulden der Anleger, die sich Ende 1974 noch auf magere drei Milliarden US-Dollar beliefen, im Jahre 2000 einen Höhepunkt von 250 Milliarden US-Dollar erreichten. In nur 25 Jahren wuchs der Geldbetrag, den sich die Anleger von Brokern für den Kauf von Aktien liehen, um mehr als das 80fache. Die Abbildungen 7-5 und 7-6 bieten langfristige Beurteilungswerte für die Stimmung der Öffentlichkeit im Hinblick auf Aktien. Es hat zwar Jahrzehnte gedauert, aber nach diesen Zahlen zu urteilen war die Öffentlichkeit in den 90er-Jahren bullischer gestimmt als anlässlich der größten Börsenhochs des vergangenen Jahrhunderts: 1968 und 1929. Vollkommen im Gegensatz zu ihren unterinvestierten Pendants in den 50er-Jahren sind momentan mehr als die Hälfte aller amerikanischen Familien – das heißt, die große Mehrheit derjenigen Familien, die Geld anlegen können – am Aktienmarkt investiert. Diese Werte lassen die Investitionsbegeisterung der Roaring Twenties wie

Abbildung 7-7

kalten Kaffee aussehen. Weitere Diagramme dieser Art finden Sie im Anhang D von *At the Crest of the Tidal Wave*.

Das KGV und die Empfehlungen der Broker-Strategen sind nicht die einzigen marktpsychologischen Indikatoren für Allzeithochs. Gerade jetzt, im ersten Quartal 2002, zeigt die Wochenübersicht der Besitzverteilung von Futureskontrakten, dass die „Kleinhändler", also die unbedarftesten Marktteilnehmer, momentan einen Allzeitrekord im Besitz von „long"-Kontrakten halten. Die „Kommerziellen", das heißt die gewiefteren Marktteilnehmer, halten seit Mitte 2000 so viele Short-Kontrakte wie nie zuvor. Während der in Abbildung 7-7 dargestellten 13 Jahre war die Stimmung der Kommerziellen während der Börsentiefs 1990 und 1994 am bullischsten, und in letzter Zeit am bärischsten. Anders ausgedrückt: Sie tendieren dazu, richtig zu liegen. Die Öffentlichkeit war im Gegensatz dazu Anfang 1995 am bärischsten gestimmt, als der Markt zu einem fünfjährigen Rekordlauf durchstartete. Sie sehen, dass die Öffentlichkeit in der Regel falsch liegt.

Für die Anleger im Allgemeinen ist es höchst ungewöhnlich, bei niedrigen Aktienkursen bullisch gestimmt zu sein, aber wie beim KGV-Phänomen ist dieses Verhalten kurz nach bedeutenden Börsenhochs normal. In *Das Elliott-Wellen-Prinzip* wurde 1978 erklärt: „Während der Welle A einer Baisse ist die Anlegergemeinde meist davon überzeugt, dass es sich nur um einen Rücksetzer als Sprungbrett für den nächsten Kursanstieg handelt. Obwohl das Verlaufsmuster einzelner Aktien die ersten charttechnisch gefährlichen Risse zeigt, schlägt sich die Öffentlichkeit auf die Käuferseite." Die darauf folgende Erholungsphase der Welle B ist üblicherweise von „aggressiver Euphorie und Verdrängung" geprägt. Die vergangenenen zwei Jahre fügen sich in diese Beschreibung. Ähnlich wie andere in diesem Buch vorgestellte Indikatoren zeigt auch die Abbildung 7-7, dass mit Sicherheit eine große Baisse im Gange ist und dass der Löwenanteil davon noch vor uns liegt.

Die *New York Times* meldet heute (12. März 2002), dass die Haltung der Anleger laut einer Studie „erneut optimistisch" sei. Demnach sind erstaunliche 90 Prozent der befragten Personen der Meinung, dass die Börse in den kommenden 12 Monaten weiter steigen wird. Diese Wiederbelebung des Optimismus kommt sechs Monate nach dem rechten Zeitpunkt für kurzfristigen Optimismus, sechs Monate nachdem *The Elliott Wave Theorist* die größte Erholung des S&P 500 seit dem Allzeithoch prophezeit hat, sechs Monate nach dem Tal der Welle A. Der Artikel kommt zu dem Schluss: „Der Optimismus der Befragten [...] legt nahe, dass das neue Jahr ein gutes Aktienjahr wird." Diese Behauptung verrät eine frappierende Unkenntnis des jahrzehntelangen Verlaufs der Stimmungsindikatoren.

Die Stimmung der Medien

Wie Sie den Diagrammen des vorliegenden Kapitels entnehmen können, ist es keine Frage, dass der hartnäckige Optimismus horizontal die ganze Nation durchzieht und dass er sich vertikal durch alle Schichten des fachlichen Kenntnisstandes erstreckt. Diese überwältigende Übereinstimmung hat dazu geführt, dass sich im Moment, im ersten Quartal 2002, Hochstimmung von den Titelblättern der Zeitschriften und den Titelseiten der Tagezeitungen ergießt. „Positive Berichte deuten auf schnelle Erholung", schreibt die *New York Times*. „Es kommen bessere Zeiten", verkündet der in Minneapolis erscheinende *Star*. „Wachsende Hoffnung in den USA", ergänzen die *Rocky Mountain News* aus Denver. *The New York Post* begeistert sich: „Endlich die Erholung". *USA Today* meldet: „Fed-Chef erklärt Rezession für beendet." *U.S. News and World Report* zeigt uns „Wie Sie absahnen können". Der Präsident persönlich versichert uns, dass 2002 ein „großartiges Jahr" wird.

Die Zeitungsschnipsel auf der folgenden Doppelseite machen deutlich, dass der Optimismus sowohl die lokale als auch die landesweite Berichterstattung durchdringt. Die Mehrzahl der Schlagzeilen stammt von Zeitschriftentiteln beziehungsweise der ersten Seite der Tageszeitung, in denen sie erschienen sind. Das bedeutet, dass die Herausgeber die ausgedrückten Stimmungen der höchsten Beachtung für würdig befinden. Das ist schade, denn solche Gedanken können, wenn sie zur falschen Zeit geäußert werden, Menschen in den finanziellen und im Extremfall auch in den körperlichen Ruin treiben.

Der nächste Stimmungstrend

Wenn sich der Aktienmarkt wieder abwärts wendet, werden die Gelehrten, die Wirtschaftsexperten, die Fondsmanager und die Kommentatoren wieder bärisch werden. Als Folge des aufkeimenden Trends zur Negativstimmung werden die Zeitungen schlechte Nach-

richten absondern. Je tiefer der Markt sinkt, desto zahlreicher werden die Bären, denn es vergeht genügend Zeit, damit nicht nur der gegenwärtige Trend, sondern auch der Trend der jüngeren Vergangenheit nach unten zeigt. Die größte Anzahl von privaten und professionellen Bären wird es am Tiefpunkt geben.

Kapitel 8: Implikationen für Börse und Wirtschaft

Falls die Analyse der vorangegangenen Kapitel zutrifft, durchläuft der amerikanische Aktienmarkt – und somit auch die meisten Aktienindizes der Welt – den Scheitelpunkt einer Trendwende vom Grad eines Superzyklus oder noch höher. Der DJIA schließt eine Folge von fünf aufsteigenden Wellen ab (oder steht kurz davor), die einen dreistufigen Rückzug vergleichbarer Größenordnung nach sich ziehen wird. Das bedeutet, dass der Abschwung kein kleinerer Rückschlag sein wird, wie ihn der Markt seit 1932 hin und wieder erleidet. Er wird mindestens so groß sein, dass er den absteigenden Teil von Abbildung 3-1 vollendet, wenn wir den Anfang mit „1932" und das Ende mit „2000" beschriften. Das ist ein großer Rückschlag. Vielleicht müssen wir den Anfang sogar mit „1784" beschriften, und in diesem Fall wird die kommende Baisse die schwerste seit dem 18. Jahrhundert sein. Mit anderen Worten ist der Markt mit Sicherheit auf dem Weg zur schwersten Baisse seit 1929–1932 und möglicherweise seit 1720–1784. Wenn ein solcher Bärenmarkt auftritt, dann wird die Wirtschaft, wie wir in Kapitel 2 gesehen haben, eine Depression durchmachen.

Wie tief wird die Börse fallen?

Wie man aus Abbildung 3-2 schließen kann, neigen Börsenkorrekturen dazu, ihren Boden im Bereich der vierten Welle der größten unmittelbar vorangehenden Fünf-Wellen-Struktur zu finden. Studieren Sie die tatsächlichen Zahlen, und Sie werden sehen, dass diese Regel in vielen Fällen greift. Bemerken Sie beispielsweise in Abbildung 4-2, dass die Welle II im Kursbereich des Tiefs von 1934 einen Boden gebildet hat und dass Welle IV einen Boden im Bereich des 1962er-Tiefs gefunden hat; damals endeten die vierten Wellen der Wellen I und III. In *Das Elliott-Wellen-Prinzip* stand schon 1978, dass der DJIA nach dem Ende der großen Hausse, die für Welle V erwartet wurde, in den Bereich der vorangegangenen vierten Welle zurückfallen würde, also mindestens in den Bereich von Welle IV mit 577 bis 1051 Punkten (vgl. Abbildung 4-2) und möglicherweise sogar in den Bereich von Welle (IV) mit 41 bis 381 Punkten (vgl. Abbildung 4-1). Meine Prognose klingt zwar vollkommen unmöglich, aber ich kann guten Gewissens sagen, dass der DJIA aus dem fünfstelligen Bereich, in dem er sich heute befindet, in den dreistelligen Bereich fallen wird; das ist eine nie dagewesene Differenz.

Ich kann allerdings nicht mit der gleichen Überzeugung sagen, welche Welle der Baisse den Dow Jones in diese Zone tragen wird. Die Chancen stehen sehr gut, dass dies während der ersten größeren Abwärtsbewegung geschehen wird, eine Möglichkeit, die im nächsten Abschnitt gestützt wird. Wenn nicht, dann wird es während einer anderen Abwärtsbewegung passieren, die noch Jahrzehnte entfernt liegt. Mehr über solche Variationen lesen Sie bitte in Kapitel 5 von *At the Crest of the Tidal Wave*.

Studien über Spekulationsmanien sprechen für dieses Verlustpotenzial

Im Jahre 1997 habe ich finanzielle Manien untersucht. Manien sind Perioden ungehemmter Finanzspekulation, die durch bedeutende Krediteinschüsse gekennzeichnet sind, durch breite Beteiligung der Öffentlichkeit und dadurch, dass die Bewertungen in nie gekannte Höhen getrieben werden. Die vollständige Studie finden Sie in Kapitel 12 von *Market Analysis for the New Millenium*.

Eine Beobachtung, die für unser Thema von Bedeutung ist, besteht darin, dass Manien immer von einem derart schweren Zusammenbruch gefolgt sind, dass die Bewertungen unter das Niveau vor

Berühmte Börsenmanien und ihre Folgen, 1600 bis 2001

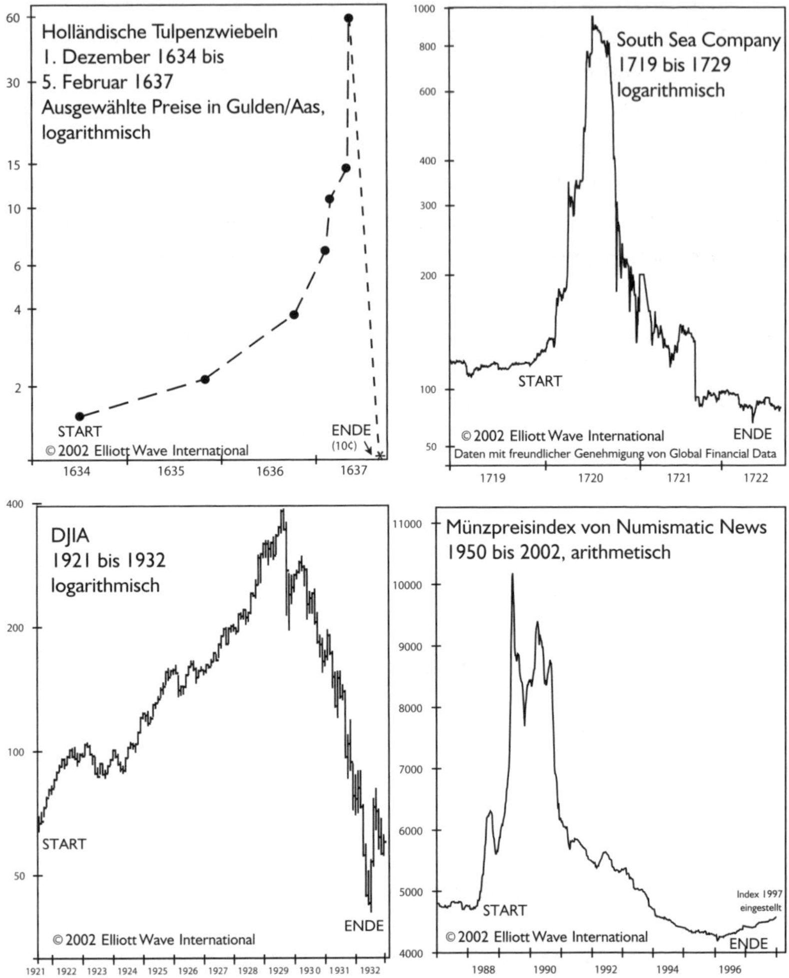

Abbildungen 8-1 bis 8-4

Beginn der Manie fallen. Der Grund dafür liegt offenbar darin, dass so viele Durchschnittsbürger ihr Vermögen der Manie anvertrauen und dass das Umkippen somit viele Menschen in eine finanzielle Schieflage bringt; und die Geldnot führt zu einer immensen Liquidierung von Investitionsmitteln.

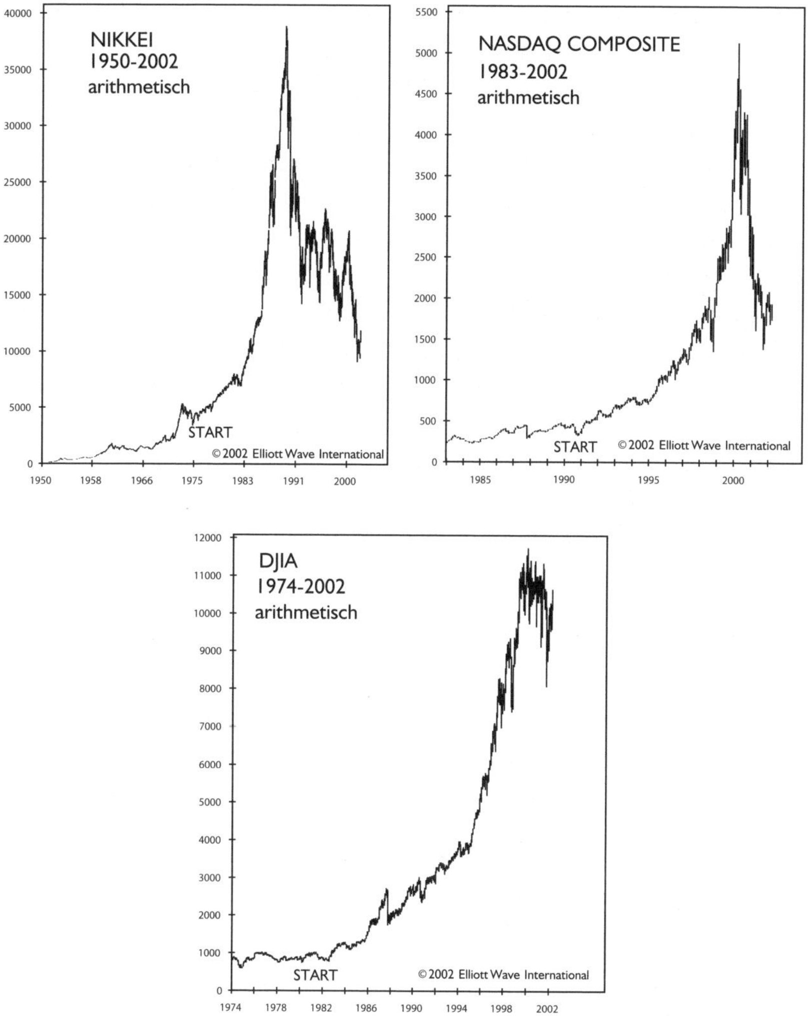

Abbildungen 8-5 bis 8-7

Die Abbildungen 8-1 bis 8-7 zeigen die Preisentwicklung von sieben Manien. Die ersten vier liegen weit genug zurück, damit das Endergebnis sichtbar wird. Die Bewertungen fielen unter das Niveau, das sie vor der Manie hatten. Der fünfte Chart zeigt den japanischen Nikkei-Index, der sein Hoch am letzten Handelstag des

Jahres 1989 erreichte. Die Auswirkungen haben sich noch nicht alle gezeigt, aber der freie Fall hat bereits 80 Prozent des Höchstwertes zunichte gemacht und dürfte sich, wenn das Modell der Manie zutrifft, bis in den Bereich des Jahres 1974 fortsetzen. Der sechste Chart zeigt den NASDAQ-Index, der sein Hoch im März 2000 hatte. Er fiel bis zum September 2001 um 75 Prozent und erholt sich jetzt wieder. Optimisten glauben, dass die Baisse vorüber ist, aber bis die gesamte Manie bewältigt ist, liegt noch ein weiter Weg nach unten vor dem Index. Das letzte Diagramm zeigt die Bluechip-Manie in den Vereinigten Staaten der 80er- und 90er-Jahre anhand des DJIA, der sich immer noch im Bereich seines Allzeithochs bewegt. Wenn sich dieser Index wie die anderen verhält, dann müsste er unter den Anfangspunkt der Manie fallen, und der liegt bei 777 Punkten, dem Tief vom August 1982. Sie sehen also, dass das auf dieser Basis zu erwartende Abwärtspotenzial zu demjenigen passt, das meine Interpretation der Marktposition nach dem Wellenprinzip ergeben hat.

Implikationen für die Wirtschaft

Wenn der Aktienmarkt so weit fällt, dass er einen bedeutenden Teil des seit mindestens 1932 geltenden Aufwärtstrends wieder wettmacht und dass er die Kurssteigerung wettmacht, die er während der Manie erfahren hat, dann fällt er weit genug, um eine deutliche Kontraktion der Wirtschaft hervorzurufen. Wie stark wird die Kontraktion am Ende werden?

Die Beendigung der Welle III in den Jahren 1966/68 führte zu einer Serie von vier Rezessionen zwischen 1970 und 1982. Da Welle V einen schwächeren wirtschaftlichen Hintergrund hatte und aufgrund des großen Ungleichgewichts zwischen den heutigen himmelhohen Erwartungen und der schwächer werdenden Wirtschaft, wird die aus der Baisse resultierende Kontraktion fraglos schwerer sein als alle Kontraktionen, die auf die Welle III folgten.

Betrachten Sie nochmals die Abbildungen 2-1 und 3-1. Beachten Sie, dass die letzten beiden in Abbildung 2-1 notierten Depressionen unmittelbar auf die Superzyklus-Beschriftungen (I) und (III) in Abbildung 4-1 folgen. Wie Sie in Abbildung 4-1 sehen, haben wir dort eine neue Beschriftung, nämlich Welle (V). Beachten Sie, dass die erste Depression der Abbildung 2-1 unmittelbar auf die Beschriftung ((I)) (1720) vom Superzyklus-Grad folgt. In Abbildung 4-1 steht versuchsweise ((III)). Wenn diese Beschriftungen korrekt sind, kündigen sie einen erschütternden Börsencrash und eine tiefe Depression an.

Die passenden Vorbilder für die sich vorbereitende Wirtschaftsentwicklung sind die Entwicklungen, die die Kursverfälle 1720 bis 1722 in England, 1835 bis 1842 und 1929 bis 1932 in den Vereinigten Staaten sowie seit 1990 in Japan begleitet haben. In zwei der genannten Fälle (1720 bis 1722 und 1929 bis 1932) war die Kontraktion eine ungebremste, steile, kurze und allumfassende Depression. In den beiden anderen Fällen (1835 bis 1842 und 1990 bis heute) schrumpfte die Wirtschaft über einen längeren Zeitraum und in zwei oder mehr Schritten mit zwischenzeitlichen Erholungsphasen. Diesmal sind beide Entwicklungsmöglichkeiten denkbar.

Der japanische Rückzug verläuft deshalb so langwierig und langsam, weil die meisten Volkswirtschaften der Welt ihre Investitionsmanie und ihr Wachstum fortgesetzt haben; der florierende Handel sorgte in den ersten zehn Jahren des Abschwungs für Unterstützung. Wenn aber die restlichen Volkswirtschaften nachgeben, entfällt eine Reihe gesunder Handelspartner, die das Tempo der Kontraktion bisher abgebremst haben. Aus diesem Grund wird die Kontraktion, die sich in den Vereinigten Staaten und rund um den Globus anbahnt, wahrscheinlich weitaus zügiger verlaufen als bisher in Japan.

Für die Zwecke dieses Buches reichen diese Beobachtungen völlig aus, um wenigstens eine grobe Vorstellung von dem Abwärtspotenzial des Aktienmarktes und der Wirtschaft in den Vereinigten Staaten sowie dem Rest der Welt zu vermitteln. Wenn Sie Genaueres darüber wissen wollen, wie sich die Baisse vermutlich entwickeln wird – Muster, Zeitpunkte und Kursziele – dann lesen Sie bitte Kapitel 5 von *At the Crest of the Tidal Wave* (1995).

Keine Alternativszenarien

Angesichts der Beweislage wäre es meines Erachtens finanzieller Selbstmord, darauf zu setzen, dass sich die Hausse fortsetzt, und selbst das Mindestmaß an Vorsicht erfordert die Vorbereitung auf eine bedeutende Wende. Abgesehen von einer kurzfristigen Variationsmöglichkeit den Dow Jones betreffend, die in Kapitel 4 eingeräumt wird, biete ich keine anderen langfristigen Interpretationen des Wellen-Standes und der Wirtschaftslage; ich biete keine Alternativszenarien für die drei illustrierten Grade. Aus meiner Sicht ist die Beweislage zu eindeutig, als dass ich mich wie ein halbseidener Wirtschaftswissenschaftler verhalten könnte. Wenn ich Unrecht habe, dann soll es eben so sein.

Teil II
Argumente für eine Deflation

„Achtet nicht auf den Mann hinter dem Vorhang."

Der Zauberer von Oz

Kapitel 9: Wann tritt Deflation auf?

Die Definition von Inflation und Deflation

Im Wörterbuch (Webster) heißt es: „Inflation ist eine Zunahme der Geldmenge und des Kreditaufkommens im Verhältnis zu den vorhandenen Gütern", und „Deflation ist eine Abnahme der Geldmenge und des Kreditaufkommens im Verhältnis zu den vorhandenen Gütern." Um zu verstehen, was Inflation und Deflation bedeuten, müssen wir zunächst die Begriffe Geld und Kredit verstehen.

Die Definition von Geld und Kredit

Geld ist ein gesellschaftlich akzeptiertes Mittel, das für den Austausch, für die Aufbewahrung von Werten und für die Zahlung verwendet wird. Eine bestimmte Menge dieses Mittels wird als Verrechnungseinheit verwendet.

Gemäß zweier bestehenden finanziellen Definitionen kann man Kredit als Recht, auf Geld zuzugreifen definieren. Der Eigentümer des Geldes kann Kredit in Form eines Lagerempfangsscheins für eine Geldeinlage besitzen; heutzutage benutzt man dafür ein Girokonto auf einer Bank. Der Eigentümer oder der Treuhänder des Eigentümers kann den Kredit auch an einen Kreditnehmer übertragen, und zwar gegen eine einmalige Gebühr oder gegen laufende Gebühren – Zinsen genannt –, deren Höhe in einem Rückzahlungsvertrag mit der Bezeichnung Anleihe, Schuldtitel, Wechsel oder einfach Schuldschein, kurz gesagt Schuld, festgelegt ist. In der heutigen Wirtschaft wird Kredit meist vergeben, so dass die Begriffe „Kredit" und „Schuld" häufig gleichbedeutend verwendet werden, denn Geld, das von einer juristischen Person vergeben wird, ist gleichzeitig Geld, das von einer anderen juristischen Person geliehen wird.

Auswirkungen von Inflation und Deflation auf die Preise

Wenn das Geld- und Kreditaufkommen im Verhältnis zu der Menge der vorhandenen Güter steigt, dann nimmt der relative Wert pro Geldeinheit ab, was die Preise für Waren normalerweise ansteigen lässt. Wenn das Geld- und Kreditaufkommen im Verhältnis zu der Menge der vorhandenen Güter sinkt, dann nimmt der relative Wert pro Geldeinheit zu, was die Preise für Waren gewöhnlich sinken lässt. Auch wenn es vielen Menschen schwer fällt so zu denken, ist es die richtige Art, diese Veränderungen zu begreifen, dass der Wert der Geldeinheit steigt und fällt – und nicht der Wert der Güter.

Es ist ein weit verbreitetes Missverständnis – dem sogar anerkannte Wirtschaftsexperten unterliegen –, dass Inflation in steigenden Preisen und Deflation in sinkenden Preisen bestehe. Allgemeine Preisveränderungen sind allerdings bloße Wirkungen.

Wenn sich die preislichen Auswirkungen der Inflation auf Waren beziehen, dann begreifen sie die meisten Menschen als inflationsbedingt. Wenn sie allerdings Investitionsmittel betreffen, dann erkennen die meisten nicht, dass sie inflationsbedingt sind. Die Inflation der 70er-Jahre rief dramatische Steigerungen der Preise für Gold, Silber und Rohstoffe hervor. In den 80er- und 90er-Jahren verursachte die Inflation eine dramatische Verteuerung von Aktienzertifikaten und Immobilien. Die unterschiedlichen Auswirkungen beruhen auf der unterschiedlichen gesellschaftlichen Stimmung, die die Inflation oder Desinflation begleitet. Dies wird in Kapitel 12 kurz abgehandelt.

Die preislichen Auswirkungen der Deflation sind einfacher. Sie treten meist auf breiter Front auf und betreffen sowohl Güter als auch Investitionsmittel.

Die wichtigste Voraussetzung für Deflation

Deflation braucht eine Vorbedingung: Das gesamtgesellschaftliche Kreditaufkommen muss sich deutlich erhöhen (und ebenso die Kehrseite: die Verschuldung). Die österreichischen Ökonomen Ludwig von Mises und Friedrich Hayek warnten ebenso vor den Auswirkungen einer Kreditausweitung wie eine Hand voll weiterer Volkswirtschaftler, die heute weithin unbekannt sind. Hamilton Bolton, ein Experte für Bankkredite und Elliott-Wellen, fasste seine Beobachtungen 1957 in einem Brief folgendermaßen zusammen:

> „Als ich die Geschichte der größten Depressionen der Vereinigten Staaten seit 1830 las, drängten sich mir folgende Eindrücke auf:
>
> (a) Alle wurden durch eine auf übermäßigem Kredit beruhende Deflation ausgelöst. Dieser Faktor war allen gemeinsam.
>
> (b) Manchmal hielt die übertriebene Kreditvergabe jahrelang an, bevor die Blase platzte.
>
> (c) Der konkrete Auslöser war zwar jeweils ein äußeres Ereignis wie zum Beispiel ein größerer Bankrott, aber die Anzeichen waren schon Monate, in manchen Fällen sogar Jahre im voraus sichtbar.
>
> (d) Keine verlief genauso wie die vorangegangene, wovon sich die Öffentlichkeit immer täuschen ließ.
>
> (e) Manche Paniken traten in Jahren mit großem staatlichen Haushaltsüberschuss auf (zum Beispiel 1837), andere in Jahren mit großem Haushaltsdefizit.
>
> (f) Kredit bleibt Kredit, egal ob er sich selbst liquidiert oder nicht.
>
> (g) Deflationen, die auf nicht selbst liquidierenden Krediten beruhen, erzeugen normalerweise tiefere Krisen."

Ein selbst liquidierender Kredit ist ein Darlehen, das mittels der Produktionserlöse in relativ kurzer Zeit samt Zinsen zurückgezahlt wird. Die Produktion, die durch den Kredit ermöglicht wird, generiert den finanziellen Erlös, der die Rückzahlung ermöglicht. Insgesamt schafft eine solche Transaktion einen Mehrwert.

Ein nicht selbst liquidierender Kredit ist ein Darlehen, das nicht an die Produktion geknüpft ist und daher eher im System verbleibt. Wenn Finanzinstitute Darlehen an Verbraucher vergeben, beispielsweise für den Kauf von Autos, Booten oder Häusern beziehungsweise für Spekulationen wie den Kauf von Aktienzertifikaten, dann ist an das Darlehen keine Produktionsanstrengung geknüpft. Die Zinszahlungen für solche Darlehen belasten eine andere Einkommensquelle. Im Gegensatz zur allgemein herrschenden Auffassung sind solche Kredite fast immer kontraproduktiv. Sie verursachen der Wirtschaft mehr Kosten und erzeugen nicht mehr Wert. Wenn jemand ein preiswertes Auto braucht, um auf die Arbeit zu kommen, dann schafft der Kredit für den Kauf einen Mehrwert für die Wirtschaft. Wenn aber jemand zum Vergnügen einen neuen Geländewagen will, dann schafft das Darlehen für den Kauf keinen Mehrwert.

Die Befürworter behaupten, solche Darlehen regten die Produktion an, aber sie vergessen dabei die Kosten für den Schuldendienst, die die Produktion belasten. Sie vergessen auch, dass sich dadurch das Kaufverhalten ein klein wenig einschränkt, weil Kaufkraft von denjenigen, die mehr Investitions- oder Produktionskraft bewiesen haben (die Gläubiger) auf diejenigen übergeht, die in erster Linie eine überlegene Konsumfähigkeit bewiesen haben (die Schuldner).

Gegen Ende größerer Wachstumsperioden rechnen die wenigsten Gläubiger mit Zahlungsunfähigkeit, und deshalb gewähren sie auch schwachen Kreditnehmern Darlehen. Die wenigsten Kreditnehmer erwarten, dass sich ihre Vermögensverhältnisse ändern, und darum trauen sie sich, Geld aufzunehmen. Deflation beruht zu einem wesentlichen Teil auf der unfreiwilligen Liquidation von Schulden, weil fast niemand damit rechnet, bevor sie begonnen hat.

Wodurch der Umschwung in Richtung Deflation ausgelöst wird

Der Trend zur Kreditausweitung beruht auf zwei Komponenten: Der allgemeinen Bereitschaft zur Kreditvergabe und der allgemeinen Fähigkeit der Darlehensnehmer, Zinsen und Tilgung zu bezahlen. Die erste Komponente hängt vom Vertrauen ab, das heißt, ob Gläubiger und Schuldner glauben, dass die Schuldner in der Lage sind zu zahlen. Die zweite hängt von der Produktionsentwicklung ab, die

die tatsächliche Zahlung erleichtert oder erschwert. Solange also das Vertrauen und die Produktivität zunehmen, wird das Kreditaufkommen tendenziell größer. Die Kreditausweitung endet, sobald entweder der Wunsch oder die Möglichkeit zur Weiterführung des Trends nicht mehr aufrechterhalten werden kann. Wenn Vertrauen und Produktivität abnehmen, schrumpft das Kreditaufkommen.

Die psychologische Wirkung von Deflation und Depression darf nicht unterschätzt werden. Wenn die Stimmung in der Gesellschaft von Optimismus in Pessimismus umschlägt, orientieren sich Gläubiger, Schuldner, Produzenten und Verbraucher von Expansion auf Erhaltung um. Die Gläubiger werden vorsichtiger und vergeben weniger Darlehen. Schuldner sowie potenzielle Schuldner werden vorsichtiger und nehmen weniger oder gar keinen Kredit auf. Die Produzenten werden vorsichtiger und reduzieren ihre Expansionspläne. Die Verbraucher werden vorsichtiger, sie sparen mehr und geben weniger aus. Diese Verhaltensweisen verringern die „Geschwindigkeit" des Geldes, das heißt das Tempo, mit dem es zu Kaufzwecken umläuft; und das setzt die Preise unter Druck. Diese Kräfte wirken dem bisherigen Trend entgegen.

Entscheidend ist auch der strukturelle Aspekt von Deflation und Depression. Die Fähigkeit des Finanzwesens, für steigendes Kreditaufkommen zu sorgen, beruht auf dem Florieren der Wirtschaft. Ab einem gewissen Punkt erfordert das steigende Schuldenniveau so viel Energie zu seiner Aufrechterhaltung – Zinsen müssen bezahlt werden, Kreditwürdigkeiten müssen überprüft werden, kriminelle Darlehensnehmer muss man loswerden und faule Kredite müssen abgeschrieben werden. Eine Überschuldung wird dann untragbar, wenn das Wirtschaftswachstum den vorherrschenden Zinssatz auf das geschuldete Geld unterschreitet und wenn die Gläubiger sich weigern, die Zinszahlungen durch weitere Kredite zu decken.

Wenn die Last so schwer wird, dass die Wirtschaft sie nicht mehr tragen kann und sich der Trend umkehrt, dann führt der Rückgang der Kreditvergabe, der Ausgaben und der Produktion dazu, dass die Schuldner weniger Geld verdienen, mit dem sie die Schulden bezahlen könnten; die Zahl der Bankrotte steigt. Konkurse und Angst vor dem Konkurs verstärken den Trend psychologisch, und dies führt dazu, dass die Gläubiger noch weniger Darlehen vergeben. Es beginnt eine Abwärtsspirale, die genauso vom Pessimismus gespeist wird wie der vorangegangene Boom vom Optimismus gespeist wurde. Die daraus resultierende Kaskade von Schuldenliquidierungen ist ein deflationärer Crash. Schulden werden entweder durch Bezahlung, „Umschuldung" oder Konkurs beseitigt. Im ersten Fall geht kein Wert verloren, im zweiten Fall ein wenig und im dritten der gesamte Wert. In ihren verzweifelten Bemühungen, Bargeld zur Begleichung der Schulden zu beschaffen, tragen die Kreditnehmer alle Arten von Vermögenswerten zu Markte, einschließlich Aktien, Anleihen, Rohstoffen und Immobilien, und dadurch verfallen die Preise. Dieser Prozess endet erst, wenn das Kreditaufkommen auf ein Niveau gefallen ist, das ausreichend abgesichert ist, damit es die verbliebenen Gläubiger akzeptieren.

Warum deflationärer Crash und Depression gemeinsam auftreten

Ein deflationärer Crash ist unter anderem durch einen dauerhaften, nachhaltigen, tiefen und allgemeinen Rückgang sowohl des Wunsches als auch des Vermögens gekennzeichnet, Darlehen zu vergeben und aufzunehmen. Eine Depression ist unter anderem durch einen dauerhaften, nachhaltigen, tiefen und allgemeinen Rückgang der Produktion gekennzeichnet. Da ein Produktionsrückgang die Mittel der Schuldner für Rückzahlung und Schuldendienst verringert, fördert eine Depression die Deflation. Da ein Rückgang der Kredite die Neuinvestitionen in die Wirtschaftsaktivität vermindert, fördert eine Deflation die Depression. Da sowohl Kredit als auch Produktion die Preise für Investitionsmittel stützen, fallen diese Preise in deflationären Depressionen. Wenn die Preise für Anlagegüter fallen, verlieren die Menschen an Vermögen, was ihre Möglichkeiten zur Kreditgewährung, Schuldenabzahlung und Unterstützung der Produktion vermindert. Diese Kombination von Kräften verstärkt sich selbst.

Die Vereinigten Staaten haben zwei größere deflationäre Depressionen erlebt, und zwar von 1835 bis 1842 und von 1929 bis 1932. Sie folgten jeweils auf eine Periode deutlicher Kreditausweitung. Pläne zur Kreditausweitung enden immer im Zusammenbruch. Die

Kreditausweitung wird derzeit von den Zentralbanken der Welt so stark gefördert wie noch nie (siehe Kapitel 10). Der Zusammenbruch, egal wie spät er kommt, wird entsprechend ausfallen. Wenn meine Voraussage stimmt, dann wird der vor uns liegende deflationäre Crash noch größer sein als die zwei größten vergleichbaren Perioden der vergangenen 200 Jahre.

Finanzielle Werte können einfach verschwinden

Die Menschen nehmen es offenbar als gegeben hin, dass finanzielle Werte scheinbar endlos aus dem Nichts geschaffen werden können, bis sie sich hinauf zum Mond türmen. Wenn man den Spieß umdreht und darauf hinweist, dass finanzielle Werte auch wieder in das Nichts verschwinden können, dann beharren sie darauf, dass dies unmöglich sei. „Das Geld muss doch irgendwo hin [...] Es fließt einfach von Aktien in Anleihen und von dort aus in Geldmarktfonds [...] Es verschwindet nie [...] Zu jedem Käufer gibt es einen Verkäufer, also wechselt das Geld nur den Besitzer." Das trifft wohl auf das Geld zu, das während des Anstiegs gleich geblieben ist, aber es trifft nicht auf die Werte zu, die sich während des ganzen Anstiegs verändert haben.

Die Preise für Vermögenswerte steigen nicht aufgrund des „Kaufens" an sich, denn es gibt tatsächlich zu jedem Käufer einen Verkäufer. Sie steigen vielmehr, weil die an der Transaktion Beteiligten der Meinung sind, dass die Preise höher sein sollten. All die anderen – diejenigen, die ebenfalls diese Vermögenwerte besitzen und diejenigen, die sie nicht besitzen – brauchen schlicht und ergreifend nichts zu tun. Umgekehrt reichen für einen Preisverfall von Vermögenswerten ein Verkäufer und ein Käufer aus, die der Meinung sind, dass der bisherige Preis zu hoch war. Wenn es keine weiteren Gebote gibt, dann fällt der Preis des Vermögenswertes, und zwar für alle, die ihn besitzen. Wenn es eine Million Besitzer gibt, dann sinkt ihr Nettovermögen, ohne dass sie irgendetwas getan hätten. Zwei Investoren haben dies durch ihre Transaktion ausgelöst, und die restlichen Anleger haben dadurch dazu beigetragen, dass sie keinen anderen Preis geboten haben. Dass finanzielle Werte durch einen Preisverfall verschwinden können, gilt für alle Arten von Vermögenswerten einschließlich Anleihen, Aktien und Land.

Jeder, der die Aktien- oder Rohstoffmärkte genau beobachtet, hat dieses Phänomen im Kleinen schon oft beobachtet. Jedes Mal, wenn sich zu Handelsbeginn ein „Gap" nach oben oder unten öffnet, dann registriert der Markt einfach einen neuen Wert mit dem ersten Handel, der möglicherweise von nur zwei Menschen getätigt wird. Es war kein Handeln aller nötig, sondern nur die Untätigkeit der Mehrheit. Im Zuge von „Explosionen" und Paniken werden an den Finanzmärkten Preise gestellt, zu denen die Werte gar nicht gehandelt werden, denn sie stürzen von einem Handel zum nächsten in großen Sprüngen abwärts.

Für die Schaffung und Vernichtung von Kredit gilt eine ähnliche Dynamik. Nehmen wir an, ein Kreditgeber beginnt mit einer Million Dollar, und der Kreditnehmer bei null. Sobald der Kredit gewährt ist, besitzt der Kreditnehmer die Million, aber der Kreditgeber hat das Gefühl, er besitze die Million, die er verliehen hat, immer noch. Wenn jemand den Kreditgeber nach seinem Vermögen fragt, dann sagt er: „Eine Million Dollar." Und er beweist es, indem er die entsprechende Note vorzeigt. Aufgrund dieser Überzeugung existieren in den Köpfen des Schuldners und des Gläubigers zwei Millionen Dollar, obwohl es vorher nur eine Million gab. Wenn der Kreditgeber die Schuld einfordert und der Kreditnehmer sie bezahlt, dann bekommt ersterer seine Million zurück. Wenn der Kreditnehmer nicht bezahlen kann, fällt der Wert der Note auf null. In beiden Fällen verschwindet der zusätzliche Wert wieder. Wenn der ursprüngliche Kreditgeber die Note gegen Bargeld verkauft hat, dann verliert eben irgendjemand anders in der Kette. In einem Anleihenmarkt mit regem Handel wirkt eine plötzliche Insolvenz so ähnlich wie bei dem Spiel mit der heißen Kartoffel: Der letzte Besitzer ist der Verlierer. Wenn das Kreditaufkommen hoch ist, kann es sein, dass die Anleger immense Geld- und Wertsummen wahrnehmen, wo es in Wahrheit nur Rückzahlungskontrakte gibt, die nur aufgrund der übereinstimmenden Bewertung und der Rückzahlungsfähigkeit der Schuldner finanzielle Vermögenswerte darstellen. Man kann unendlich viele Schuldscheine ausstellen, aber sie besitzen nur so lange Wert, wie die Schuldner dafür gerade stehen können und so lange die anderen Menschen glauben, dass sie das auch tun werden.

Diese Dynamik der Werterhöhung und -minderung erklärt, wieso eine Baisse Millionen von Menschen in den Bankrott treiben kann. Auf dem Höhepunkt einer Welle der Kreditzunahme oder auf dem Höhepunkt einer Hausse haben sich alle Werte erhöht und alle Marktteilnehmer sind wohlhabend – sowohl diejenigen, die die Vermögenswerte verkauft haben als auch diejenigen, die sie jetzt besitzen. Die letzte Gruppe ist weitaus größer als die erste, weil die Geldmenge relativ stabil bleibt, während sich die Werte der Finanzgüter aufblähen. Wenn sich der Markt abwärts neigt, kehrt sich die Dynamik um. Nur sehr wenige Besitzer eines zusammenbrechenden Finanzwertes verkaufen ihn zu 90 Prozent des Spitzenwertes. Andere bekommen vielleicht 80, 50 oder 30 Prozent des Höchstwertes. In jedem Fall geben die Verkäufer die künftigen Wertverluste einfach an Dritte weiter. Wenn eine Baisse auftritt, tut die überwiegende Mehrheit gar nichts und steht am Ende mit Vermögenswerten da, die wenig oder gar nichts wert sind. Die „Million", die ein wohlhabender Anleger während des Hochs in seinem Anleihen- oder Aktienportfolio zu haben glaubte, kann sich recht schnell in 50.000, 5.000 oder 50 Dollar verwandeln. Der Rest verschwindet einfach. Sie sehen, dass der Anleger nie eine Million besessen hat, sondern nichts anderes als Schuldpapiere oder Aktienzertifikate. Der Gedanke, diese besäßen einen bestimmten finanziellen Wert, bestand in seinem Kopf und in den Köpfen der anderen, die der gleichen Meinung waren. Als sich die Meinungen änderten, änderte sich auch der Wert. Peng! Und alles verschwindet im Blitzen der Neuronen. Und genau das geschieht in Zeiten der Deflation mit den meisten Investitonsmitteln.

Es betrifft die ganze Welt

Die Darlegungen in den folgenden vier Kapiteln werden Ihnen die heutige Geld- und Kreditsituation verständlich machen und erklären, warum eine Deflation fällig ist. Ich habe mich dafür entschieden, mich auf die Geschichte und auf die Umstände der Vereinigten Staaten zu konzentrieren, weil (1) ich darüber am meisten weiß, (2) die Vereinigten Staaten die Reservewährung der Welt bereitstellen, was ihre Geschichte zur wichtigsten macht, (3) die Vereinigten Staaten mehr Kredite vergeben haben als irgendein anderes Land und der größte Schuldner der Welt sind, und (4) die Diskussion finanzieller Einzelheiten anderer Länder überflüssig wäre. Wenn man die Währungs-, Banken- und Kreditgeschichte eines Landes verstanden hat, dann hat man bis zu einem gewissen Grad alle verstanden. Lassen Sie sich nicht täuschen: Es geht um die ganze Welt. Wo immer Sie auch leben, Sie können von diesem Wissen profitieren.

Kapitel 10:
Geld, Kredit und das Federal Reserve Banking System

Es ist nicht leicht zu beweisen, dass eine Deflation bevorsteht, weil aufgrund der Natur des heutigen Geldes gewisse Aspekte des Währungs- und Kreditwesens nicht vorhersagbar sind, sondern nur vermutet werden können. Bevor wir aber diese Themen behandeln können, müssen wir verstehen, wie Geld und Kredit entstanden sind. Das wird eine schwieriges Kapitel, aber wenn Sie nachvollziehen können, was darin steht, dann besitzen Sie ein Wissen über das Bankensystem, das höchstens jeder Zehntausendste besitzt.

Der Ursprung des immateriellen Geldes

Ursprünglich war Geld ein von der Gesellschaft frei ausgewählter Sachwert. Jahrtausende lang erfüllten Gold oder Silber diese Funktion, auch wenn sie gelegentlich von anderen greifbaren Gütern übernommen wurde (beispielsweises Kupfer, Messing oder Muscheln). Kredit war ursprünglich das Recht, über dieses greifbare Geld zu verfügen, entweder durch eine Besitzurkunde oder durch ein Darlehen.

Heutzutage ist der größte Teil des Geldes immateriell. Es ist kein physisches Gut und steht nicht einmal stellvertretend für ein solches. Wie es dazu gekommen ist, ist eine lange, komplizierte und gewundene Geschichte, deren angemessene Erzählung ein ganzes Buch füllen würde. Sie begann vor 300 Jahren, als ein englischer Finanzier die Idee zu einer nationalen Zentralbank hatte. Regierungen haben sich schon immer über die Entscheidungen des freien Marktes hinsichtlich dessen hinweggesetzt, was Geld ist, und der Gesellschaft ihre eigenen Vorstellungen per Gesetz aufgezwungen, allerdings ging es dabei früher meistens um das Prägen von Münzen. Im Zentralbanksystem zwingt der Staat seine Bürger, seine Schuld als einziges gesetzliches Zahlungsmittel zu akzeptieren. In den Vereinigten Staaten übernahm im Jahre 1913 das Federal Reserve System diese Funktion.

Was ist ein Dollar?

Ursprünglich war ein Dollar durch eine bestimmte Menge Gold definiert. Dollarnoten stellten das Versprechen dar, mit dem gesetzlichen Mittel zu zahlen, und das war Gold. Jedermann konnte auf die Bank gehen und seine Dollars gegen Gold eintauschen; die Banken ihrerseits bekamen für ihre Dollarscheine Gold vom US-Schatzamt.

Im Jahre 1933 ächteten Präsident Roosevelt und der Kongress den Goldbesitz der Vereinigten Staaten, sie annullierten und verboten alle inländischen Verträge, die über Gold abgeschlossen wurden und machten die Noten der Federal Reserve zum gesetzlichen Zahlungsmittel des Landes. Präsident Nixon stellte 1971 die Zahlung von Gold aus dem Staatsschatz der Vereinigten Staaten an das Ausland im Austausch gegen Dollars ein. Heute gibt das Schatzamt im Austausch gegen einen Dollar niemandem mehr irgendetwas Greifbares. Auch wenn die Noten der Federal Reserve als „Obligationen der Vereinigten Staaten" definiert sind, stellen sie keine Verpflichtung dar, irgendetwas zu tun. Obwohl ein Dollar als „Note" bezeichnet wird, also als Schuldkontrakt, ist er keine Note für etwas.

Laut Kongress entspricht ein US-Dollar dem Wert einer Unze Gold geteilt durch 42,22. Kann man für 42,22 Dollar eine Unze Gold kaufen? Nein. Diese Definition ist Humbug, und jeder weiß das. Wenn man einen Dollar auf das US-Schatzamt trägt, bekommt man dafür keinerlei Gold, und schon gar nicht 1/42,22 einer Unze, sondern man wird nach Hause geschickt.

So mancher Behördenvertreter war im Stillen verwundert, dass die Währung weiterhin funktionierte, als die Regierung die materielle Deckung des Dollar nach und nach zurücknahm. Wenn man sich mit einem Dollar auf den Markt begibt, kann man damit immer noch

Waren kaufen, weil der Staat sagt (per Erlass), dass er Geld darstellt und weil die lange Gewohnheit des Gebrauchs die Menschen dazu gebracht hat, ihn als solches zu akzeptieren. Die Warenmenge, die man dafür kaufen kann, variiert entsprechend der Gesamtmenge an Dollars – in bar und als Kredit – sowie gemäß dem Vertrauen der Besitzer, dass diese Werte Bestand haben werden.

Es ist eine kaum zu beantwortende Frage, was ein US-Dollar ist und wodurch er gedeckt ist, denn es gibt keine offizielle Stelle, die eine befriedigende Antwort darauf bietet. Er ist nicht gleichzeitig real vorhanden und definiert. Man mag ihn als 1/42,22 Unze Gold definieren, aber das ist er nicht wirklich. Was immer er wirklich ist (wenn er irgendetwas ist), ist wohl nicht definierbar. Inwieweit seine physische Deckung, wenn sie denn vorhanden ist, offiziell definiert werden kann, darüber spricht niemand.

Wir wollen versuchen festzustellen, was dem Dollar seinen objektiven Wert gibt. Wie wir im nächsten Abschnitt noch sehen werden, wird der US-Dollar vor allem durch Staatsanleihen „gedeckt". Und diese stellen das Versprechen dar, Dollars auszuzahlen. Der heutige Dollar ist somit ein Versprechen, das durch das Versprechen gedeckt ist, das gleiche Versprechen auszuzahlen. Worin bestehen diese Versprechen? Wenn Ihnen das Schatzamt für Ihren Dollar nichts Greifbares gibt, dann ist der Dollar das Versprechen, nichts auszuzahlen. Es dürfte dem Schatzamt nicht schwerfallen, dieses Versprechen zu halten.

In Kapitel 9 habe ich den Dollar als „Geld" bezeichnet. Nach der dortigen Definition ist er das auch. Ich habe diese Definition und Erklärung deshalb verwendet, weil sie das Gesamtbild verständlich macht. Da aber der Dollar durch Schulden gedeckt ist, stellt er in Wahrheit einen Kredit dar, nicht Geld. Er ist ein Kredit auf das, was die Regierung schuldet, in Dollars notiert und durch nichts gedeckt. Auch wenn wir den Begriff „Geld" benutzen, wenn wir von Dollars sprechen, gibt es im Finanzwesen der Vereinigten Staaten eigentlich kein Geld mehr; es gibt nur noch Kredit und Schulden.

Sie sehen, dass die Definition des Dollar und somit der Begriffe Kredit, Inflation und Deflation heutzutage gelinde gesagt eine Herausforderung ist. Trotz dieser Schwierigkeit können wir die Begriffe weiter verwenden, weil die geistige Einstellung der Menschen diesen flüchtigen Konzepten Bedeutung und Wert verleiht. Mit diesem Wissen im Hinterkopf wollen wir nun untersuchen, wie sich das Geld- und Kreditaufkommen im heutigen Finanzsystem erhöht.

Wie das Federal Reserve System Geld fabriziert

Im Laufe der Zeit hat die Federal Reserve Bank mittels einer komplizierten Abfolge von Manipulationen die Kaufkraft all jener, die Dollars besitzen, auf das US-Schatzamt übertragen. Das Schatzamt leiht sich Geld, indem es am freien Markt Anleihen verkauft. Gemäß der offiziellen Sprachregelung „kauft" die Fed dann Schatzanleihen bei Banken und sonstigen Finanzinstituten, aber in Wahrheit darf die Fed in Einklang mit dem Gesetz im Austausch gegen die Anleihen einfach ein neues Girokonto für den Verkäufer einrichten. Sie hält dann die Anleihen als Vermögenswerte – als „Deckung" für – das neu geschaffene Geld. Somit bleibt der Verkäufer unversehrt (er war nur Mittelsmann), die Fed hat ihre Anleihen, und das Schatzamt hat neues Geld. Diese Transaktionskette ist ein langer Weg für ein einfaches Rezept (Schulden „monetisieren"), mittels dessen die Fed Staatsanleihen in Geld verwandelt. Im Endeffekt ist das so, als hätte sich der Staat einfach ein Girokonto eingerichtet, auch wenn er der Fed einen Teil der Anleihenzinsen dafür bezahlt, dass sie sich diesen Dienst erschlichen hat. Bis heute hat die Fed Schatzanleihen im Wert von 600 Milliarden US-Dollar in Geld verwandelt. Dieser Prozess erhöht die Geldmenge.

Im Jahre 1980 gab der Kongress der Fed die gesetzliche Erlaubnis, die Schulden beliebiger Einrichtungen zu „monetisieren". Mit anderen Worten kann sie jetzt die Anleihen einer Regierung, einer Bank oder einer anderen Institution gegen ein auf US-Dollar lautendes laufendes Konto eintauschen. Dieser Mechanismus gibt dem Präsidenten ein Werkzeug an die Hand, um schuldengeplagte Regierungen, Banken oder andere Institutionen zu „retten", die sonst nirgends mehr eine Finanzierung erhalten. Solche Entscheidungen werden aus politischen Gründen getroffen, und die Fed kann mitspielen oder ablehnen, zumindest beim derzeitigen Stand der Beziehungen. Momentan stehen in den Büchern der Fed 36 Milliarden

Auslandsschulden. Die Macht, derart großzügige Gaben zu gewähren oder zu verweigern, ist unvergleichlich.

Jedes neue Dollarkonto der Fed stellt neues Geld dar, aber im Gegensatz zur landläufigen Meinung stellt es keinen neuen Wert dar. Das neue Konto hat einen Wert, aber dieser Wert beruht auf der Verminderung des Wertes aller anderen Dollarkonten. Die Wertminderung tritt ein, sobald die begünstigte Institution die neu geschaffenen Dollars ausgibt, denn sie steigert dadurch die in Dollar berechnete Nachfrage und somit den Preis der Güter in Dollar. Alle anderen Dollarbesitzer haben immer noch die gleiche Anzahl Dollars, aber jetzt laufen mehr Dollars um, und jeder von ihnen kauft nun weniger Güter oder Dienstleistungen. Die alten Dollars verlieren im gleichen Maße an Wert, wie das neue Konto an Wert gewinnt. Im Endeffekt findet eine Wertübertragung von den Konten aller anderen Dollarbesitzer auf das Konto des Empfängers statt. Diese Tatsache ist nicht auf den ersten Blick zu erkennen, weil sich die Abrechnungseinheit im gesamten Finanzwesen nicht verändert, dafür aber ihr Wert.

Es ist wichtig, genau zu begreifen, welche Macht der Fed in diesem Zusammenhang zukommt: Sie hat die gesetzliche Erlaubnis, das Vermögen von Dollarsparern an bestimmte Schuldner zu übertragen, und zwar ohne Erlaubnis der Sparer. Das wirkt sich auf die Geldmenge genauso aus, als würde jemand Geld fälschen und in Umlauf bringen.

In früheren Zeiten blähten die Regierungen die Geldmenge auf, indem sie entweder die Münzen durch minderwertige Legierungen verwässerten oder indem sie einfach Geld druckten. Das alte Spiel ist heute nur schwerer zu durchschauen. Andererseits hängt daran noch viel mehr. Dieser Abschnitt hat die sekundäre Rolle der Fed beschrieben. Die Hauptbeschäftigung der Fed ist es aber nicht, Geld zu erschaffen, sondern die Gewährung von Krediten zu erleichtern. Dieser entscheidende Unterschied wird uns schließlich dazu bringen, wieso Deflation möglich ist.

Wie die Federal Reserve das Kreditwachstum fördert

Der Kongress hat die Fed nicht nur dazu ermächtigt, im Regierungsauftrag Geld zu erzeugen, sondern auch dazu, die Wirtschaft durch Kreditmanipulationen zu „schmieren" (was die jeweilige Regierungspartei gerne dafür verwendet, ihre Wiederwahl zu fördern). Entsprechend der herrschenden Politik sorgen diese Manipulationen fast ausnahmslos dafür, dass Kredit leichter zu bekommen ist. In der Vergangenheit stellte die Fed dem Bankensystem dadurch mehr Kredit zur Verfügung, dass sie Schulden des Bundes „monetisierte", also in Geld umwandelte. Im Rahmen des Systems der „geteilten Reserve" erhielten die Banken die Genehmigung, dieses neue Geld als Reserve einzusetzen, auf deren Grundlage sie weitere Darlehen vergeben konnten. Somit bedeutete neues Geld auch neuen Kredit.

Und es bedeutete viel neuen Kredit, denn die Vorschriften erlaubten es den Banken, 90 Prozent ihrer Einlagen zu verleihen. Sie mussten also zehn Prozent des Guthabens behalten („in Reserve halten"), um Abhebungen abdecken zu können. Wenn die Fed die Reserven einer Bank erhöhte, durfte die Bank 90 Prozent der neuen Dollars verleihen. Dieses Geld wiederum gelangte als Guthaben in andere Banken. Die anderen Banken durften 90 Prozent dieses Guthabens verleihen und immer so weiter. Die auf diese Weise stattfindende Ausweitung der Reserven und Einlagen im gesamten Bankensystem bezeichnet man als „Multiplikator-Effekt". Dieser Prozess erhöhte das Kreditaufkommen deutlich über das Geldaufkommen hinaus.

Nachdem die Banken Konkurrenz in Form der Geldmarktfonds bekommen hatten, erfanden sie ausgefallene Manipulationen, um die geforderte Mindestreserve zu umgehen. Anfang der 90er-Jahre hob das Federal Reserve Board unter Alan Greenspan in einer umstrittenen Maßnahme die Anforderungen an die Reserven fast vollständig auf. Als erstes senkte es die Mindestreserve für alle Konten außer Girokonten auf null.

Dann ermöglichte es den Banken so zu tun, als wären ihre Girokonten praktisch leer: Es erlaubte ihnen, die entsprechenden Guthaben am Ende jedes Tages in diverse Sparkonten und Geldmarktfonds zu „schieben". Wenn die Kontrolleure des Nachts die Kontostände der Banken überprüfen, erscheint der Wert der Girokonten wie von Zauberhand um hunderte Milliarden US-Dollar zu niedrig. Das Resultat ist, dass die Banken die nominal geforderte

Minimalreserve (derzeit etwa 45 Milliarden US-Dollar) spielend mit dem Bargeld abdecken können, das sie für das Tagesgeschäft ohnehin in ihren Tresoren vorhalten müssen.

Durch die neuen Vorschriften stieg die Fed aus dem Geschäft, an die Bankreserven Mindestanforderungen zu stellen und die Höhe dieser Reserven zu manipulieren, im Prinzip aus. Dieser Schachzug fand während einer Rezession statt und während die Gewinne pro Aktie im S&P 500 den größten Verfall seit den 40er-Jahren erlebten. Diese vorübergehende Kur gegen die wirtschaftliche Kontraktion war das Nonplusultra an „schnellem Geld".

Dem Buchstaben nach gilt immer noch das Prinzip der geteilten Reserve, aber die Wirklichkeit sieht anders aus. Die Banken können theoretisch ihre gesamten Einlagen als Darlehen vergeben, denn die Muttergesellschaften der Banken können Aktien, Anleihen, kurzfristige Schuldscheine oder beliebige andere Finanzinstrumente ausgeben und den Erlös an ihre Töchter verleihen. Diese Banken können dann aufgrund dieser Vermögenswerte weitere Kredite vergeben. Die Banken können also in begrenztem Maße selbst neues Geld für die Kreditvergabe erzeugen. Derzeit übersteigen die Darlehen, die die Banken der Vereinigten Staaten gewähren, das gesamte vorhandene Guthaben um 25 Prozent (5,4 Billionen US-Dollar im Vergleich zu 4,3 Billionen US-Dollar). Da nicht alle Banken dieses Verfahren anwenden, müssen andere es wohl auf recht aggressive Weise tun. Mehr zu diesem Thema finden Sie in Kapitel 19.

Erinnern Sie sich daran, dass das Geld, das eine Bank verleiht, in andere Banken gelangt, die es ihrerseits weiter verleihen können. Ohne Mindestreserve ist der Multiplikator-Effekt nicht mehr auf das Zehnfache des Guthabens beschränkt, sondern er ist theoretisch unbegrenzt. Jeder neu eingelegte Dollar kann quer durch das System immer und wieder verliehen werden: Ein Guthaben wird ein Darlehen wird ein Guthaben wird ein Darlehen und so weiter.

Sie sehen, dass das System des Geldes per Erlass die Inflation sowohl durch die Schaffung neuen Geldes als auch durch die Ausweitung des Kredits fördert. Dieses zweifache Wachstum war der Geldmotor, der hinter dem historischen Aufwärtstrend der Aktienkurse in Welle V seit 1932 stand. Die gewaltige Zunahme der Bankkredite seit

1975 (siehe Grafiken in Kapitel 11) bot den monetären Treibstoff für den finalen Aufstieg, Welle V. Die effektive Abschaffung von Mindestanforderungen an die Reserven vor zehn Jahren erweiterte diesen Trend auf historische Ausmaße.

Der Effekt der „Monetisierung“

Obwohl sich die Fed fast vollständig von der Rolle zurückgezogen hat, die buchmäßigen Reserven für die Banken zu halten, hat sie den Besitz der Schatzanleihen nicht aufgegeben. Da die Fed gesetzlich gehalten ist, ihre Noten („Greenbacks") durch Staatspapiere zu decken, dienen heute fast alle Schatzanleihen, die sich im Besitz der Fed befinden, als Reserve für einen fast identischen Dollarbetrag an Federal-Reserve-Noten, die auf der ganzen Welt im Umlauf sind. Das Resultat von 89 Jahren, in denen die Fed die Geldmenge erhöht hat, besteht darin, dass sie US-Schatzanleihen und ausländische Obligationen im Wert von 600 Milliarden US-Dollar in Federal-Reserve-Noten verwandelt hat.

Heute hat die Geldproduktion der Fed passiven Charakter; sie reagiert auf Bestellungen von Banken im In- und Ausland, die ihrerseits auf die Nachfrage der Öffentlichkeit reagieren. Gemäß der derzeitigen Politik müssen die Banken die Geldmittel mit ihrer verbliebenen Guthabenreserve bezahlen. Wenn sie keine haben, nehmen sie zur Deckung der Kosten ein Darlehen auf und zahlen es mit den Zinsen zurück, die sie auf die von ihnen gewährten Kredite erhalten. Beim derzeitigen Stand der Dinge betrachtet sich die Fed nicht mehr als „Gelddruckerei" für den Staat. Vielmehr erleichtert sie die Ausweitung des Kredits, um die Kreditpolitik von Staaten und Banken zu ermöglichen.

Falls den Banken und dem Schatzamt in einer Währungskrise das Geld ausgehen sollte, dann könnte sich diese Politik ändern. Die hemmungslose Produktion von Banknoten könnte dann zur offiziellen Fed- oder Regierungspolitik werden, so wie es im Laufe der Geschichte in anderen Ländern immer wieder der Fall war. Zum aktuellen Zeitpunkt gibt es keine Anzeichen dafür, dass die Fed über eine solche Politik nachdenkt. Nichtsdestotrotz befassen sich die Kapitel 13 und 22 mit dieser Möglichkeit.

Weitere Informationen

Es gibt zahlreiche Informationen über die Aktivitäten der Fed, aber nirgends habe ich eine konzentrierte Zusammenfassung gefunden, wie sie das vorliegende Kapitel bietet. Wenn Sie mehr wissen wollen, kann ich Ihnen bei der Suche behilflich sein. Wollen Sie ein positiv getöntes Bild der Fed, wenden Sie sich an die Fed selbst oder an irgendeinen normalen Wirtschaftswissenschaftler. Wollen sie ein weniger rosiges Bild, dann wenden Sie sich an das Ludwig von Mises Institute und bestellen Sie das 150-seitige Taschenbuch *The Case Against The Fed* von Murray N.Rothbard; es kostet nur fünf US-Dollar zuzüglich Versandkosten. Die kenntnisreichste Quelle, die ich im Hinblick auf die Funktionsweise des Federal Reserve System gefunden habe, ist Lou Crandall von Wrightson Associates, wo *The Money Market Observer* erscheint, ein Angebot für Trader. Hier die Kontaktadressen:

The Money Market Observer
Wrightson Associates
Website: www.wrightson.com
Email: sales@wrightson.com
Postadresse: 560 Washington St., New York, NY 10014
Telefon: 212-815-6540
Fax: 212-341-9253
Herausgeber: Lou Crandall

Federal Reserve
Website: www.federalreserve.gov
Telefon: 202-452-3819

Ludwig von Mises Institute
Website: www.mises.org
Email: mail@mises.org
Postadresse: 518 West Magnolia Avenue, Auburn, AL 36832
Telefon: 334-321-2100
Fax: 334-321-2119
Buchkatalog unter: www.mises.org/catalog.asp

Kapitel 11: Wieso ist eine Deflation heute wahrscheinlich?

Nach der Großen Depression starteten die Fed und die US-Regierung teils bewusst und teils unbewusst ein Programm zur verstärkten Schaffung von neuem Geld und Kredit sowie zur Förderung des Vertrauens der Kreditgeber und -nehmer, um die Ausweitung der Kreditgewährung zu erleichtern. Diese Politik entsprach dem Expansionstrend der 10er- und 20er-Jahre, der im Zusammenbruch endete, sowie dem noch viel größeren Expansionstrend, der 1932 begann und der sich in den letzten 50 Jahren beschleunigt hat.

Andere Regierungen und Zentralbanken verfolgten eine ähnliche Politik. Der Internationale Währungsfonds, die Weltbank und ähnliche Institutionen, die vor allem von den amerikanischen Steuerzahlern finanziert werden, haben rund um den Globus immense Kredite vergeben. Vor allem in den letzten 30 Jahren hat ihre Politik für fast durchgehende weltweite Inflation gesorgt. Infolgedessen quillt das globale Finanzsystem vor nicht selbst-liquidierenden Krediten über.

Konservative Wirtschaftsfachleute verteidigen und loben dieses System in dem Irrglauben, die Ausweitung des Geldes und des Kredits fördere das Wirtschaftswachstum – was katastrophal falsch ist. Für eine gewisse Zeit schein das so zu sein, aber auf lange Sicht bricht die aufgehäufte Schuld unter ihrer eigenen Last zusammen; das nennt man Deflation, und die zerstört die Wirtschaft. Einzig die Österreichische Schule begreift diese Tatsache. Eine verwüstete Wirtschaft fördert zudem eine radikale Politik, die noch schlimmer ist. Wir werden dieses Thema in Kapitel 26 behandeln.

Ein (Kredit-)Kartenhaus

Der Wert der Kredite, die weltweit gewährt wurden, ist beispiellos. *At the Crest of the Tidal Wave* berichtete 1995, dass juristische Personen aller Art aus den Vereinigten Staaten Schulden von 17,1 Billionen US-Dollar haben. Ich dachte, das wäre eine hohe Summe. Bis Ende 2001 ist diese Summe auf 29,5 Billionen angewachsen und dürfte zum Zeitpunkt der Drucklegung bei 30 Billionen liegen. Das ist das Dreifache des jährlichen Bruttoinlandsproduktes und damit so viel wie noch nie.

Noch schlimmer ist es, dass der Großteil dieser Schulden nicht selbst-liquidierend ist. Dazu gehören Kredite an Regierungen, Investment-Darlehen für den Aktienkauf und Darlehen für alltägliche Konsumartikel beziehungsweise Dienstleistungen; daran ist keinerlei Produktion geknüpft. Sogar Unternehmensschulden sind häufig nicht selbst-liquidierend, da heutzutage ein so großer Teil der Unternehmensaktivitäten finanzieller Natur und nicht produktionsorientiert ist. Die aggressive kreditfreundliche Politik der Fed in den letzten Monaten hat grausamerweise noch mehr Effektenkreditnehmer auf den Plan gerufen, vor allem im Hypothekenbereich.

Zudem sind in den genannten 30 Billionen US-Dollar Regierungsbürgschaften wie zum Beispiel die Einlagenversicherung der Banken, ungedeckte Verbindlichkeiten der Sozialversicherung etc. noch nicht enthalten. Sie dürften die Zahl noch einmal um circa 20 Billionen erhöhen, je nachdem welchen Schätzungen man folgt. Ebenfalls nicht darin enthalten sind Derivate im Wert von 50 Billionen, die sich im Besitz der amerikanischen Banken befinden und die sich in Schuldscheine über mehr Geld verwandeln könnten, als sich ihre Inhaber hätten träumen lassen. Ist es da nicht passend, dass Sie gerade Kapitel 11 lesen? [„Chapter 11" im Amerikanischen entspricht dem deutschen Insolvenzantrag, Anmerk. des Übers.]

Die Abbildungen 11-1 bis 11-4 zeigen ebenso wie Abbildung 7-6 einige Aspekte des erstaunlichen Kreditwachstums – einer Verhundertfachung seit 1949 – und des erstaunlichen Ausmaßes der heuti-

Abbildung 11-1

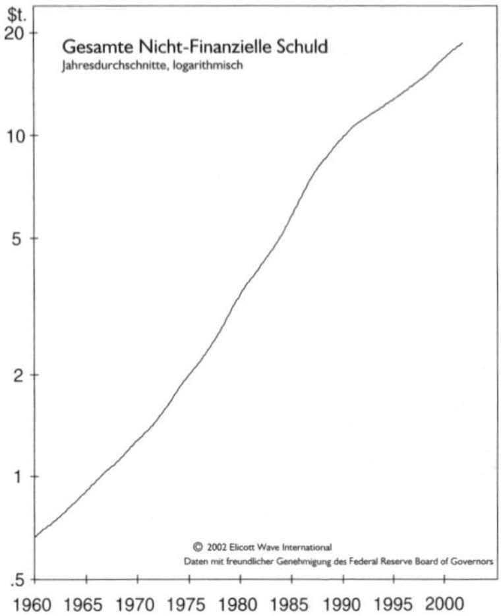

Abbildung 11-2

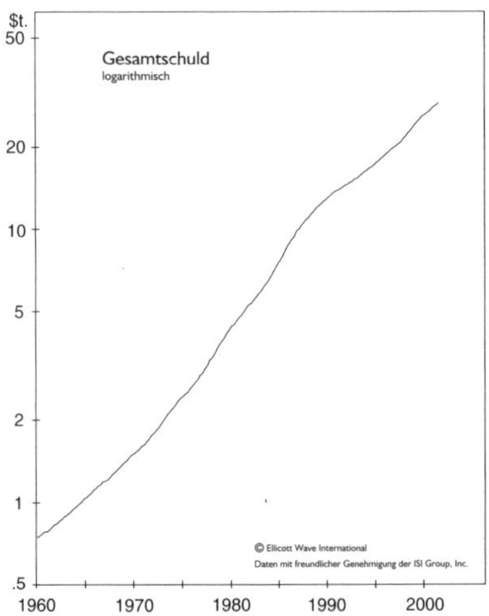

Abbildung 11-3

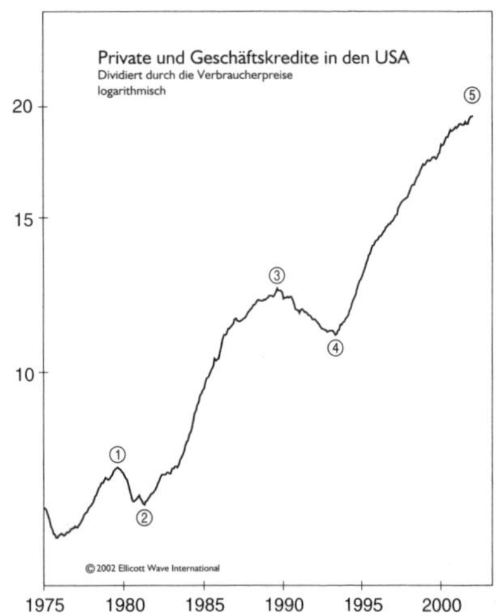

Abbildung 11-4

gen Unternehmens-, Staats- und Privatverschuldung sowohl in absoluten Dollarbeträgen als auch als Prozentsatz des BIP. Die Statistiken, die offenbaren, wie sehr sich die Schuldner belastet haben, sind so vielfältig, dass ich allein mit diesem Thema ein ganzes Buch füllen könnte.

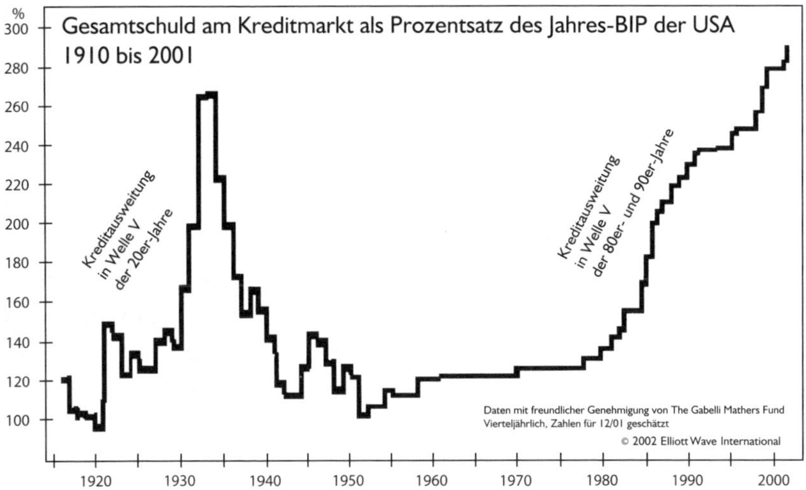

Abbildung 11-5

Galoppierende Kreditausweitung ist ein charakteristisches Merkmal von größeren fünften Wellen. Zunehmender Optimismus unterstützt nicht nur den Investitionsboom, sondern auch die Kreditgewährung, die wiederum den Investitionsboom speist. Abbildung 11-5 zeigt das erstaunliche Bild der Kreditausweitung in Welle V in den 20er-Jahren (Anfangspunkt ist das Jahr, in dem der Kongress die Fed einrichtete), die mit einem Absturz endete, sowie die Kreditausweitung in Welle V in den 80er- und 90er-Jahren, die sogar noch umfangreicher ist.

Ich habe Wirtschaftsexperten das Schuldenrisiko der Vereinigten Staaten dadurch herunterspielen hören, dass sie die Höhe der Nettoverschuldung im Ausland in den Mittelpunkt stellten, die knapp über zwei Billionen US-Dollar liegt. Sie tun so, als wären sämtliche sonstigen Schulden „Schulden an uns selbst". Doch zu jedem Darlehen gehören ein Gläubiger und ein Schuldner, als zwei unterschiedliche juristische Personen. Niemand schuldet sich selbst etwas. Die Gläubiger in anderen Ländern, die den Vereinigten Staaten und ihren eigenen Mitbürgern Billionen leihen, haben das globale Schuldenmeer vergrößert, nicht verkleinert. Somit haben wir nicht einfach irgendeine Kreditausweitung vor uns, sondern die mit Abstand größte Kreditausweitung der Geschichte. Im Zuge dessen droht nicht irgendeine Deflation, sondern die mit Abstand größte Deflation der Geschichte.

Breitere Geldauffassungen

Angenehmerweise ist Deflation als Verminderung der relativen Menge an Geld und Kredit definiert, denn so müssen wir nicht allzu genau zwischen diesen beiden Dingen unterscheiden. Welche spezifischen Schuldtitel und welche spezifischen Anleihen in einem System als „Geld" gelten sollen, dessen Papierwährung auf Schulden basiert und durch Erlasse geschaffen wird – und in dem ein immenses Kreditaufkommen besteht –, sei zur Diskussion gestellt.

Viele Menschen glauben, sie besäßen als Halter von Aktienzertifikaten oder Schuldscheinen (Wechseln, Noten oder Anleihen) immer noch Geld. „Mein Geld steckt in Aktien" oder „in Kommunalobligationen" sind bekannte Formulierungen. In Wahrheit besitzen sie kein Geld, sondern Finanzgüter in Form von Unternehmensanteilen oder Rückzahlungskontrakten. Wie wir in Kapitel 19 sehen werden, ist sogar das „Geld auf der Bank" im modernen System nichts anderes als eine Forderung auf die Kredite der Bank, und das bedeutet eine Schuldanerkenntnis.

Es gibt keine allgemein akzeptierte Definition der „Geldmenge", sondern nur zahlreiche Debatten, wo man denn nun den Strich ziehen sollte. Die konservativste Definition beschränkt sich auf den Wert des umlaufenden Bargelds und der Girokonten. Aber wie wir gesehen haben, beruht selbst dieses Geld auf Schulden. Breitere Gelddefinitionen schließen die kurzfristigen Schulden von großen Institutionen ein. Sie werden als „Bargeldäquivalente" bezeichnet und bestehen häufig in „Geldmarktfonds". Heute existieren mehrere anerkannte Definitionen der „Geldmenge", die man mit M1, M2 und M3 bezeichnet.

Der geistige Charakter des modernen Geldes erweitert die Grenzen dessen, was die Menschen für Geld halten. So ist ein Futures-Kontrakt beispielsweise ein Schuldschein über Waren zu einem bestimmten Preis. Ist das Geld? Viele Unternehmen bezahlen Dienstleistungen mit Aktienbezugsrechten. Ist das Geld? In den letzten 15

Jahren hat sich in breiten Bevölkerungsschichten eine Auffassung durchgesetzt, die folgender Satz zusammenfasst: „Anteile an einem Aktienfonds sind wie Geld auf der Bank, nur besser." Die Menschen stecken ihre sämtlichen Ersparnisse unter der Annahme in Aktienfonds, dass sie dadurch ein Guthaben auf so etwas wie einem Sparkonto hätten. Aber ist das Geld? Die Antwort auf alle diese Fragen lautet nein, aber mittlerweile halten die Menschen solche Dinge für Geld. Sie geben ihr richtiges Geld aus und nehmen im Einklang mit diesem Glauben Schulden auf. Da die Idee des Geldes heutzutage so hochgradig psychologisch ist, verschwimmt die Grenze zwischen dem, was Geld ist und was nicht zumindest in den Köpfen der Menschen; und genau darauf kommt es an, wenn es um die Psychologie der Deflation geht. Dadurch, dass das, was die Menschen für Geld halten, eine derart ungeheure Menge darstellt, hat sich das Deflationspotenzial weit über das rein monetäre Deflationspotenzial hinaus – das aus den Abbildungen 11-1 bis 11-5 hervorgeht – aufgebläht.

Ein Umschwung bahnt sich an

Bäume wachsen nicht in den Himmel. Keine gesellschaftliche Stimmung, auch kein Vertrauen, hält ewig. Das außerordentliche Volumen der weltweit gewährten Kredite ist schon seit einiger Zeit eine heikle Angelegenheit. Aber schon Bolton stellte fest, dass sich solche Bedingungen über Jahre halten können. Wenn sich der Trend zu wachsendem Vertrauen umkehren würde, dann würde das Kredit- und folglich das Geldaufkommen schrumpfen und zu Deflation führen. Natürlich muss hier „wenn" groß geschrieben werden, denn die Kritiker des Kreditwachstums in den Vereinigten Staaten warnen seit einem halben Jahrhundert, ohne dass etwas passiert ist. Und an diesem Punkt setzt die Analyse an.

Rufen Sie sich in das Gedächtnis, dass zwei Dinge erforderlich sind, um einen expansiven Kredit-Trend zu erzeugen. Das erste ist eine expansive Stimmung, und das zweite die Fähigkeit, Zinsen zu zahlen. In Kapitel 4 wird dargelegt, dass das Vertrauen nach fast sieben Jahrzehnten positiven Trends wahrscheinlich die Grenze erreicht hat. Kapitel 1 zeigt die seit Jahrzehnten andauernde Verlangsamung der amerikanischen Wirtschaft, und dies wird bald die Zahlungsfähigkeit der Schuldner beeinträchtigen. Die Kombination aus diesen beiden Kräften dürfte demnächst so langsam zu einer Kredit-Kontraktion führen.

Man kann die Wellen-Analyse auch nutzbringend unmittelbar auf das Kreditwachstum anwenden. Abbildung 11-4 bildet private und geschäftliche Kredite dividiert durch den Verbraucherpreisindex ab, damit der Wert der Darlehen in gleichwertigen Dollarbeträgen angezeigt wird. Der Aufwärtstrend des realen Kreditaufkommens hat seit der Talsohle des Jahres 1974 fünf Wellen ausgebildet. Fast das gleiche Bild haben wir in Bezug auf die Margin-Verschuldung für den Aktienmarkt gesehen (Abbildung 7-4). Zeichnet man die Veränderung der Kreditausdehnung auf, erkennt man, dass dem Kreditwachstum auf verschiedenen Trendebenen die Luft ausgeht; und das passt zu dem, was in Kapitel 1 über die Wirtschaft gesagt wurde. Offensichtlich steht der Abschwung unmittelbar bevor, falls wir nicht schon mitten darin sind.

Wenn die Kreditnehmer im Verhältnis zu den neu vergebenen Krediten genügend Schulden tilgen oder wenn die Kreditnehmer einen genügend großen Anteil ihrer Darlehen nicht zahlen können oder wenn die Wirtschaft die massiv steigende Zinslast und das Tilgungsversprechen nicht mehr tragen kann oder wenn die Banken und Investoren nur noch widerwillig Kredite gewähren, dann kehrt sich der „Multiplikator-Effekt" um. Der gesamte Kredit schrumpft, die Bankeinlagen gehen zurück, somit schrumpft die Geldmenge, und das alles mit der gleichen Hebelwirkung, die die Expansion angetrieben hat. Die enorme negative Hebelwirkung der Null-Reserve (tatsächlich sogar einer negativen Reserve) der Banken ist daher der wichtigste Treibstoff für einen deflationären Crash.

Die japanische Deflation und der Marsch in die Depression begannen 1990. In Südostasien ging es 1997 los. Argentinien macht gerade Schlagzeilen. Die Vereinigten Staaten und die anderen Länder, die bisher verschont blieben, sind als Nächste an der Reihe. Wenn sich die Linien in den Abbildungen 11-1 bis 11-5 abwärts neigen (bei der ersten ist das vielleicht schon der Fall), ist die Jagd eröffnet.

Wie stark wird die Deflation sein?

Die übrig gebliebenen Bankreserven belaufen sich auf 11 Milliarden US-Dollar der Fed und 45 Milliarden US-Dollar in bar in den Tresoren der Banken. Diese Summe von 55 Milliarden Dollar deckt den gesamten Bestand an Bankkrediten, die in den Vereinigten Staaten gewährt wurden. Der Betrag entspricht einem Hundertstel der Geldmenge M2, die derzeit mit 5,5 Billionen US-Dollar angegeben wird, beziehungsweise einem Fünfhundertstel aller in den Vereinigten Staaten anstehenden Schulden, die sich derzeit auf 30 Billionen Dollar belaufen. Wenn wir großzügigerweise alle weltweit umlaufenden Noten der Federal Reserve in die Geldmenge einbeziehen (knapp 600 Milliarden US-Dollar), dann verschieben sich die genannten Quoten auf ein Zehntel und ein Fünfundfünfzigstel.

Da der Dollar selbst nur Kredit darstellt, gibt es keine materiellen Güter, die die ausstehenden Schulden decken. Zwar bestehen für zahlreiche Kredite Sicherheiten in Form von Sachwerten, aber sie belaufen sich häufig nur auf wenige Cents pro Dollar, Euro oder Yen des Kreditwertes. Ich betone die Sachwerte, weil man zwar auch gegen Aktien Kredit aufnehmen kann, diese aber nur Papierbescheinigungen darstellen und derart inflationär sind, dass ihr Wert weit über dem Liquidationswert der Vermögenswerte des jeweiligen Unternehmens liegt. Man kann auch Anleihen als Sicherheit einsetzen, und das ist ein erstaunlicher Trick: Man verwendet Schulden zur Finanzierung von Schulden. Da Darlehen verbreitet auf dieser Basis gewährt werden, besteht eine enorme Diskrepanz zwischen der Summe der bestehenden Schulden und den als Sicherheit zu Grunde liegenden Sachwerten. Es bleibt offen, wie weit sich die Schere am Ende schließen muss, um die Kreditmärkte in einer deflationären Depression wieder zur Ruhe zu bringen. Für unsere Zwecke reicht es aus zu sagen, dass die Schere an sich und somit das Deflationspotenzial historisches Ausmaß besitzen.

Auch wenn die Vereinigten Staaten hinsichtlich des beschlossenen Geldes und der Kreditschöpfung weltweit führend sind, hat sich in allen Ländern, die eine Zentralbank besitzen, eine Abwandlung der vorstehenden Geschichte abgespielt. Daher droht in allen Winkeln der Erde eine überwältigende Deflation.

Kapitel 12: Deflationen vorhersehen: Der Kondratieff-Zyklus

Ich glaube, dass ich im Hinblick auf die Vorhersage von Geld-Trends einiges vorzuweisen habe. Im Dezember 1979, exakt auf dem Höhepunkt einer Panik der harten Währung nach 30 Jahren beschleunigter Inflation, räsonierte *The Elliott Wave Theorist*: „Das unglaubliche Zusammentreffen von „Fünften" in verschiedenen Märkten [Gold, Silber, Zinsen, Anleihen und Rohstoffe] lassen nur eine Schlussfolgerung zu: Die Welt steht kurz vor einer Periode allgemeinen Inflationsabbaus." Genau das trat im darauf folgenden Monat ein und gilt bis heute. Die Geschichte, die hinter dieser Voraussage steckt, lesen Sie in Kapitel 14 von *At the Crest of the Tidal Wave*.

Das Beispiel zeigt, dass Elliott-Wellen ein hervorragendes Instrument für die nuancierte Vorhersage von Inflation und Deflation sind. Allerdings war dabei auch ein bestimmter Zyklus der gesellschaftlichen Aktivitäten von Nutzen.

Der russische Wirtschaftswissenschaftler Nikolai Kondratieff behauptete in einer 1926 verfassten Schrift, industrialisierte Volkswirtschaften folgten einem sich wiederholenden Zyklus von Veränderungen der Preise und der Produktion. Tatsächlich dreht sich der Zyklus in erster Linie um die Liquidität und nicht um die Preise, so dass auf- und abwärts tendierende Preise für Geld, Arbeitskraft und Güter eine Wirkung des Zyklus sind und keine Ursache. Zwar dauert ein Zyklus durchschnittlich 54 Jahre, aber die einzelnen Perioden können sich ausdehnen beziehungsweise verkürzen und sind daher für zeitlich präzise Vorhersagen ungeeignet. Jedoch könnte die Abfolge der Ereignisse innerhalb des Kondratieff-Zyklus ein unveränderlicher gesellschaftlicher Prozess sein, egal wie viele Jahrzehnte er braucht, um bis zum Ende abzulaufen. Das Vorhandensein eines Inflationsmechanismus verstärkt die extremen Ausschläge des Zyklus.

Auch wenn die genaue Abfolge und die Wechselwirkung der Ereignisse in Abhängigkeit von der Anordnung der größeren Elliott-Wellen unterschiedlich sein kann, stelle ich Ihnen hier den Ablauf der jüngsten Kondratieff-Zyklen vor: Da sich in der Anfangsphase des Zyklus die Liquidität erhöht, steigen die Rohstoffpreise, was steigende Geschäftsaktivitäten und (in den meisten Fällen) Inflation widerspiegelt. Während sich Geschäftstätigkeit und Inflation beschleunigen, treiben Spekulanten die Rohstoffpreise in die Höhe und zeigen dadurch ihre wachsende Furcht, dass sich die Inflation weiterhin beschleunigen könnte. Wenn die Inflationsrate ihren Höhepunkt überschritten hat und zu sinken beginnt, verlieren die Preise ihren „Beschleunigungs-Aufschlag". Also beginnen die Rohstoffpreise zu fallen, obwohl sich die Inflation verlangsamt fortsetzt; das nennt man Inflationsabbau oder „Desinflation". Gleichzeitig schlägt die Stimmung von Furcht in Erleichterung und Hoffnung um. Dies bringt die Menschen dazu, die überschüssigen Zahlungsmittel, die in der Desinflationsphase geschaffen wurden, zu kanalisieren und damit die Preise für Anlagegüter wie zum Beispiel Aktien hochzutreiben. Da sich die Inflation fortsetzt, steigen die Großhandelspreise der Hersteller für Fertigprodukte, die Einzelhandelspreise der Geschäfte und die Löhne, die die Arbeitgeber zahlen. Allerdings steigen sie immer langsamer, sie folgen dem steigenden, aber sich verlangsamenden Trend der Geschäftsaktivität und der Inflation.

Gegen Ende des Zyklus nähert sich die Veränderungsrate der Geschäftsaktivität und der Inflation dem Wert null. Wenn sie unter null fällt, entsteht Deflation. Wenn die Liquidität sinkt, sinken die Rohstoffpreise schneller, und die Aktienkurse, die Löhne sowie die Groß- und Einzelhandelspreise schließen sich der Sinkbewegung an. Wenn die Deflation endet und die Preise den Boden erreichen, beginnt ein neuer Zyklus.

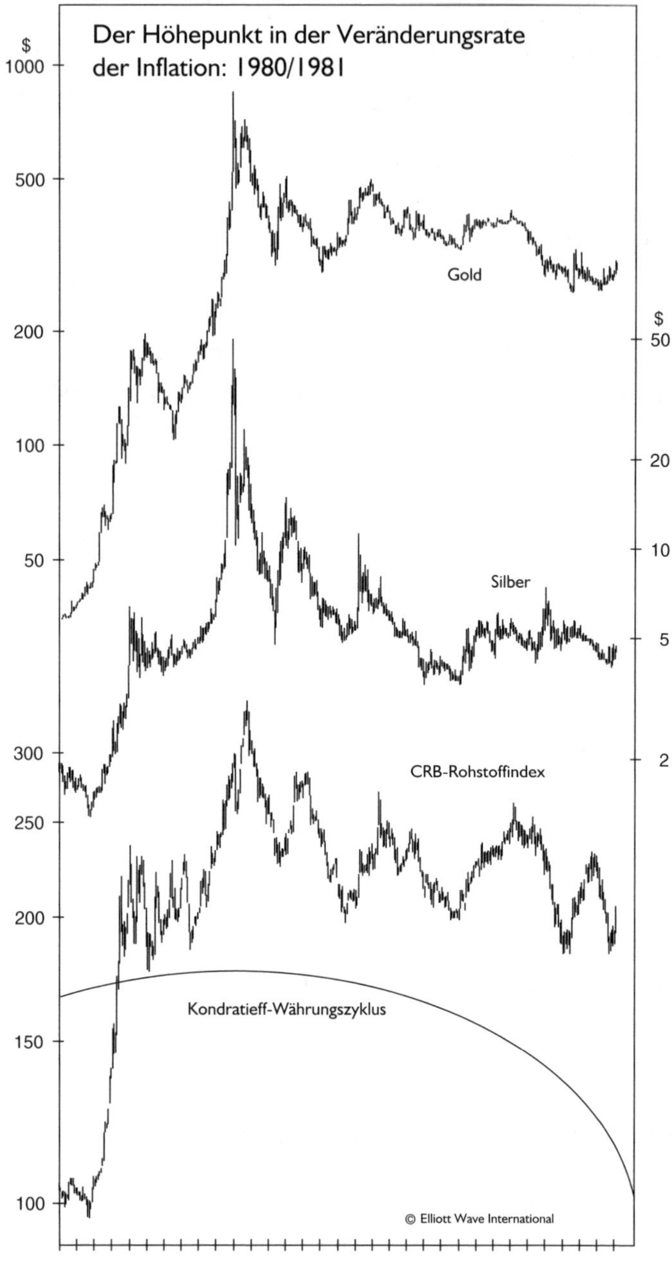

Abbildung 12-1

Der derzeitige Stand des Kondratieff-Zyklus stützt die Behauptung, dass eine Deflation unmittelbar bevorsteht. Der Tiefpunkt der Großhandelspreise wurde während des letzten Zyklus 1932/1933 erreicht. Viele andere wichtige Preise allerdings – zum Beispiel Mieten und Unternehmensgewinne (siehe Abbildung 6-4) erreichten den Boden erst 1949, also 53 Jahre nach der Talsohle des vorangegangenen Kondratieff-Zyklus im Jahre 1896. Man erkennt dies in Abbildung 11-5; sie zeigt, dass auch die Kreditgewährung im Verhältnis zum BIP im Jahre 1949 den Boden erreichte. Abbildung 3-1 in *At the Crest of the Tidal Wave* zeigt, dass die um den Erzeugerpreisindex bereinigten Aktienkurse im Jahre 1949 ein bärisches Muster von Elliott-Wellen abgeschlossen haben.

Der Liquiditätszuwachs nach 1949 war der aufsteigende Abschnitt eines neuen Zyklus. Abbildung 12-1 zeigt, dass die meisten Preise für Geld und Agrargüter in den Jahren 1980 und 1981 den Gipfel erreichten und seither abwärts tendieren. Dieser Höhepunkt markiert den Übergang zur Desinflation und zum absteigenden Abschnitt des Zyklus.

Man erkennt die Wirkung des Kondratieff-Zyklus anhand der Preise für Kredite an zuverlässige Kreditnehmer. Da während einer Deflation weniger Darlehen aufgenommen werden, fallen die Zinsen für kreditwürdige Schuldner. Abbildung 12-2 stellt fast vier Zyklen

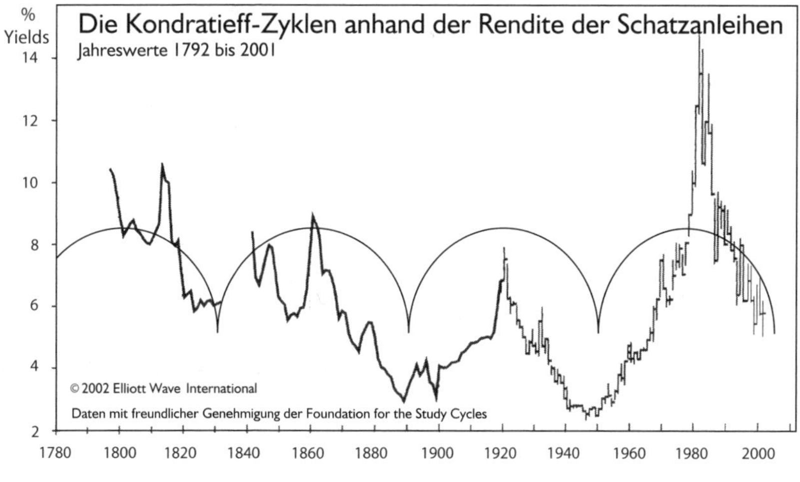

Abbildung 12-2

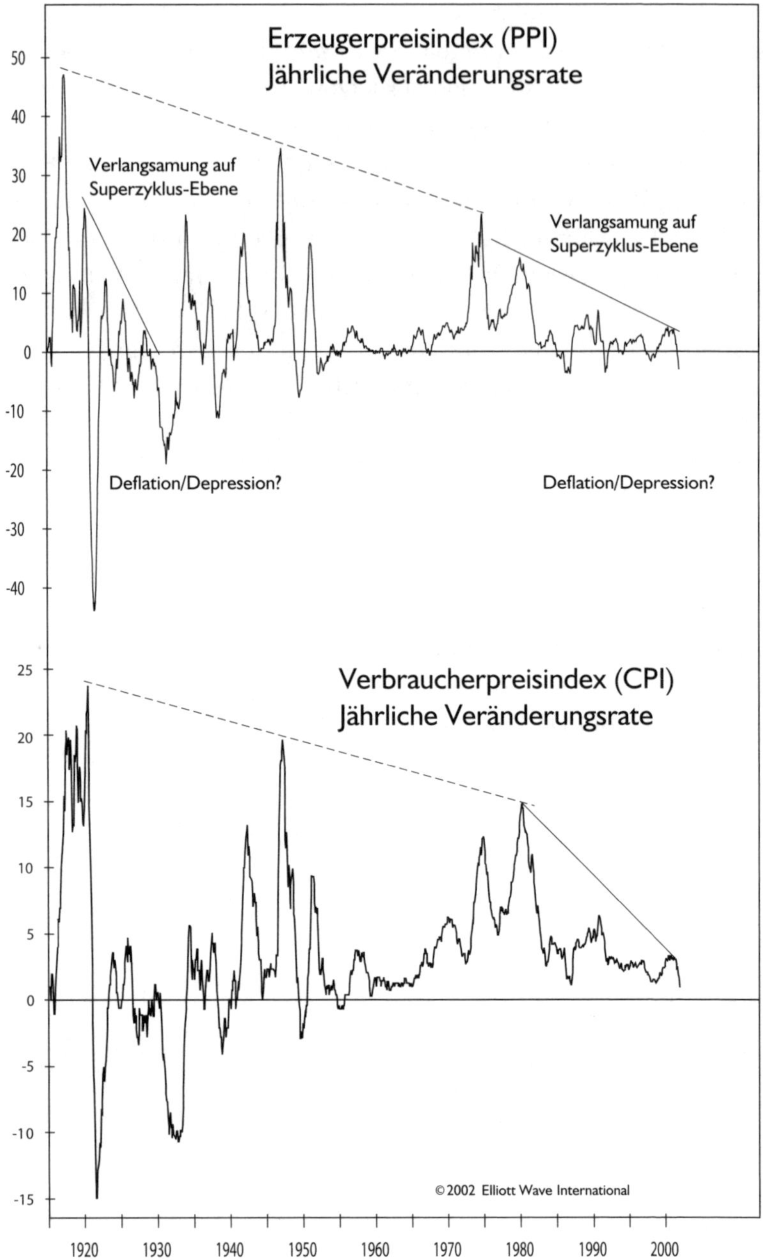

Abbildung 12-3

dar. Wie man sieht, erreichten auch die langfristigen Zinsen in den 40er-Jahren einen Tiefpunkt. Im Jahre 1981, auf dem Höhepunkt des derzeitigen Zyklus, markierten sie wieder ein Hoch und bewegen sich nun mit dem Zyklus auf ein neues Tief zu. Man darf den Zyklus nicht als sicheres Zeichen dafür werten, dass gerade die Zinsen der US-Schatzanleihen weiter fallen müssten. Wie wir in Kapitel 15 sehen werden, fallen nur die Zinsen der Schuldpapiere höchster Qualität; ob die langfristigen US-Schatzanleihen im derzeitigen Zyklus dazu zählen, ist offen.

Wo sich der Kondratieff-Zyklus momentan befindet

Desinflation besteht seit über 20 Jahren, seit 1981/1982. In diesem Zeitraum sind die Großhandels- und Einzelhandelspreise zwar gestiegen, aber entsprechend dem Desinflationstrend in zunehmend langsamerem Tempo. Wie Sie in Abbildung 12-3 erkennen, hat die Steigerung dieser beiden Preisgruppen inzwischen den Nullpunkt erreicht.

In den letzten Jahren haben die Wirtschaftswissenschaftler die Fed dafür gelobt, dass sie eine perfekte Welt mit Wirtschaftswachstum und niedriger Inflationsrate geschaffen hat. Wir halten somit „den heiligen Gral der meisten Zentralbanken" in Händen, wie sich ein Business-Magazin einmal ausdrückte. Schockiert es Sie zu erfahren, dass dies die gleiche Situation ist, über die sich die Wirtschaftsexperten 1929 freuten? In Wirklichkeit verlangsamte sich der von der Fed durch jahrelange Kreditausdehnung geförderte Aufwärtstrend der Warenpreise in beiden Fällen dadurch, dass die Verbraucher aufgrund geringerer Zahlungsfähigkeit die Zinszahlungen vernachlässigten. Wie in den Jahren 1930 bis 1932 wird sich auch die „perfekte Welt" von heute schon bald als etwas ganz anderes entpuppen.

Wenn sich der Kondratieff-Zyklus normal entwickelt, wird die kombinierte Veränderung des Erzeugerpreisindexes und des Verbraucherpreisindexes bald negativ werden. Wie immer der zeitliche Ablauf des Zyklus aussehen mag, gemäß seiner Reihenfolge kommen jetzt mehrere Jahre mit sinkenden Rohstoffpreisen und einige Jahre mit erneut fallenden Groß- und Einzelhandelspreisen sowie einem scharfen Rückgang der industriellen Produktion. Diese Trends werden mit dem Ende der Deflation in der Talsohle des Zyklus zuende gehen.

Wenn sich die Dauer der letzten Zyklen wiederholt, dann dauert der fallende Abschnitt des Wirtschaftszyklus noch weitere zwei Jahre, und die Depression erreicht die Talsohle im Jahre 2004. Wenn der Zyklus so lange dauert wie der längste Zyklus der letzten dreihundert Jahre, dann endet die Depression im Jahre 2011. Im Moment sind diese Zahlen nur Richtwerte, keine Prognosen. In erster Linie zeigen sie, dass wir von einer Anzahl Jahre sprechen, und nicht von einer ewigen Dauer. Ähnlich wie es in den Vereinigten Staaten Ende des 18. Jahrhunderts und von 1835 bis 1842 geschah und wie es in Japan seit zwölf Jahren geschieht, könnte die Wirtschaft mehrere Kontraktionen erleiden, die von Erholungsphasen unterbrochen werden. Da der erste Abstieg der Börse dem Schema A-B-C folgen dürfte, rechne ich am ehesten mit zwei Depressionen und einer Erholungsphase dazwischen. Aber egal, jedenfalls steht der Prozess der landesweiten Schuldenliquidierung bevor. Aus den langfristigen Fünf-Wellen-Mustern mehrerer Schuldenarten (Abbildungen 7-4 und 11-4), aus der kurzfristigen Drei-Wellen-Erholung der Aktienindizes (siehe Abbildung 4-7), des CRB-Index (siehe Abbildung 21-10) sowie von Gold und Silber, daraus, dass die kombinierte Veränderungsrate von PPI und CPI (siehe Abbildung 12-3) gegen null geht, aus dem rapiden Verfall der Zinssätze im vergangenen Jahr und aus der Tatsache, dass die Hauspreise von ganz allein neue Hochs markieren (diese charttechnische Formation nennt man auch „bärische Nicht-Bestätigungs-Formation") – aus all dem schließe ich, dass eine Deflation (eine Kontraktion des Gesamtaufkommens von Geld und Kredit) wahrscheinlich genau jetzt beginnt.

Eine einsame Meinung

Aus Gründen der absoluten Offenheit muss ich Sie warnen, dass die Mehrzahl der Wirtschaftswissenschaftler heute den Kondratieff-Zyklus als Fantasiegebilde abtut. Zyklen sind ein beliebtes Thema, wenn die Märkte und die Wirtschaft heftig auf- und abschwingen, wie es beispielsweise in den 1840er-, den 1850er-, den 1930er-, 1940er- und 1970er-Jahren der Fall war. Der Harvard-Professor Dr. Joseph Schumpeter schrieb in den 1930er-Jahren: „Der Kondratieff-Zyklus ist das wichtigste ökonomische Prognoseinstrument." Im Gegensatz dazu weist man im Allgemeinen allein schon den Gedanken an Zyklen von sich, wenn die Kapitalmärkte und die Wirtschaft längere Zeit nach oben tendieren. Jetzt, am Ende eines zwei Jahrhunderte dauernden Aufwärtstrends, was könnte da abwegiger sein als Zyklen? Ironischerweise ist es genau diese schwankende Haltung den Zyklen gegenüber, die ihre Existenz ermöglicht.

Eine frappierendere Tatsache ist es in meinen Augen, dass die wenigen Menschen, die an den Kondratieff-Zyklus glauben, der Meinung sind, er habe die Talsohle bereits durchschritten. Manche sagen, er habe seinen Tiefpunkt Anfang der 80er-Jahre erreicht, ein Gedanke, der dem Kondratieff-Zyklus entgegengesetzter nicht sein könnte. Die Vertreter dieser Interpretation prognostizieren weitere Jahrzehnte der Expansion, ja sogar eine Beschleunigung des Wachstums.

Nach meiner Überzeugung lassen sich derartige Meinungen dadurch erklären, dass die entsprechenden Analysten optimistisch sind und dieses Gefühl rationalisieren müssen. Mir sind nur zwei Autoren außer mir bekannt, die glauben, dass der Zyklus in der typischen Weise und in der üblichen zeitlichen Gestaltung abläuft. Ian Gordon, der seit 1998 *The Long Wave Analyst* herausgibt, ist ein scharfsinniger Historiker und hat sich mit der Materie ausführlich befasst. Wenn Sie dieses Thema vertiefen wollen, können Sie seine Publikation über folgende Quelle beziehen:

The Long Wave Analyst
Email: ian_gordon@canaccord.com
Postadresse: Canaccord Capital, Suite 1200,
595 Burrard St., Vancouver, BC, V7X 1J1 Canada
Telefon: 604-643-0280
Fax: 604-643-0152
Herausgeber: Ian Gordon

Börse und Wirtschaft sind auf interessante Weise mit dem Kondratieff-Zyklus verwoben. Eine Darstellung der Wirkungsweise des Kondratieff-Zyklus anhand der Aktienkurse finden Sie in Anhang B von *At the Crest of the Tidal Wave*.

Kapitel 13: Kann die Fed die Deflation aufhalten?

Die herrschende Meinung zum Thema Deflation

Nach 70 Jahren fast ununterbrochener Inflation sind die Menschen zutiefst von ihrer Dauerhaftigkeit überzeugt. Wenn die Mehrheit der Wirtschaftsexperten überhaupt Währungsängste hegt, dann ist es die Angst vor Inflation, also dem Gegenteil von Deflation. Zwei der renommiertesten Wirtschaftswissenschaftler der Welt haben diese Furcht in den letzten Monaten im *Wall Street Journal* wiederholt. Sie sagen ein sofortiges Anziehen der Inflation voraus.

Was den Gedanken an Deflation an sich angeht, so sagte ein Wirtschaftsexperte vor einigen Jahren einer landesweiten Zeitung, die Chance, dass eine Deflation auftrete, liege bei eins zu zehntausend. Der Vorsitzende der Carnegie Mellon Business School bezeichnet die Auffassung, es könne Deflation geben, als „baren Unsinn". Ein Wirtschaftsprofessor der Pepperdine University sagt rundweg: „Steigende Aktienkurse führen unweigerlich zu Preissteigerungen im Rest der Wirtschaft." Das Publikationsorgan einer wirtschaftswissenschaftlichen Denkfabrik betont: „Jeder, der behauptet, wir stünden kurz vor einer Deflation oder sie beginne bereits, kennt nicht die Begründung für das Geld per Erlass – es soll die Einflussnahme auf die Wirtschaftsaktivitäten erleichtern." Ein Finanzschriftsteller erklärt: „Deflation [...] ist vollständig eine Funktion der Währungspolitik der Federal Reserve. Sie hat nichts mit dem Konjunkturzyklus zu tun, mit Produktivität, Steuern, Booms, Krisen oder sonst etwas." Ähnlich äußert sich ein Berater in einem landesweit erscheinenden Magazin: „Eine Deflation ließe sich in den Vereinigten Staaten heute leicht stoppen. Die Federal Reserve könnte einfach mehr Geld drucken und dadurch den Preisrutsch aufhalten." Wieder ein anderer schreibt abfällig, „Seien Sie doch realistisch", und vergleicht diejenigen, die sich Sorgen um eine Deflation machen, mit „kleinen Kindern". Ein versprengter Wirtschaftsexperte, dessen Modell Deflationen berücksichtigt und der sogar eine deflationäre Phase erwartet, ist trotzdem der Überzeugung, dass es eine „gutartige Deflation" wird und dass es „nichts zu befürchten" gibt. In einer Fernsehsendung zum Thema Finanzen spöttelt ein Analyst (der Deflation anscheinend als sinkende Preise definiert): „Haben Sie keine Angst vor Deflation, das einzige was passiert, ist dass die Profite dicker werden". Für einen Banker sind Perioden sinkender Ölpreise „positive Katalysatoren, die mehr Geld in die Taschen der Verbraucher bringen. Das kommt Unternehmen zugute, die von Erdöl und Energie leben, und es kommt der Wirtschaft insgesamt zugute." Andere begrüßen den jüngsten Verfall der Rohstoffpreise begeistert als wirtschaftliches Stimulans, „einer bedeutenden Steuersenkung vergleichbar". Ein landesweit erscheinendes Wirtschaftsmagazin garantiert, „dass keine Deflation bevorsteht, sondern nur geringere Inflation. Schieben Sie Ihre Deflationsängste beiseite." Der Chefökonom der Deutschen Bank in New York schätzt „die Chance, dass eine Deflation auftritt, auf höchstens eins zu fünfzig" (die 1:10.000 von vor ein paar Jahren sind wohl gewachsen). Der Präsident der Fed San Francisco sagt: „Ich glaube, dass der Gedanke, wir würden in eine längere Periode sinkender Preise starten, keine Substanz besitzt." Ein ehemaliger Wirtschaftsfachmann der Regierung sagt scherzhaft, Deflation sei „die Nummer 57 auf meiner Sorgenliste, direkt nach Nummer 56 – der Furcht, von Piranhas gefressen zu werden." Diese Kommentare zur Deflation zeigen die festgefahrene Meinung der Experten.

Wie Sie sehen, muss jeder, der gegen das Heer der Finanz- und Wirtschaftsdenker ankommen will, gegen deren Glauben angehen, Inflation sei praktisch unvermeidbar und Deflation sei unmöglich –

seien es nun Theoretiker oder Praktiker, Liberale oder Konservative, sozialistisch angehauchte Keynesianer oder am freien Markt orientierte Objektivisten, technokratische Monetaristen oder sogar dem Buchstaben nach Verfechter der österreichischen Schule.

„Mächtige Lenker“

Die hauptsächliche Grundlage des heutigen Glaubens an ewigen Wohlstand und Inflation mit vielleicht einer gelegentlichen Rezession bezeichne ich als Fehlschluss der „mächtigen Lenker“. Es ist fast unmöglich, eine heutige Abhandlung über Makroökonomie zu finden, die nicht versichert oder annimmt, dass das Federal Reserve Board inzwischen gelernt hat, sowohl unser Geld als auch unsere Wirtschaft zu kontrollieren. Viele glauben, dass es auch eine große Macht hat, den Aktienmarkt zu manipulieren.

Allein die Idee, dass die Fed so etwas tun kann ist falsch. Der Vorsitzende Alan Greenspan selbst nannte im vergangenen Oktober vor dem House and Senate Joint Economic committee den Gedanken, die Fed könnte Rezessionen verhindern, eine „irritierende“ Auffassung und schrieb derartige Ereignisse dem zu, was sie tatsächlich verursacht: der „menschlichen Psychologie“. Im August 1999 beschrieb er den Aktienmarkt noch genauer und sagte, er werde von „Wellen des Optimismus oder des Pessimismus“ angetrieben. Damit hat er Recht, aber niemand hört auf ihn.

Der Vorsitzende verleiht auch der Ansicht Ausdruck, dass die Fed die Macht hat, konjunkturelle Schwünge in die positive Richtung zu dämpfen. Und tut sie das? Politiker und die Mehrzahl der Ökonomen versichern, dass für die Maximierung des Wachstums eine Zentralbank nötig sei. Aber trifft das zu?

Hier ist kein Raum für eine Abhandlung zu diesem Thema, aber eine kleine Prise Realismus dürfte schon genügen. Das reale Wirtschaftswachstum der Vereinigten Staaten war im 19. Jahrhundert ohne Zentralbank größer als im 20. Jahrhundert mit Zentralbank. Das reale Wirtschaftswachstum in Hongkong übertraf in der zweiten Hälfte des 20. Jahrhunderts das Wachstum aller Staaten der Welt, und Hongkong hatte keine Zentralbank. Jeder, der eine Kausalverbindung zwischen dem Zentralbankwesen und der Wirtschaftsleistung behauptet, muss eigentlich zu dem Schluss kommen, dass eine Zentralbank dem Wirtschaftswachstum schadet. Wenn Sie Beispiele dafür suchen, dass die Idee von den effizienten Wirtschaftslenkern falsch ist, brauchen Sie sich nur umzusehen. Nach dem Ende des Booms in Japan haben die Regulierer jedes denkbare makroökonomische „Instrument" eingesetzt, um das Land der sinkenden Sonne wieder nach oben zu bringen, aber ohne Erfolg. Die Weltbank, der IWF, die örtlichen Zentralbanken und Regierungsvertreter gingen mit dem Boom in Südostasien „weise" um, bis er 1997 unter spektakulären Umständen in sich zusammenfiel. Den Zusammenbruch verhindern? Sie drückten ihr tiefes Bedauern darüber aus, dass er stattfand. Während ich diese Zeilen schreibe, bricht die argentische Wirtschaft trotz der Manipulationen seiner eigenen angeblichen „Mächtigen Lenker" zusammen. Ich sage „trotz", aber in Wirklichkeit können Lenker, ob nun in Argentinien, Japan oder den Vereinigten Staaten, nichts verbessern, und sie verschlimmern die Lage immer. Es ist eine Grundregel, dass Einmischung in den freien Markt diesen nur behindern kann. Die Menschen glauben, die Fed habe die Wirtschaft in den 80er- und 90er-Jahren glänzend „gemanagt". Die meisten Finanzprofis glauben, dass der einzige potenzielle Schuldige an einem Abweichen von dem Weg zu immer größerem Wohlstand momentan derart strohdumme Maßnahmen der Zentralbank wären, dass sie außerhalb des Möglichen lägen. Aber die schweren Fehlschläge im Bemühen der Fed, durch Manipulationen im Bankwesen die Gewährung von Krediten anzuregen und zu erleichtern, werden in der nächsten Depression bittere Früchte tragen. Wirtschaftsfachleute, die nicht an die langfristigen Auswirkungen einer ausgedehnten expansiven Kreditpolitik glauben, werden die Fed schon bald wegen aktueller „Fehler" beschimpfen – und dabei liegen die schwerwiegendsten Irrtümer in der Vergangenheit. Unabhängig davon, ob diese Wahrheiten ans Licht kommen, wird das Fußvolk die Fed und die anderen Zentralbanken bis zum Ende der Depression kräftig in Misskredit bringen. Für viele Menschen wird der größte finanzielle Schock und die größte Überraschung des kommenden Jahrzehnts die Enthüllung sein, dass die Fed niemals so recht wusste, was in aller Welt sie da tat. Das Schauspiel der letzten

Wochen, in denen offizielle Vertreter der Vereinigten Staaten Japan darüber belehrten, wie man die Deflation in Schach hält, wird sich als gröbste Überheblichkeit entpuppen. Ersparen Sie sich möglichst die Desillusionierung und finanzielle Zerstörung, die jene heimsuchen wird, die dem fehlgeleiteten Glauben an die Zentralbanker der Welt und der Auffassung unterliegen, diese könnten unser Geld, unseren Kredit oder unsere Wirtschaft managen.

Der letzte Trumpf der Fed

Die Fed hatte früher zwei Möglichkeiten der Einflussnahme, um das Gesamtaufkommen an Bankkrediten zu erhöhen: Sie konnte entweder die geforderten Mindestreserven oder den Diskontsatz senken, den Zinssatz, zu dem sie den Banken Geld leiht. Die erste Einflussmöglichkeit hat sie dadurch verspielt, dass sie die Mindestreserve auf null heruntergeschraubt hat. Im Jahre 2001 senkte die Fed den Diskontsatz von 6 auf 1,25 Prozent, in so kurzer Zeit der größte Zinsabbau, den es je gab. Dadurch hat sie einen großen Teil der Kraft verbraucht, die in der zweiten Möglichkeit ruhte. Was will sie tun, wenn die Wirtschaft wieder zu schrumpfen beginnt? Die Zinsen auf null senken? Aber was dann?

Warum die Fed die Deflation nicht aufhalten kann

Zahllose Menschen sagen, Deflation sei unmöglich, weil die Federal Reserve Bank einfach Geld drucken könne, um sich die Deflation vom Leib zu halten. Wenn es die Hauptaufgabe der Fed wäre, neue Girokonten zu eröffnen und Banknoten zu stechen, dann würde sie das vielleicht tun. Aber im Hinblick auf den Umfang war das in den vergangenen 89 Jahren nicht die Hauptfunktion der Fed, sondern die Förderung der Kreditausweitung. Die Menge des gedruckten Geldes hängt zu fast hundert Prozent von den Launen des Ausstellers ab, aber Kredit ist eine vollkommen andere Angelegenheit.

Die Fed setzt bestimmte sehr kurzfristige Zinssätze für Interbankenkredite fest oder beeinflusst sie. Sie legt den Diskontsatz fest, den kurzfristigen nominalen Zinssatz der Fed für Kredite an Banken. Diese Maßnahme ist in erster Linie ein „Signal" für die Haltung der Fed, denn die Banken nehmen fast nie Darlehen bei der Fed auf, außer wenn sie verzweifelt sind. (Ob sie es angesichts der Härten der kommenden Jahre verstärkt tun werden, steht auf einem anderen Blatt.) Eine aktivere Tätigkeit der Fed besteht darin, dass sie über Nacht „Rückkaufvereinbarungen" – durch Sicherheiten gedeckte Kredite zwischen Banken und Händlern – kauft und verkauft, um den von ihr gewählten Zinssatz, die so genannte Federal Funds Rate, zu festigen. In Zeiten der Stabilität ist es so, dass die Banken ihren privaten langfristigen Darlehenskunden umso niedrigere Zinsen bieten können, je niedriger der Zinssatz ist, zu dem sie selbst kurzfristige Darlehen bekommen. Obwohl also die Fed mit ihren Operationen die Kredite beeinflusst, die die Banken aufnehmen, ist es ihr Endziel, die Kredite zu beeinflussen, die die Öffentlichkeit von den Banken erhält. Beachten Sie, dass die Fed den Kredit für zwei Gruppen williger Darlehensnehmer leichter oder schwerer verfügbar macht.

Wenn die gesellschaftliche Stimmung im Steigen begriffen ist, scheint diese Taktik aufzugehen, weil die Kreditnehmer – also die Banken und ihre Kunden – vertrauensvoll mitarbeiten. Im Verlauf von Währungskrisen scheinen die Versuche der Fed, die Zinsen festzulegen, nicht zu funktionieren, weil unter solchen Bedingungen die Forderungen der Gläubiger bei weitem stärker sind als die Wünsche der Fed. In den inflationären 70er-Jahren und Anfang der 80er-Jahre stiegen die Zinsen auf 16 Prozent. Die Fed musste nachziehen, und zwar nicht weil sie diesen Zinssatz wollte, sondern weil die Schuld-Investoren es verlangten.

Die Banken legen ihre eigenen Kreditzinsen für die Kunden fest, unabhängig von der Fed Funds Rate. Wenn die Konjunktur erlahmt, kann es passieren, dass die Banken selbst mit billigen kurzfristigen Geldern ungern langfristige Darlehen vergeben. In solchen Fällen heben sie die Zinsen an, um ihr vermeintliches Verlustrisiko auszugleichen. In besonders erschreckenden Zeiten ist es schon vorgekommen, dass Banken die Neuvergabe von Privat- und Geschäftskrediten praktisch eingestellt haben. Somit hängt der letztendliche Erfolg der Versuche seitens der Fed, das gesamte Kreditaufkommen zu beeinflussen, nicht von dem Willen der Darlehensnehmer ab, sondern auch von den Banken als willigen Kreditgebern.

Wirtschaftsexperten spielen darauf an, dass die Fed manchmal nicht die Macht hat, die Kreditausweitung zu fördern, wenn sie eine ineffektive Währungsmaßnahme – eine Senkung der Zinsziele der Fed, die die Kreditnahme nicht anregt – damit vergleichen, dass man „sich auf ein Seil stützt". In solchen Zeiten ist die Abneigung der Kreditgeber, Darlehen zu gewähren und/oder die Unwilligkeit beziehungsweise Unfähigkeit der Kreditnehmer, Darlehen aufzunehmen, stärker als die von der Fed nach unten beeinflussten Zinssätze. Dies ist in Japan seit mehr als zehn Jahren der Fall. Die Zinsen stehen de facto bei null, aber das Kreditaufkommen sinkt trotzdem. Zum Schaden der Möchtegern-Kredit-Manipulatoren hört der Spielraum für Zinseingriffe bei null Prozent auf. Wenn die Güterpreise in einer Deflation sinken, steigt der Wert des Geldes, sodass sogar ein Nullzins für die Darlehensnehmer reale Kosten bedeutet, denn sie müssen später mit wertvollerem Geld zurückzahlen. Niemand, der Geld hat, will jemanden dafür bezahlen, dass er sich von ihm Geld leiht, und deshalb können die Zinsen nicht negativ werden. (Es wurden schon verschiedene Modelle vorgeschlagen, nach denen Zentralbanken im Kampf gegen die Deflation die Kreditnehmer bezahlen sollten, aber es ist zu bezweifeln, dass so etwas in der wirklichen Welt realisierbar wäre.)

Wenn Banken und Investoren nur ungern Kredit gewähren, dann können ausschließlich höhere Zinsen sie dazu bringen, es doch zu tun. In Zeiten der Deflation antwortet der Markt auf diesen Druck mit fallenden Anleihenkursen und höheren Darlehenszinsen für alle neueren Schuldner. Aber einen Moment, ganz so simpel es dann doch nicht, denn höhere Zinsen können nicht nur Kapital anziehen, sie können auch eine Kapitalflucht auslösen. Wieder einmal entscheidet die Stimmung am Markt über den Unterschied: Defensiv gestimmte Gläubiger können die Bereitschaft eines Kreditnehmers, höhere Zinsen zu zahlen, als Verzweiflung interpretieren. Und je höher das Gebot ist, desto mehr schreckt es den Kreditgeber ab. Wenn in einem deflationären Crash die Anleihenzinsen steigen, dann heißt das, dass die Gläubiger Insolvenzen befürchten.

Ein defensiver Kreditmarkt kann die Bemühungen der Fed zunichte machen, die Kreditgeber und -nehmer dazu zu bringen, überhaupt Geschäfte abzuschließen, geschweige denn zu einem erwünschten Zinssatz. Wenn Menschen und Unternehmen keinen Kredit nehmen wollen oder keine Schulden finanzieren können und wenn die Banken und Investoren nicht geneigt sind, Darlehen zu gewähren, dann kann eine Zentralbank sie nicht dazu zwingen. Wenn Deflation herrscht, kann sie sie nicht einmal mit einem Nullzins dazu anregen.

Also hängt die angebliche „Kontrolle" der Fed über Kreditnahme und -vergabe sowie über die Zinsen allen gegenteiligen Behauptungen zum Trotz letztendlich von einer angemessenen Stimmung am Markt ab und kann nicht per Dekret festgelegt werden. Letzten Endes kontrolliert also die Fed weder die Zinssätze noch das Kreditaufkommen; das tut der Markt.

In dem Spiel mit dem Geld gibt es eine unsichtbare Gruppe von Kreditgebern, die selbstgefälligen Einleger, die – dank der FDIC (siehe Kapitel 19) und der allgemeinen Vergesslichkeit – die Banken dazu bringen, Kredite zu gewähren, wenn es ihnen genehm ist. Gelegentlich geben Banker unter Druck zu, dass es die Einleger ziemlich nervös (wenn nicht sogar hysterisch) machen könnte, wenn sie wüssten, wie mit ihrem Geld umgegangen wird. In emotionalen Zeiten muss die Fed auch versuchen, das Vertrauen der Einleger zu bewahren und sie von Handlungen abzuhalten, die auf eine Panik hindeuten. Dieser Balanceakt dämpft die Macht der Fed und treibt sie noch mehr in die Defensive.

Entgegen den Annahmen herkömmlicher volkswirtschaftlicher Modelle sind Menschen keine Maschinen. Sie haben Gefühle. In einer Depression sind sie deprimiert, furchtsam, vorsichtig und verärgert; vor allem dadurch wird eine Depression erst ausgelöst. Der Wandel in der Haltung der Bevölkerung von dem Wunsch zu expandieren zu dem Wunsch zu bewahren ist der Schlüssel dazu, warum die Manipulationen der Zentralbank die Deflation nicht abwenden können.

Wenn der Überschwang die Menschen zur Expansion treibt, handeln sie oft impulsiv und nicht im Vollbesitz ihrer Vernunft. Das ist der Grund, weshalb Verbraucher, Unternehmen und Regierungen sich gehen lassen und riesige Schulden anhäufen, die sie hinterher bereuen. Es ist auch der Grund dafür, dass Gläubiger unbeschwert Darlehen an schwache Schuldner vergeben und es später bereuen. Es ist ebenfalls der Grund, weshalb Aktien beispiellose Bewertungen annehmen können.

Wenn die Angst die Menschen dagegen in die Defensive treibt, handeln sie ebenfalls impulsiv und nicht im Vollbesitz ihrer Vernunft. Ein Beispiel für eine durch eine defensive Psychologie hervorgerufene Handlungsweise ist der regelmäßige Drang der Regierungen zum Protektionismus in deflationären Perioden.

Wirtschaftswissenschaftler jeglicher Couleur betrachten Protektionismus zutreffenderweise als destruktiv, aber wenn die Stimmung im Volk in die defensive Richtung schwankt, wird er immer wieder gefordert. Die Lobbys, ob nun Unternehmerverbände, Gewerkschaften oder Regionen, verlangen Importzölle und -verbote, und die Politiker erlassen sie, damit sie wieder gewählt werden. Wenn ein Land nicht protektionistisch handelt, dann tun es seine Handelspartner. In jedem Fall ist eine dämpfende Wirkung auf den Handel unausweichlich. Sie werden noch vor dem Ende des jetzigen Zyklus in den Zeitungen etwas über Protektionismus lesen. Ein weiteres Beispiel für eine defensive Haltung ist wachsende Vorsicht der Banker, wenn das Kreditaufkommen zurückgeht. Wenn die Kreditbeauftragten Angst bekommen, fordern sie Darlehen ein und verringern beziehungsweise stoppen die Gewährung von Krediten, ganz egal wie kreditwürdig ihre Klienten in Wahrheit sein mögen. Anstatt die Gelegenheit wahrzunehmen, sehen sie nur die Gefahr. Ironischerweise beruht ein Großteil der tatsächlich vorhandenen Gefahr auf den hemmungslosen und impulsiven Entscheidungen, die sie während des vorangegangenen Aufschwungs getroffen haben. In einem pessimistischen Umfeld nehmen auch die Unternehmen weniger Darlehen zu Expansions- und Übernahmezwecken auf, denn sie fürchten die Belastung mehr als sie an die Gelegenheit glauben. Die Verbraucher setzen eine defensive Strategie um, indem sie eher sparen und bewahren anstatt Geld aufzunehmen, zu investieren und auszugeben. In einem solchen Klima wird alles, was die Fed tut, durch die Brille des Zynismus und der Angst gesehen. In einem solchen Geisteszustand interpretieren die Menschen die Handlungen der

Fed anders als sie es taten, als sie noch in Richtung Vertrauen und Hoffnung tendierten.

Kommen wir mit diesen Gedanken im Hinterkopf auf die Idee zurück, die Fed könnte zur Abwendung von Bankenkonkursen doch einfach Banknoten drucken. Man könnte sich vorstellen, dass die Fed kurz nach dem Beginn der Deflation faule Kredite mit Banknoten auslöst und so ein Meer fauler Schulden durch einen gleich großen Ozean von Banknoten ersetzt und somit ohne den geringsten Hauch von Protest, ohne jegliche Reaktion und ohne Deflation alle Insolvenzen glatt monetisiert. Gegen dieses Szenario sprechen zwei Dinge. Erstens ist die Fed eine Bank und hat keine Lust, durch den Aufkauf wertloser Kredite bankrott zu gehen, weil sie dadurch ihre eigenen Reserven restlos abwerten würde. Ein solches Handeln kann höchstens in Krisenzeiten durch Regierungsbeschluss erzwungen werden, und auch dann erst, nachdem die Deflation im System gewütet hat. Sogar als die Fed 1933 bereit war, die Kredite gewisser Banken auszulösen, bot sie ihr Bargeld nur für die allerbesten Darlehen dieser Banken, und nicht für die heiklen. Zweitens stammt das Szenario von der glatten Ankurbelung aus dem Elfenbeinturm und erscheint nur plausibel, wenn man den Menschen ausklammert. Als Reaktion auf eine entstehende Kreditkrise könnte die Fed zwar die aggressive Strategie anwenden, das Bankensystem mit Liquidität zu überschwemmen, aber ironischerweise würde dies die Deflation noch verschlimmern, anstatt sie zu mildern. Wenn in einer defensiven Atmosphäre ruchbar würde, dass die Fed oder die Regierung beschlossen haben, durch bewusste Politik die Inflation zu fördern, wäre das für die Inhaber von Anleihen ein Grund zur Panik, egal ob zu Recht oder zu Unrecht. Sie würden dies als Indiz dafür werten, dass die Krise schlimmer ist als gedacht, und dann würden sie die Insolvenz schwächerer Schuldner befürchten; oder sie würden es als Vorzeichen einer Hyperinflation betrachten, die alle auf Dollar lautenden Schulden abwerten würde. Nervöse Halter suspekter Schuldpapiere, die kurz vor dem Verfall stehen, könnten von ihrem Rückkaufsrecht zum Ende der Laufzeit Gebrauch machen. Ängstliche Halter suspekter langfristiger Schuldpapiere, die noch eine lange Laufzeit vor sich haben, könnten ihre Noten und Anleihen auf dem Markt verschleudern und so einen Preiskollaps verursachen. Wenn dies geschehen würde, dann wäre das Endergebnis der Inflationsbestrebungen ein systemweiter Kaufkraftrückgang von Dollar-Schulden, mit anderen Worten ein Fall des Dollar-Wertes der gewährten Kredite, und das wäre Deflation.

Dem Allmachtsmythos der Fed stehen hauptsächlich drei Kräfte entgegen: Der Anleihenmarkt, der Goldmarkt und der Devisenmarkt. Da die Zentralbanken heutzutage ihre Aktivitäten vollständig offenlegen müssen, können Regierungen und Zentralbanken ihre Währungsbeschlüsse nicht mehr verheimlichen. Hinweise, dass die Fed eine unwillkommene Politik eingeschlagen hat, würden sich sofort in der ganzen Welt verbreiten, und die Märkte würden sich danach ausrichten. Abwärtskorrekturen der Anleihenpreise würden das Vorgehen der Fed gegen unerwünschte Geld- oder Kreditausweitung nicht nur aufheben, sondern überkompensieren.

Die Probleme, vor denen die Fed steht, beruhen auf der Tatsache, dass die Welt nicht so sehr in Geld schwimmt wie im Kredit. Da heute die Summe der ausstehenden Kredite die Geldmenge in den Schatten stellt, haben die Schuldenanleger, die jederzeit große Mengen Anleihen verkaufen können, hinsichtlich der Zinssätze, der Devisenkurse und des Kreditaufkommens das Ruder in der Hand. Das bedeutet, dass jetzt sie und nicht die Fed verantwortlich für die Aussicht auf Inflation oder Deflation sind. Die Fed ist zum Sklaven von Trends geworden, die sie seit 70 Jahren fördert, und von Ereignissen, die bereits durchgesickert sind. Die Fed hat eine derartige Masse von Kredit in die Welt gebracht, dass es so ist, als hätte sie King Kong, der erst noch ein Baby war, großgezogen. Vielleicht benimmt er sich anständig, aber was er will, kann man nur erahnen und ihn möglichst bei Laune halten.

Im Zusammenhang mit unserem Thema hat die Fed vier Aufgaben: das Bankensystem liquide zu halten, den Glauben des Marktes an den Wert von Schatzamt-Papieren zu erhalten, aus denen ihre eigenen Reserven bestehen, und die Stabilität des Dollar im Vergleich zu anderen Währungen zu bewahren, denn der Dollar ist die Machtgrundlage der Fed. In einer systemweiten Finanzkrise geraten diese Ziele in Konflikt miteinander. Wenn die Fed eines dieser Ziele fördert, werden die anderen zumindest beeinträchtigt, oder sie bleiben möglicherweise ganz auf der Strecke.

Vielleicht hat die Fed an diese Konflikte gedacht, als sie die Forderung von Mindestreserven abschaffte, denn entweder unabsichtlich oder bewusst hat diese Änderung der Vorschriften die gesamte moralische Verantwortung für das Geld der Einleger auf die Banken übertragen. Somit hat sich die Fed für den Fall einer systemweiten Bankenkrise aus der Verantwortung gestohlen und sich dadurch selbst die Möglichkeit gegeben, eher den Dollar oder die Schuldpapiere des Schatzamtes zu verteidigen als Ihr Bankguthaben. In den Jahren 1928 bis 1933 erhöhte die Fed ihren Besitz von Schatzamtpapieren von 10,8 Prozent ihres Portfolios auf 91,5 Prozent; damit hat sie ebenso wie der Rest der Marktteilnehmer die Flucht in die „Qualität" ergriffen. Welchen Weg die Fed wirklich einschlagen wird, wenn sie unter Druck gerät, weiß niemand, aber es ist wichtig zu wissen, dass sie nicht verpflichtet ist, die Banken zu retten, Geldscheine zu drucken oder einen anderen Rettungsweg zu beschreiten. Ihre wichtigste gesetzliche Verpflichtung ist die Deckung der Landeswährung, und dafür kann sie leichten Herzens sorgen, egal was dem Bankensystem widerfährt.

Lokale Inflation durch Repatriierung?

Andere Länder halten Schatzamtpapiere in ihren Zentralbanken als Reserve, und ihre Bürger benutzen Dollarnoten als Wertaufbewahrungs- und Zahlungsmittel. Tatsächlich befinden sich 45 Prozent aller Schatzamtpapiere und 75 Prozent aller 100-Dollar-Scheine in ausländischem Besitz. Die Repatriierung dieser Instrumente, das wurde schon festgestellt, würde eine dramatische lokale Inflation auslösen. Wenn die Anleger rund um den Globus hinsichtlich der Qualität ihrer Schatzanleihen in Panik geraten würden, dann würden die Schatzpapiere einen Preiskollaps erleiden, der zu Deflation führen könnte. Was die Repatriierung des Bargeldes betrifft: Wenn in Dollar notiertes Geld und Kredit einer Deflation unterliegen, dann steigt der Wert der Dollarnoten. Die Ausländer würden ihre Dollars mit beiden Händen festhalten. Selbst wenn sie ihre Dollars zurückgeben würden, würde die Fed, wie es das Gesetz verlangt, die zurückgekehrten Devisen durch den Verkauf von Schatzanleihen kompensieren und so den Währungseffekt neutralisieren.

Kann die Steuerpolitik die Deflation aufhalten?

Kann der Staat uns aus Deflation und Depression herausgeleiten? Manchmal setzen Regierungen die „Steuerpolitik" ein – durch Änderung des Ausgabeverhaltens oder der Besteuerung –, um die Nachfrage nach Gütern und Dienstleistungen „aufzupumpen". Steuererhöhungen, egal aus welchem Grund, wären schädlich. Die Erhöhung der Regierungsausgaben (ob mit oder ohne Steuererhöhung) überträgt nur das Vermögen von den Sparern auf diejenigen, die Geld ausgeben, und sie setzt dem langfristigen finanziellen Verfall einen kurzfristigen Anreiz entgegen. Japan verfolgt diesen Ansatz seit zwölf Jahren, ohne dass er funktioniert. Steuersenkungen ohne Ausgabenkürzungen wären nutzlos, weil sich der Staat die Differenz borgen müsste. Die Beschneidung der Regierungsausgaben ist eine gute Sache, aber die Politik verhindert, dass dies vor Eintreten einer Krise geschieht.

Man sollte ferner begreifen, dass selbst die „Instrumente" des Staates für makroökonomische Manipulationen keine mechanischen Hebel an einer Maschine sind; auch sie unterliegen der Psychologie. Ist Ihnen der wachsende Steuerkonservatismus des Staates in den vergangenen zehn Jahren aufgefallen? Selbst Demokraten pflegen die Tugenden eines ausgeglichenen Haushalts. Das ist eine Umwälzung des Denkens, und genau dies ist die letztliche Ursache von Trends wie Inflation und Deflation.

Endspiel

Die Abwesenheit einer Lösung für das Problem der Deflation beruht auf der Tatsache, dass das Problem aus den früheren Exzessen resultiert. Ähnlich wie das unangenehme Gefühl eines Drogenentzuges kann man auch das unangenehme Gefühl eines Kreditentzuges nicht umgehen. Vor Jahren wäre noch Zeit gewesen, über die Vermeidung einer systemweiten Deflation nachzudenken. Jetzt ist es dafür zu spät.

Es ist nicht wichtig, wie es passiert; im passenden psychologischen

Umfeld wird die Deflation siegen, zumindest am Anfang. Die heutigen Menschen, die in der angenehmen expansiven Atmosphäre der Superzyklus-Welle (V) aufgewachsen sind, zitieren gerne das bekannte Sprichwort: „Kämpfe nicht gegen die Fed an." Jetzt, wo sich das Umfeld langsam ändert, glaube ich, dass der Schlachtruf der wahren Weisen lauten sollte: „Kämpfe nicht gegen die Wellen an."

Hyperinflation

Ich sehe zwar keine Kräfte, die einer Deflation entgegenwirken könnten, aber nach einer Deflation ist das anders. Am Tiefpunkt, wenn kaum noch Kredit übrig ist, der vernichtet werden könnte, könnte eine Inflation der Währung auftreten, vielleicht sogar eine Hyperinflation. Eigentlich glaube ich sogar, dass dieses Ergebnis im nächsten Kondratieff-Zyklus sehr wahrscheinlich ist.

Wenn ein Staat eine Politik der Hyperinflation betreibt, so wie es in den Konföderierten Staaten in den 1860er-Jahren der Fall war, im Deutschland der 20er-Jahre und in Frankreich nach dem Zweiten Weltkrieg, dann entwickelt sich das Geld zwar vollkommen anders als in einer Deflation, aber ironischerweise ist das Endergebnis fast das gleiche wie bei einem deflationären Crash. Am Ende der Hyperinflation ist die Gesamtheit der Bankkonten in der Hyperinflationswährung sehr viel weniger wert als zuvor, und manche sind gar nichts mehr wert. Die Schulden haben abgenommen oder sind verschwunden, weil sie auf das abgewertete Geld lauteten. In besonders schweren Fällen verschwindet sogar das Geld. In diesem Sinne hat auch eine Hyperinflation die Vernichtung von Geld und Kredit zur Folge, und das ist Deflation.

Die Märkte werden eine Inflation signalisieren

Trotz des Gesagten erkenne ich an, dass es massive internationale Geldströme gibt, dass Zentralbanken erfindungsreich sein können und dass die Politik umschwenken kann. Vielleicht besteht die Möglichkeit, dass die Inflation weltweit oder lokal in naher Zukunft wieder anzieht. Wie können Sie feststellen, ob meine Deflationsbehauptung falsch ist und ob Inflation oder Hyperinflation anstatt der Deflation auftreten?

Es gibt zwei empfindliche Barometer für bedeutende Währungstrends. Eines ist der Devisenmarkt. Wenn der Kurs des Dollar gegenüber anderen Währungen zu bröckeln beginnt, dann könnte das bedeuten, dass der Markt eine Dollar-Inflation befürchtet, aber es könnte auch einfach bedeuten, dass die Deflation von in anderen Währungen notierten Krediten schneller verläuft als die der Dollar-Kredite. Das zweite und wichtigere Währungsbarometer ist der Goldmarkt. Wenn der Goldpreis in Dollar steigt, dann befürchtet der Markt mit Sicherheit eine Inflation. Der Anleihenmarkt eignet sich eher nicht als Inflationsbarometer, weil in beiden Fällen weite Teile davon fallen. Ich hoffe, dass ich Gold zu niedrigen Preisen in der Nähe des Deflations-Tiefs empfehle, aber wenn der Goldpreis über 400 Dollar pro Feinunze steigen sollte, dann würde ich wahrscheinlich zu der Überzeugung gelangen, dass ein größeres Tief hinter uns liegt. Die Kapitel 18 und 22 zeigen Ihnen, wie Sie sich gleichzeitig gegen Deflation und den Verfall des Dollar schützen können.

Hohe Komplexität

Die Aktien durchlaufen jetzt keinen Superzyklus-Kamm wie 1929, sondern den Gipfel eines Großen Superzyklus, siehe Abbildung 4-1. Das bedeutet, dass die Konsequenzen am Ende – wenn nicht gar sofort – schwerer und verwirrender sein werden als nach dem Crash 1929 bis 1932. Wie in Kapitel 5 von *At the Crest of the Tidal Wave* erklärt, dürfte die Welle ((IV)) des Großen Superzyklus etwa ein Jahrhundert dauern und zwei bis drei größere Baissen beinhalten, unterbrochen von ein bis zwei Haussen. In diesem Buch geht es vor allem um den ersten Bärenmarkt, auch wenn die beiden vorangegangenen Abschnitte versucht haben, auch langfristigere Risiken zu skizzieren. Da sich die Finanzwelt in mehrfacher Hinsicht in unbekannten Gewässern befindet, kann dieses Buch nicht auf alles eine Antwort bieten.

Buch Zwei

Wie Sie sich vor Deflation und Depression schützen und sogar davon profitieren

„[...] doch Philamis [...] ging wie früher seines Weges [...] er dachte, auf die Flut würde keine Ebbe folgen und die Melodie würde kein Ende haben."

Thomas Lodge, Euphues´ Shadowe (1592)

Zu Ihrer Sicherheit

Alle in diesem Buch vorgestellten Handlungsempfehlungen sind in allen Demokratien der Welt nach westlichem Muster erlaubt. Sollte gegenwärtig oder künftig geltendes für den Leser verbindliches Recht eine finanzielle oder sonstige in diesem Buch vorgeschlagene Handlungsweise verbieten, dann betrachte der Leser jegliche anders lautende Behauptung als null und nichtig und handle im Einklang mit den geltenden Gesetzen. Weder der Autor noch der Verleger agieren als Portfolio-Manager, Wertpapierberater, Berater für den Rohstoffhandel, Anwalt, Wertpapier-Emittent oder Broker. Zu keinem Zeitpunkt befürworten der Autor oder der Verleger den Kauf eines bestimmten Finanzgutes oder einer bestimmten Finanzdienstleistung durch den Leser. Wenn Sie persönlichen Rat suchen, nehmen Sie bitte die Dienste eines kompetenten Profis in Anspruch.

Kapitel 14
Vorbereitungen treffen und Maßnahmen ergreifen

Die letztendliche Wirkung der Deflation ist die Verminderung des Geld- und Kreditaufkommens. Ihr Ziel ist es sicherzustellen, dass sie nicht Ihr Geld und Ihren Kredit mindert. Die letztendliche Wirkung einer Depression ist der finanzielle Ruin. Ihr Ziel ist es sicherzustellen, dass sie nicht Sie ruiniert.

Viele Anlageberater tun so, als sei es leicht, durch Investitionen Geld zu verdienen. Das stimmt nicht. Es ist dagegen leicht, Geld zu verlieren, und die meisten Anleger tun dies auch. Vielleicht machen sie eine Zeitlang Gewinn, aber am Ende machen sie Verlust. Es kann schon als gute Leistung gelten, wenn man das Investierte bewahrt. Und dieses Buch soll Ihnen dazu verhelfen, dass Ihnen dies in dem denkbar schlechtesten finanziellen Umfeld gelingt.

Wenn man erst einmal weiß, was zu tun ist, ist es recht einfach, sein flüssiges Vermögen gegen einen deflationären Crash und eine Depression zu schützen. Die Bewahrung der anderen Vermögenswerte und die Sicherung des Lebensunterhalts können dagegen ernste Schwierigkeiten bereiten. Zu wissen, wie man dazu vorgeht, ist der schwierigste Teil der Aufgabe, und über dieses Thema schreibt normalerweise auch niemand. Das vorliegende Buch soll dieser Situation abhelfen.

Sich für die passenden Maßnahmen bereit machen

Wenn es zu einem Crash und zu einer Depression kommt, dann

verlieren Aktien 90 Prozent und mehr ihres Wertes, Investmentfonds brechen zusammen, Mitarbeiter werden entlassen, die Arbeitslosenquote steigt, Unternehmen und Kommunen machen Bankrott, Banken und Versicherungen melden Konkurs an, und schließlich treten Finanz- und politische Krisen auf. Der Durchschnittsbürger, der von den Gefährdungen des Finanzsystems keinen blassen Schimmer hat, ist schockiert, dass solche Dinge sich ereignen können – trotz der Tatsache, dass sie sich im Laufe der Geschichte immer wieder ereignet haben.

Wer nicht darauf vorbereitet ist, dessen Lebensweg kann einen bedeutenden Bruch erleiden. Wer darauf vorbereitet ist, kann während des Crashs und der darauf folgenden Erholungsphase außergewöhnliche Gewinne ernten. Zuallererst sollten Sie dafür sorgen, dass Sie kein untotes Opfer der Depression werden.

Die gute Nachricht ist, dass die Depression nur von relativ kurzer Dauer sein dürfte, auch wenn sie während ihres Verlaufs wohl eine Ewigkeit zu dauern scheint. Die längste bekannte Depression der Vereinigten Staaten dauerte drei Jahre und fünf Monate, von September 1929 bis Februar 1933. Der längste anhaltende Niedergang der Börse dauerte sieben Jahre, von 1835 bis 1842, und war mit zwei Depressionen in unmittelbarer Nachbarschaft verknüpft. Da die jetzt zu erwartende Trendwende um eine Größenordnung höher steht, müsste der Rückschlag zwar entsprechend schwer ausfallen, aber im Verhältnis zum vorangegangenen Aufstieg dürfte er trotzdem relativ kurz sein.

Die richtigen Schritte unternehmen

Zahllose Berater preisen zur Pflege Ihrer Investitionen Patentrezepte wie „nur Aktien", „nur Gold", „Diversifizierung", „ein ausgeglichenes Portfolio" und andere an. Diese Ansätze sind in der Regel trügerisch. Auf den folgenden Seiten werde ich Ihnen klar machen, dass keine Anlagestrategie für immer Stabilität bietet. Man muss wendig sein, größere Trends frühzeitig erkennen und entsprechend handeln. Das Folgende bietet meiner Meinung nach eine gute Richtschnur, aber es ist eben nicht mehr als eine Richtschnur.

Das wichtigste Anlageziel unter Crashbedingungen ist Sicherheit. Wenn die Deflation lauert, ist fast jede Anlagekategorie mit immen-

Wozu soll das gut sein?

sen Risiken verbunden. Die meisten Investoren haben von diesen Risiken keine Ahnung und werden Sie für verrückt erklären, wenn Sie Vorkehrungen dagegen treffen.

Viele Leser werden sich gegen gewisse Vorsichtsmaßnahmen wehren, weil sie angeblich teuer sind. Zum Beispiel: „Ich kann keinen Gewinn mitnehmen, denn dann muss ich Steuern zahlen." Meine Antwort darauf lautet, dass Sie keine Steuern zahlen müssen, wenn Sie nicht wollen; Ihr Gewinn wird dann eben zum Verlust, und dann brauchen Sie keine Steuern zu zahlen. Ein anderes Beispiel: „Ich kann meine Aktien nicht gegen Bargeld eintauschen, die Zinsen betragen nur zwei Prozent!" Darauf sage ich, wer sich mit zwei Prozent

Jahresgewinn nicht abfinden will, der soll es lassen; dann bekommt er eben 30 Prozent Jahresverlust. Wieder andere sagen: „Ich kann mir meinen Pensionsfonds nicht in bar auszahlen lassen, da muss ich doch eine Strafgebühr entrichten!" Darauf sage ich, nehmen Sie das Geld, bevor keins mehr zu holen ist. Und dann gibt es noch das ehrenwerte „Ich kann jetzt nicht verkaufen, da würde ich doch Verlust machen!" Ich sage nein, Sie retten dadurch Kapital, das Sie besser einsetzen können. Ich rate immer dazu, den richtigen Schachzug zu tun; die Kosten kümmern sich um sich selbst.

Wenn Sie mit kleinkarierten Sorgen beschäftigt sind oder blind der herrschenden Meinung folgen, dann müssen Sie jetzt aufwachen, solange noch Zeit ist, und Ihre persönlichen Finanzen aktiv in die Hand nehmen. Als Erstes müssen Sie Ihr Kapital, Ihre Person und Ihre Familie sichern. Dann erst können Sie sich an die Suche nach Möglichkeiten machen, während des Crashs und insbesondere danach Geld zu verdienen.

Wie der Titel des vorliegenden Buches schon sagt, soll es Sie dazu anleiten, Ihre Finanzen vor einer deflationären Depression zu organisieren, egal ob sie – wie ich erwarte – jetzt auftritt oder nicht. Auch wenn ich mir wünsche, dass dieses Buch über die aktuelle Situation hinaus Wert besitzt, sind einige Aspekte meiner Empfehlungen naturgemäß zeitgebunden. Wenn Sie heute wissen wollen, wo Sie besonders solide Banken, Versicherer und andere Dienstleister finden, wenn Sie die sichersten Einrichtungen der Welt zur Aufbewahrung Ihres Vermögens ausfindig machen wollen, ob nun in Form papierner Finanzinstrumente oder physischer Vermögenswerte wie beispielsweise Edelmetallen, dann finden Sie die Antworten in den folgenden Kapiteln. Aber nach einer gewissen Zeit mögen die besten Institutionen und Dienste von heute vergessen sein und andere ihren Platz eingenommen haben. Zumindest ein paar Jahre lang werden wir die betreffenden Informationen unter www.elliottwave.com/conquerthecrash kostenlos aktualisieren. Wenn Sie aber dieses Buch erst in 50 Jahren lesen, dann müssen Sie sich vielleicht selbst nach den passenden Investitionsmöglichkeiten und Dienstleistern Ihrer Zeit umsehen. Trotzdem dürfte die allgemeine Natur Ihrer Ziele weitgehend dem hier Dargestellten entsprechen.

Die meisten Menschen haben keinen blassen Schimmer, wie sie ihre Anlagen auf einen deflationären Crash und eine Depression vorbereiten können. Daher sind die entsprechenden Methoden heutzutage fast schon Geheimwissen. Die folgenden Kapitel zeigen Ihnen ein paar Schritte, die Ihre Finanzen gegen fast alles absichern, das in einem solchen Umfeld auf sie einstürzen kann.

Kapitel 15:
Sollte man in Anleihen investieren?

Eine landläufige Meinung, die wir im Zusammenhang mit Geldanlage in einer deflationären Depression immer wieder zu hören bekommen, ist die Behauptung, langfristige Anleihen seien die bestmögliche Investition. Diese Behauptung ist falsch. Alle von einem nicht zahlungsfähigen Schuldner ausgegebenen Anleihen fallen in einer Depression auf null. Während der Großen Depression wurden die Anleihen vieler Unternehmen, Kommunen und Regierungen zermalmt. Als ihre Emittenten pleite waren und in Konkurs gingen, wurden sie zu wertlosem Papier. Die Anleihen verdächtiger Emittenten fielen zumindest für eine gewisse Zeit in den Keller. Machen Sie sich klar, dass während eines Crash niemand weiß, wie tief er gehen wird und dass so gut wie jeder Angst bekommt. Das bringt Investoren dazu, Anleihen fast aller Emittenten zu verkaufen, deren eventuellen Bankrott sie befürchten. Und auch wenn die Menschen den Anleihen trauen, die sie halten, sind sie manchmal gezwungen zu verkaufen, weil sie Bargeld für ihren Lebensunterhalt brauchen. Aus diesem Grund können auch die sichersten Anleihen zumindest vorübergehend an Wert verlieren, so wie es 1931 mit AAA-Anleihen geschehen ist.

Abbildung 15-1 zeigt, was mit Anleihen verschiedener Einstufungen während des letzten deflationären Crashs passiert ist. Abbildung 15-2 zeigt, was mit dem aus 40 Titeln bestehenden Dow Jones 40-Bond Average geschah; er büßte in vier Jahren 30 Prozent seines

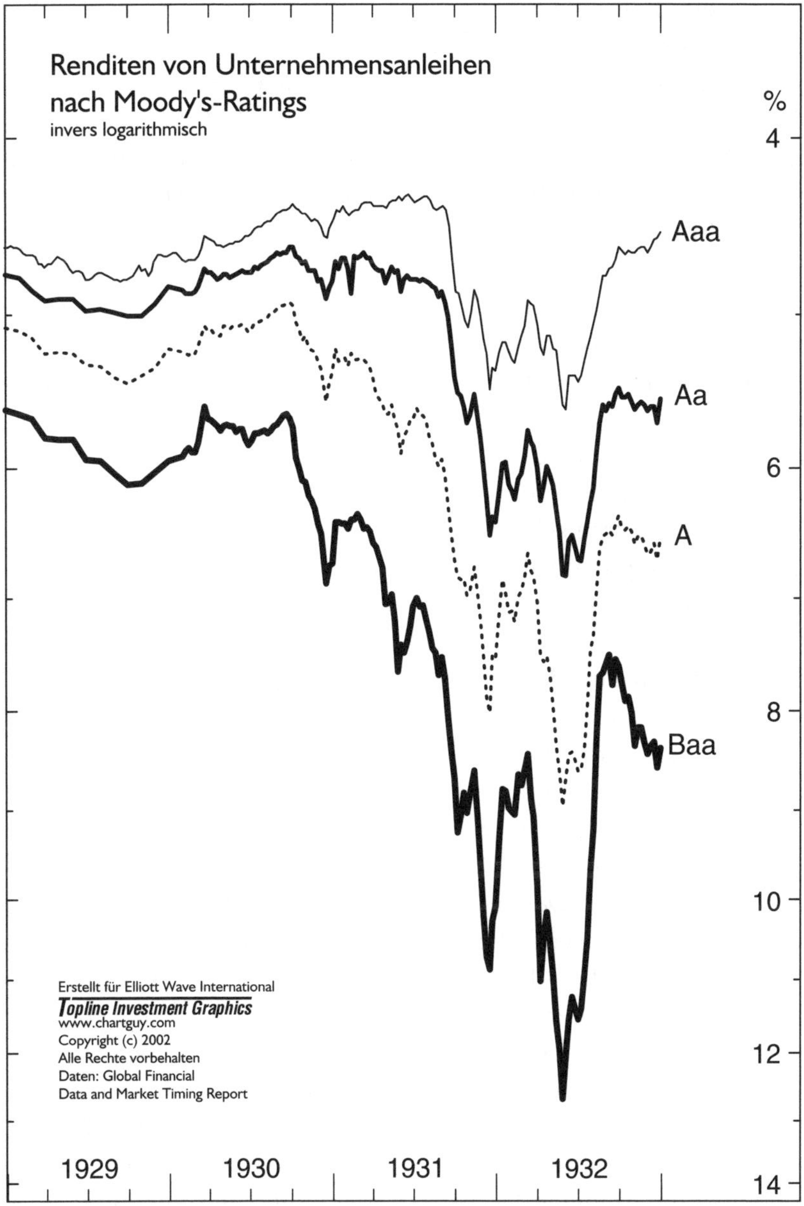

Abbildung 15-1

Wertes ein. Beachten Sie, dass der Zusammenbruch zu Beginn der 30er-Jahre die Anleihenkurse unter – und die Zinsen über – das Niveau drückte, das sie im Jahre 1920 am Höhepunkt der heftigen Inflation der 10er-Jahre erreicht hatten. Abbildung 15-3 zeigt eine vergleichbare Zahlenreihe (den Bond Buyer 20-Bond average) aus den letzten Jahrzehnten. Bemerken Sie, wie ähnlich das Muster dem der Jahre 1915 bis 1928 ist. Wenn die Anleihen einen ähnlichen Verlauf nehmen wie in den 30er-Jahren, dann fallen die Kurse unter das 1981er-Tief, und die Zinsen übertreffen den aus jenem Jahr stammenden Spitzenwert von 13 Prozent.

Normale Analysten, die sich nicht intensiv mit der Großen Depression auseinandergesetzt haben oder die erwarten, dass sich die Anleihen „antizyklisch" zu den Aktien verhalten, werden darüber schockiert sein, dass ihre Anleihen zusammen mit dem Aktienmarkt an Wert verlieren. Ironischerweise werden Wirtschaftsexperten den ersten Abschwung der Anleihen als Anzeichen für Inflation und Erholung betrachten, auch wenn sie in Wahrheit das Gegenteil sein wird.

Das Gespenst der Herabstufung

Das Hauptproblem der hier gezeigten Charts besteht darin, dass sie nicht die vollen Auswirkungen von Herabstufungen zeigen. Sie zeigen für jeden Zeitpunkt die Rendite von Anleihen bestimmter Qualität. Anleihen, die zu Beginn der Depression als AAA oder BBB eingestuft sind, behalten dieses Rating im Allgemeinen nicht während der gesamten Dauer. Viele bewegen sich zielstrebig auf D zu und werden dann wegen Insolvenz nicht mehr notiert. Abbildung 15-1 berücksichtigt diese Kurskatastrophen nicht. Genauso wie bei Aktienindizes die Unternehmen ersetzt werden, die unterwegs pleite machen, tauschen auch die Betreiber der in den Abbildungen 15-2 und 15-3 dargestellten Anleihenindizes die Papiere aus, deren Ratings zu weit abfallen. Die Graphen bieten zwar einen Furcht erregenden Anblick, aber sie können das wahre Elend, das eine Depression über die Anleihen-Investoren bringt, nicht wiedergeben.

Hochverzinsliche Anleihen

Wenn die Rating-Agenturen eine Anleihe zwischen BBB und AAA

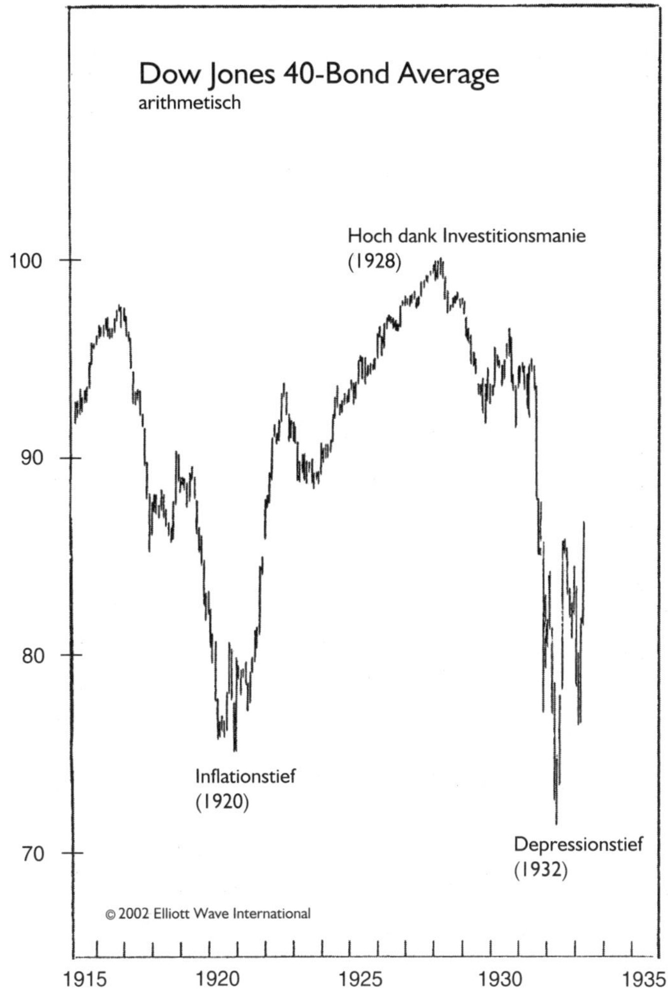

Abbildung 15-2

einstufen, dann heißt das, dass sie als sichere Anlage gilt. Alles von BB aus abwärts gilt als spekulativ, es besteht also die Gefahr, dass der Schuldner eines Tages in Konkurs geht. Je niedriger das Rating, desto höher das Risiko. Aufgrund dieses Risikos bezeichnet die Wall Street in einem seltenen Anflug von Ehrlichkeit Anleihen ab BB abwärts als „Junk Bonds" – zu deutsch als Müll. Solche Anleihen wer-

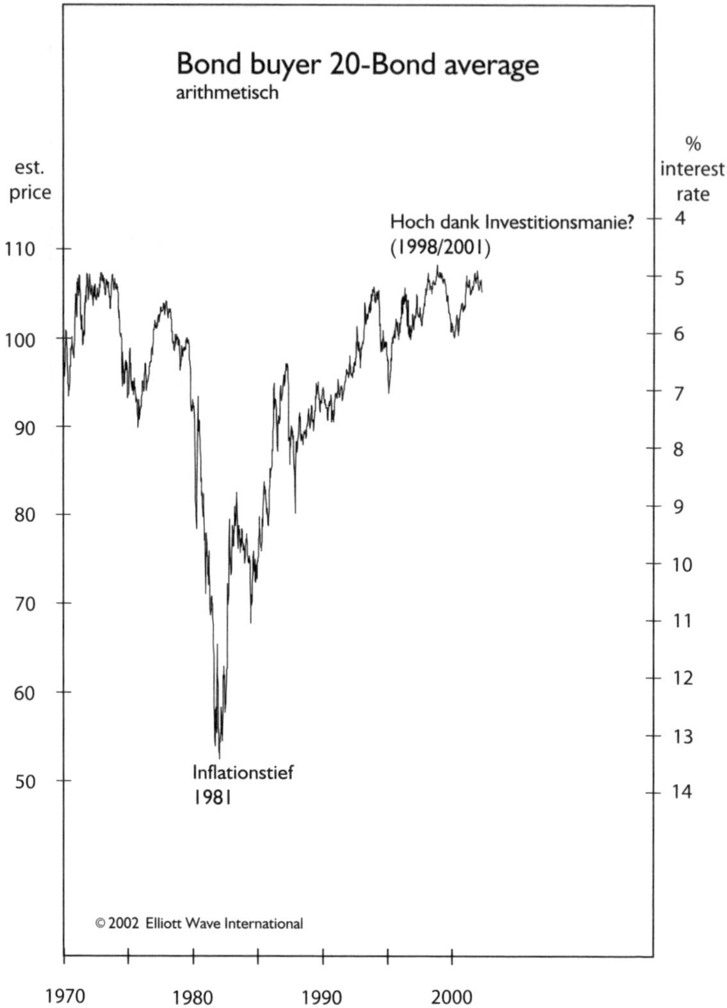

Abbildung 15-3

fen augenscheinlich einen „hohen Zins" ab, und deshalb kaufen die Menschen sie trotzdem.

Aber genau diese Rendite wälzt das Risiko auf den Wert ab. Ist die Wirtschaftslage schlecht, fällt es den Unternehmen und Kommunen, die Anleihen mit hohen Renditen ausgegeben haben, zunehmend schwerer, ihre Zinsen zu bezahlen. Die Preise solcher Anleihen fal-

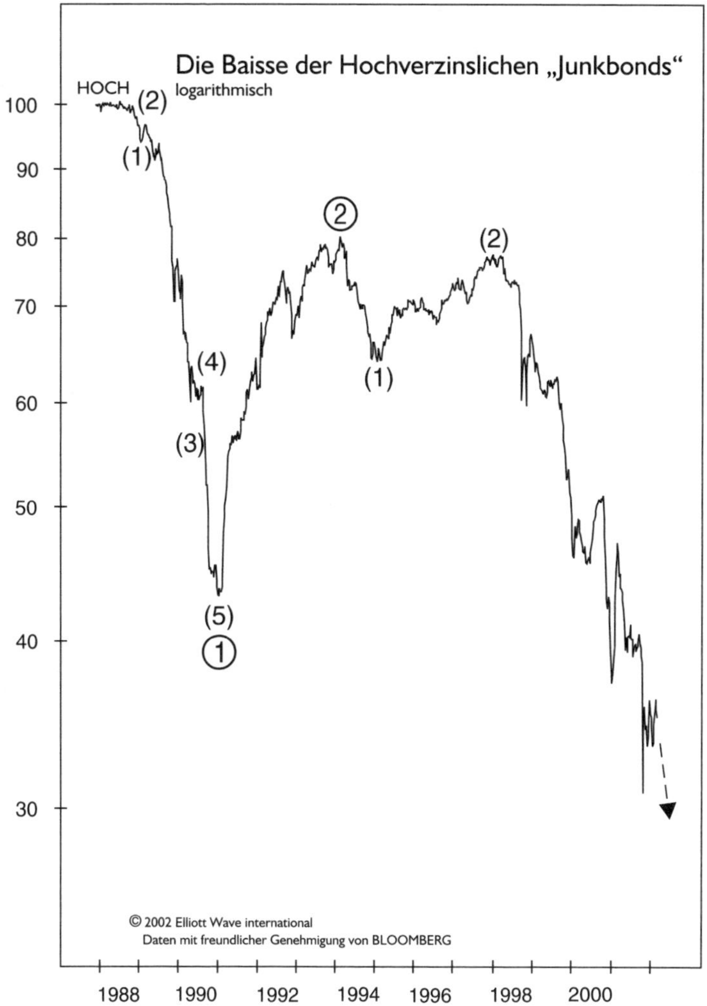

Abbildung 15-4

len, wenn die Anleger ein höheres Risiko wahrnehmen und sie verkaufen. Das tatsächliche Ergebnis ist in solchen Fällen eine niedrige oder eine negative Rendite, insbesondere wenn der Emittent Konkurs anmeldet und der Wert verschwindet.

Das Gegenteil trifft dagegen nicht unbedingt zu. Man sagt uns, dass hochverzinsliche Anleihen bei guter Wirtschaftslage sicher sind, weil die wirtschaftliche Expansion zu guten geschäftlichen Bedingungen führt, was wiederum dem Unternehmen zugute kommen soll, das die Anleihe ausgegeben hat. Kann man sich auf diese Argumentation verlassen? Abbildung 15-4 zeigt, was mit den Junk Bonds in den vergangenen 14 Jahren passiert ist. Sie sehen, dass sie einen Wertverfall erlitten haben, obwohl die Wirtschaft die meiste Zeit wuchs. Zumindest im Hinblick auf diesen Typ von Schuldverschreibungen war der verstorbene Franz Pick, der Anleihen als „Zertifikate der garantierten Beschlagnahmung" zu bezeichnen pflegte, keine boshafte Übertreibung.

Seit einigen Wochen versichern Ratgeber ihren Lesern, die Rezession gehe zuende und daher sei jetzt der „perfekte Zeitpunkt" für den Kauf der „am Boden liegenden" Junk Bonds. Neben diesen Junk Bonds werden in den kommenden Jahren auch die Idioten am Boden liegen, die sie kaufen. Bereits 1988 habe ich eine Analyse veröffentlicht, in der ich den Lesern einschärfte, Junk Bonds gänzlich zu meiden. Ich fügte hinzu: „Wenn Sie eine Möglichkeit finden, Junk Bonds zu shorten, dann tun Sie es." Das war, als ihr Abstieg begann. Die „hohe Verzinsung" ist eine Chimäre, denn die Preise sind seither um durchschnittlich 70 Prozent gefallen. Die meisten entsprechenden Titel steuern in gerader Linie auf den Bankrott zu.

Anleihen mit einer hohen Einstufung heute

Glauben Sie nicht, dass Sie sicher sind, wenn Sie Anleihen mit einer Einstufung von BBB oder höher kaufen. Die heute vorhandende beispiellose Masse von verwundbaren Anleihen steht am Rande eines Wasserfalls der Herabstufung. Viele Anleihen, die derzeit als „erstklassig" („investment grade") geratet sind, werden auf Junk-Status herabgestuft und dann in Konkurs gehen. Die Herabstufungen werden gleichzeitig mit dem Kursverfall stattfinden, so dass es keine Vorwarnung geben wird. Wenn die Talfahrt einmal begonnen hat, glaube ich nicht, dass die Herabstufungen durch die Rating-Agenturen mit den tatsächlichen Erfordernissen werden Schritt halten können.

Bei Staatsanleihen kommt auch noch das politische Risiko hinzu. Seit jeher lassen Regierungen im Krisenfall ihre Gläubiger sitzen, und kein Staat ist gegen dieses Mittel zur Lösung seiner Finanzprobleme gefeit. Vor allem neue Regierungen nehmen auf vor ihrer Zeit verschwenderisch gewährte Kredite eventuell wenig Rücksicht.

Heute besitzen Millionen von Einzelpersonen und Institutionen steuerfreie Kommunalobligationen. Auch wenn es sicher viele Ausnahmen gibt, ist dieser Anleihentyp der riskanteste unter den beliebten Staatspapieren. In den Vereinigten Staaten können Kommunalobligationen jederzeit verfallen, wenn die Zeiten härter werden. In vielen Gegenden haben die Politiker so viel Geld geborgt oder ausgegeben, dass eine Rückzahlung unwahrscheinlich ist. Für viele Emittenten ist in wirtschaftlich rauen Zeiten alleine schon die Zahlung der Zinsen ein akutes Problem. In solchen Fällen ist es unvermeidlich, dass zahlreiche Städte und Counties insolvent werden. Wenn der schlimmste Fall eintritt, dann sind auch die Schuldverschreibungen von Regierungsbehörden höherer Ebene einem schweren Insolvenzrisiko ausgesetzt.

Entscheidung für oder gegen Anleihen?

Wenn also die landläufige Meinung falsch ist, wie sind dann Investmentchance und -risiko von Anleihen in einer deflationären Depression korrekt einzuordnen? Folgendermaßen: Jede Anleihe, die zu Beginn der Depression als AAA eingestuft ist und während der gesamten Depression auf AAA bleibt, ist eine befriedigende Investition. Aber wie soll man herausfinden, welche Anleihen das sind? In Kapitel 25 werden wir sehen, dass man sich in Krisenzeiten nicht auf Ratingagenturen verlassen kann.

Wenn Crash und Depression eintreten, werden einige Unternehmen, deren Produkte oder Dienstleistungen in einem solchen Umfeld wichtig sind, zu Spezialfällen, und ihre Anleihen werden als gute Anlage glänzen. Unglücklicherweise habe ich nicht die Sachkenntnis, um die Hand voll langfristiger Unternehmensanleihen herauszupicken, die ihren Wert in einem deflationären Crash bewahren werden. Ich kann nur darüber spekulieren, welche ganz offensichtlich zu den schlechtesten gehören werden, aber da man keine einzelnen Anleihen shorten kann, ergäbe eine Auflistung keinen Sinn.

Wenn die Kurse für Schuldpapiere fallen, steigen die Renditen.

Wenn Sie in langfristige Anleihen investiert sind, haben Sie nur Schwierigkeiten mit dem Aspekt der „fallenden Kurse". Besser ist es, kurzfristige Schuld-Instrumente zu kaufen, die man zu immer höheren Renditen umschlagen und so die Kursverluste deutlich ausgleichen kann. Im Interesse der Sicherheit ist es also grob gesprochen besser, kurzfristige Schuldpapiere zu besitzen als langfristige. Mit dieser Option werden wir uns in Kapitel 18 befassen.

Kapitel 16:
Sollte man in Immobilien investieren?

Anleihen sind also riskant. Aber wir wissen alle, dass der Wert von Grundbesitz niemals verfällt, oder?

Nach den Aktienerfahrungen der Jahre 2000/2001 sagen die Menschen: „Vielleicht können Aktien von Zeit zu Zeit für ein paar Monate fallen, aber die Immobilienpreise nicht; das gab es noch nie." Sie sagen das, weil Immobilien das letzte sind, das im Zuge der Großen Manie der Vermögenswerte immer noch auf den Höhepunkt zustrebt; aber auch sie werden im Zusammenhang mit der deflationären Depression fallen. Während der Depression der 30er-Jahre verfielen die Preise für Grundbesitz. Nur Wenige wissen, dass viele Werte, die mit Grundbesitz in Verbindung stehen – zum Beispiel Mieten – auch noch während des größten Teils der 40er-Jahre fielen, als sich die Aktien schon wieder wesentlich erholt hatten.

Das Schlimmste an Immobilien ist die mangelnde Liquidität in Bärenmärkten. Auf dem Aktienmarkt ist es wenigstens so, dass Sie, wenn Ihre Aktie 60 Prozent gefallen ist und Sie feststellen, dass Sie einen kapitalen Fehler begangen haben, Ihren Broker anrufen und aussteigen können (es sei denn, Sie sind ein Investmentfonds, eine Versicherung oder eine andere Institution mit Millionen von Aktien, denn dann stecken Sie fest). Sie können aber nicht den Telefonhörer nehmen und eine Immobilie verkaufen. Wenn Sie Ihr Haus verkaufen wollen, müssen Sie einen Käufer finden. In einer Depression verschwinden die Käufer einfach. Mama und Papa ziehen bei den Kindern ein oder die Kinder ziehen bei Mama und Papa ein. Manche Menschen wohnen im Büro oder erledigen ihren Bürojob in ihrer Wohnung. Geschäfte schließen. Schon bald kommt es zu einer großen Immobilienschwemme.

Im Anfangsstadium der Depression machen sich die Verkäufer noch Illusionen über den wahren Wert ihres Besitzes. Sie bieten ihr Haus teuer an, weil sie sich an dem orientieren, was es im letzten Jahr wert war. Ich kenne Menschen, die genau das jetzt tun. Aufgrund dieser Sturheit werden weniger Immobilien umgesetzt. Ab einem gewissen Punkt geben vereinzelte Besitzer auf und verkaufen viel niedriger. Die anderen sind gezwungen, ebenfalls ihre Preise zu senken. Wie könnte in diesem Moment die Käuferpsychologie aussehen? „Na klasse, die Immobilienpreise fallen die ganze Zeit. Warum sollte ich mich da beeilen? Ich warte ab, bis sie noch tiefer fallen." Je tiefer sie fallen, desto länger will der Käufer warten. So entsteht eine Abwärtsspirale.

Wann Immobilien fallen

Die Immobilienpreise sind immer dann kräftig gefallen, wenn die Aktienkurse kräftig gefallen sind. Abbildung 16-1 verdeutlicht diese zuverlässige Beziehung.

Die erdrückenden Indizien für einen größeren Börsenabschwung, die in den Kapiteln 4 bis 7 präsentiert wurden, reichen an sich schon aus, um vorauszusehen, dass die Immobilienpreise purzeln werden. Schuld an einem solchen kombinierten Niedergang ist gewöhnlich eine Kredit-Deflation. Wenn es je eine Zeit gab, die auf einen solchen Niedergang deutet, dann jetzt.

Die Gewährung von Krediten

Was heute nach einer „Blase" im Immobilienbereich geradezu schreit – nach einer riesigen, historischen Blase – ist die systemweite Gewährung massiver Kredite zur Finanzierung von Immobilienkäufen. Als Resultat ist der Anteil der Amerikaner, die dem Namen nach „Hausbesitzer" sind – mithilfe von 7,6 Billionen US-Dollar Grundschulden –, so hoch wie nie zuvor. Zwei Drittel davon haben

Abbildung 16-1

Schulden in Höhe von zwei Dritteln des Hauswertes plus Zinsen, und beide Anteile steigen in Riesenschritten.

In vielen Fällen können die Menschen Häuser mit einer geringen Anzahlung oder ohne Anzahlung kaufen. Sie können den gesamten Wert des Hauses refinanzieren. „Wie kann das sein?", werden Sie fragen. „Werden nicht mindestens 20 Prozent Eigenkapital verlangt?" Nun ja, irgendwie schon. Eigentlich werden Kreditinstitute bestraft, wenn sie eine nicht versicherte Hypothek zu mehr als 80 Prozent beleihen. Im Falle einer Versicherung, die nicht schwer zu bekommen ist, steigt die Grenze auf 90 Prozent. Mit Genehmigung der VA oder der FHA kann sie auf 95 Prozent steigen. „Erstklassige

Schuldner" können auf den Schätzwert eines Hauses 125 Prozent Kredit aufnehmen.

Und wenn keine dieser Ausnahmeregelungen anwendbar ist? Insider können Ihnen an einem ruhigen Samstagnachmittag erzählen, dass viele Banken die Absichten umgehen, die hinter den Gesetzen zur Sicherung des Eigenkapitals stehen. Nehmen wir das Beispiel eines Hausbesitzers, der den vollen Wert von 500.000 US-Dollar refinanzieren will; die Bank darf ihm nur 80 Prozent des Wertes seines Grundbesitzes leihen, also 400.000 US-Dollar. Wenn der Hausbesitzer die halbe Million trotzdem will, dann schickt die Bank einen Sachverständigen, der auf magische Weise herausfindet, dass der Besitz in Wahrheit 625.000 US-Dollar wert ist. Alles klar? 80 Prozent von 625.000 Dollar sind 500.000 Dollar. Der Hausbesitzer hat seinen 100-Prozent-Kredit, die Bank bekommt mehr Zinsen und den Vorschriften ist Genüge getan. Wenn man kreativ ist, kann man sogar mehr als 100 Prozent herausquetschen. Das Prinzip (und später vielleicht das Grundkapital) wird über den Haufen geworfen, ohne dass jemand hinterher schlauer ist, zumindest so lange bis einen der Bärenmarkt zur Vernunft bringt.

Das Problem bei solchen Methoden ist, dass ihr Erfolg und ihr Bestand von stetig steigenden Immobilienpreisen abhängt. Wenn die Bank ein solches Darlehen vergibt, dann gehört ihr das Haus in vollem Umfang. Dann bedeutet jeder Wertverlust einen Wertverlust des Kapitals der Bank. Wenn die Bank dagegen ein Haus nur zur Hälfte beleiht, dann kann der Wert um die Hälfte fallen, und trotzdem kann sich die Bank durch den Verkauf des Hauses das gesamte Guthaben zurückholen. Wenn die neuesten Methoden der „kreativen Finanzierung" angewendet werden, ist das Geld der Einleger den Marktrisiken schutzlos ausgeliefert.

Bankdarlehen an Hauskäufer sind ja schon schlimm genug, aber vom Staat geförderte Hypothekenbanken – die Federal National Mortgage Corp. (Fannie Mae), die Federal Home Loan Mortgage Corp. (Freddie Mac) und die Federal Home Loan Bank haben Hypothekenkredite in Höhe von drei Billionen US-Dollar vergeben. Große Finanzinstitute investieren tatsächlich in große Pakete solcher Hypotheken, eine Investition, die sie und ihre Kunden (zu denen vielleicht auch Sie gehören) mit Sicherheit noch bereuen werden. Das Magazin *Money* berichtete im Dezember 2001, dass der CEO von Fannie Mae der „vielleicht vertrauensvollste CEO Amerikas ist". Es ist zu hoffen, dass seine Aktionäre, Kunden und Hypothekeninvestoren dieses Gefühl teilen, denn Vertrauen ist das einzige, was dieses riesige Kartenhaus aufrecht erhält. Wenn die Immobilienpreise in einem deflationären Crash zu fallen beginnen, werden die Kreditgeber bei einer wachsenden Zahl ihrer Hypotheken Insolvenzen erleben. Ich schätze, das Schatzamt wird den Kredit von sieben Milliarden US-Dollar verlieren, den sie den erwähnten quasi-staatlichen Institutionen per Gesetz einräumen muss, und wenn sie versucht sie auszulösen vielleicht noch mehr.

Und noch ein weiterer Trend der letzten Jahre verschlimmert die prekäre Situation im Hypothekenbereich. Viele Menschen haben ihre Häuser bis auf den letzten Pfennig belastet. Sie haben private Hypothekenkredite aufgenommen, um sich Aktien, Fernsehgeräte, Autos und was immer das Herz gerade begehrt kaufen zu können. Diese weit verbreitete Praxis brütet eine schreckliche Katastrophe aus. Einen privaten Hypothekenkredit aufzunehmen bedeutet nichts anderes als den Hausbesitz im Austausch gegen beliebige andere Gegenstände, die man besitzen will, der Bank zu übertragen. Das ist ein übler Pfad, und er beruht auf dem extrem großen Vertrauen, das mit einem Hoch der gesellschaftlichen Stimmung einhergeht.

Wenn die Depression den Boden erreicht, besitzen die Banken viele, viele Häuser, während die Vorbesitzer auf der Straße stehen. Das ist nicht so schlimm, denn zumindest bekommen sie den Gegenwert ihrer Fernseher und Autos. Für die Einleger der Banken dagegen wird das eine Katastrophe, denn niemand wird die Häuser zum Hypothekenpreis kaufen. Das Guthaben steckt dann in toten Immobiliengeschäften und reduziert sich um 50 oder gar 90 Prozent oder (wie in der Großen Depression geschehen) noch weiter.

Die Kreditausdehnung stützt die Immobilienpreise, aber das kommt spät. Der dramatische Verfall der Zinsen im Jahre 2001 hat die Anzahl der Hausverkäufe auf Rekordhöhe getrieben, weil die Finanzierungsraten dadurch niedrig sind. Marginkäufer, die beobachtend abgewartet haben, wagen nun den Sprung. Im ganzen Land glauben die Menschen fast einstimmig, dies sei die letzte große Gelegenheit zum Hauskauf. Natürlich ist das Gegenteil der Fall: Es ist Ihre letzte Chance zu verkaufen. Der Markt wird so überkauft sein wie er nur werden kann, und die Zinssätze bieten nur noch wenig Spielraum, um noch mehr Darlehensnehmer anzuziehen.

Ein paar Dinge, die man tun kann

Mehr über die Aussichten für die Immobilienwerte finden Sie in Kapitel 20 von *At the Crest of the Tidal Wave*. In der Zwischenzeit können Sie folgende Schritte unternehmen:

- Meiden Sie Real Estate Investment Trusts (REITS), denn sie sind in Bärenmärkten die wohl schlechteste Investition im Immobilienbereich. Manche REITS, die Anfang der 70er-Jahre 100 US-Dollar pro Anteil wert waren, fielen bis Ende 1974 auf ein Viertel, und die meisten haben sich davon nicht wieder erholt. REITS werden öffentlich verkauft, weil diejenigen, die die entsprechenden Geschäfte abschließen, sie loswerden wollen. Zyklus um Zyklus fällt die Öffentlichkeit auf die REITS herein. Während des größten Teils von Haussen halten sich diese „Investments" recht gut, aber in Baissen sind sie eine Katastrophe.

- Wenn Sie im Immobiliengeschäft tätig sind, schließen Sie zügig die Verkäufe ab, die Sie begonnen haben und steigen Sie aus allen Immobilieninvestitionen aus, es sei denn, es sind Sonderfälle, über die Sie weit mehr wissen als der Markt. Warten Sie niedrigere Preise ab, bevor Sie erneut investieren.

- Wenn Sie eine große Hypothek auf eine teure Immobilie halten, die auf großen öffentlichen Zuspruch angewiesen ist, zum Beispiel ein Stadion, einen Spielsalon, einen Vergnügungspark, ein Kulturzentrum oder Ähnliches, dann denken Sie darüber nach, sie zu verkaufen oder zu versichern und weiterzuvermieten.

- Wenn Sie ein Banker sind, verkaufen Sie ihre hoch verzinslichen Hypotheken und tätigen Sie sicherere Investitionen.

- Wenn Sie Wohn- oder Geschäftsräume anmieten, achten Sie darauf, dass Sie entweder kurzfristig kündigen können oder dass es eine Klausel gibt, gemäß deren Sie die Miete mindern können, wenn vergleichbare Objekte bei Neuvermietung preiswerter vermietet werden.

- Wenn Sie eine bedeutende Hypothek auf McMansion oder Eigentumswohnungen halten, die Sie sich nur leisten können, wenn Ihr derzeitiges Einkommen weiter besteht, verkaufen Sie sie und steigen Sie auf etwas Vernünftigeres um. Wenn irgend möglich, dann schließen Sie sich dem Drittel der amerikanischen Hausbesitzer an, denen ihr Haus vollständig gehört. Verkaufen Sie notfalls auch unter Preis, um das zu schaffen. Mehr über dieses Thema finden Sie in Kapitel 29.

- Wenn Sie Ihr Haus als Konsumartikel betrachten und es auf dieser Basis behalten wollen, in Ordnung. Wenn Sie mit einer gemieteten Wohnung genauso glücklich sind wie mit einer eigenen, dann mieten Sie.

- Wenn die Depression den Boden erreicht, kaufen Sie das Haus, das Büro oder die Geschäftsräume Ihrer Träume für zehn Cents oder weniger pro Dollar seines Spitzenwertes.

Kapitel 17:
Sollte man in Sammelobjekte investieren?

Sammeln als Investition

Zu Investitionszwecken zu sammeln ist fast immer unsinnig. Kaufen Sie nie etwas, das als Sammlerstück vermarktet wird. Die Chance, Verlust zu machen, ist sehr groß, wenn das Sammeln im Preis eines Gegenstands berücksichtigt ist.

Normalerweise folgt die Sammelleidenschaft bestimmten Moden. Sie können kürzer oder länger anhalten, aber am Ende lösen sie sich auf. Die Inflation der 70er-Jahre trieb die Gold- und Silberpreise in die Höhe, so dass viel neues Interesse für seltene Münzen geweckt wurde. Was hat der Seltenheitsgrad von Münzen mit Inflation zu tun? Nichts.

Mit Ausnahme einiger weniger beständiger Meisterwerke folgt die Bewertung von Kunstobjekten regelmäßigen Zyklen. Das tun auch die Preise, sogar für die besten Kunstwerke. Die japanischen Anleger, die vor zehn Jahren Gemälde zu Rekordpreisen gekauft haben, haben von dem Wert ihrer „Anlagen" viel verloren.

Es gibt Zeiten, in denen Sammeln sinnvoll ist, aber man braucht dabei festen Boden unter den Füßen. Als Kind habe ich Münzen gesammelt. Seltene Münzen fanden sich damals im normalen Kleingeld. In den 50er-Jahren brachte meine Großmutter den Parkuhren-Entleerer unseres Städtchens dazu, dass sie jede Woche die Münzeinnahmen durchsehen und einzeln austauschen durfte.

Bei diesem Hobby gab es kein Verlustrisiko, denn die Münzen brachten jederzeit mindestens den Nennwert.

Wenn Sie mit seltenen Münzen oder anderen Sammlerstücken spekulieren, die Sie nicht um ihres ästhetischen oder Erinnerungswertes willen besitzen wollen, dann verkaufen Sie sie zu den aktuellen Preisen, bevor sie im Zuge des Crashs weiter fallen. In einer Depression interessieren sich die Menschen für den Gold- oder Silbergehalt von Münzen, nicht um ihre Seltenheit. Ein Unternehmen, das sich auf die Liquidierung von Sammlungen amerikanischer Münzen spezialisiert hat, ist American Federal; das Unternehmen vermittelt Ihre Münzen weiter oder kauft sie gleich selbst auf. Vergleichen Sie unbedingt die Preise mit denen anderer Händler; einige sind in Kapitel 22 aufgeführt. Hier die Kontaktinformation:

American Federal Coin & Bullion
Website: americanfederal.com
Email: info@americanfederal.com
Postadresse: 14602 North Cave Creek Rd., Ste. C,
Phoenix, AZ 85022
Telefon: 1-800-221-7694 oder 602-992-6857
Fax: 602-493-8158
CEO: Nick Grovich

Rock'n'Roll-Souvenirs und andere Sammlerstücke aus der Zeit des Babybooms befinden sich wahrscheinlich auf einem Allzeithoch. Die Kinder des Babybooms, die Erinnerungsstücke aus ihrer Jugendzeit verehren, werden innerhalb der nächsten 30 Jahre wegsterben, und die meisten ihrer Sammelobjekte werden danach nicht mehr als Kuriositäten sein.

Für viele Sammelobjekte wie zum Beispiel Beanie Babies ist es schon zu spät. Andere wie zum Beispiel Baseball-Bildchen, Comic-Hefte und Barbie-Puppen besitzen immer noch Wert. Wenn Sie alltägliche Sammelgegenstände verkaufen wollen, gibt es wenig bessere Adressen als Ebay im Internet, unter www.ebay.de. Wenn Sie Kunstwerke verkaufen wollen, wenden Sie sich an:

Christie's
Website: christies.com
Postadresse: 20 Rockefeller Place, New York, NY 10020
Telefon: 212-646-2000
Fax: 212-636-2399

Sotheby's
Website: sothebys.com
Postadresse: 1334 York Ave., New York, NY 10021
Telefon: 212-606-7000
Fax: 541-312-5684

Mehr über Sammlerstücke in Baissen erfahren Sie in Kapitel 19 von *At the Crest of the Tidal Wave*.

Sammeln als Vergnügen

Wenn Sie Gegenstände sammeln, weil Sie sie mögen, dann liegen glückliche Zeiten vor Ihnen. Die Preise für Kunst- und Sammelobjekte, die derzeit so überzogen sind, werden in einer Depression auf angenehm erschwingliche Niveaus fallen. Wenn Sie Ihre Sammlung aufbessern wollen, bewahren Sie Ihr Kapital sicher auf, warten Sie den Boden ab und kaufen Sie dann alle gewünschten Objekte für ein paar Cent pro Dollar des heutigen Preises.

Kapitel 18: Sollte man in „Bargeld“ investieren?

Das Wunder Bargeld

Das Schlagwort der Analysten für Menschen, die seit kurzem besorgt sind, weil es riskant ist, in einer Aktie oder einem Aktienfonds voll investiert zu sein, heißt „Diversifizierung". Sie raten dazu, seine Vermögenswerte auf zahlreiche Aktien, zahlreiche Aktienfonds und/oder zahlreiche Aktienmärkte (im Ausland) zu verteilen. Die Verfechter von Junk Bonds erklären potenziellen Anlegern ebenfalls, dass das Risiko geringer ist, wenn man zahlreiche verschiedene Papiere besitzt.

Diese „Strategie" ist Humbug. Warum sollte man in etwas investieren, wenn man nicht eine feste Meinung darüber hat, wie es sich entwickelt und einen Schlachtplan, wann man aussteigen will? Heutzutage ist Diversifizierung das Evangelium, weil so viele Arten von Anlagegütern schon so lange steigen, aber die Zukunft ist eine andere Sache. In einer Deflation ist der Besitz einer ganzen Batterie von Investments finanzieller Selbstmord. Alle fallen, und den Ausstieg zu organisieren kann zum Albtraum werden. Es gibt zwar verrückte Ausnahmen von dieser Regel, zum Beispiel das Gold Anfang der 30er-Jahre, als die Regierung den Preis festlegte, oder vielleicht ein kriegswichtiger Rohstoff, aber ansonsten sinken in Zeiten der Deflation die Preise aller Vermögenswerte außer einem: Bargeld.

Heute denkt kaum jemand an Bargeld. Schon die Erwähnung ruft ein Naserümpfen hervor. „Cash is trash" (etwa: „Geld ist Müll"), lautet ein beliebter Spruch. Weil die Zinsen „zu niedrig" sind, behaupten die Anleger, ihnen bleibe „keine Wahl" und sie müssten in etwas mit mehr „Gewinnpotenzial" investieren. Ironischer- aber offenbar auch notwendigerweise war die letzte Zinsrunde perfekt dazu angetan, die Menschen von den falschen Handlungen zu überzeugen. Vor zwei Jahrzehnten dagegen, als die Zinsen hoch waren, beharrten die Menschen darauf, dass es sich nicht lohne, Aktien zu kaufen. Jetzt, da die Zinsen niedrig sind, beharren sie darauf, dass es sich nicht lohne, Bargeld zu besitzen. Diese psychologische Falle

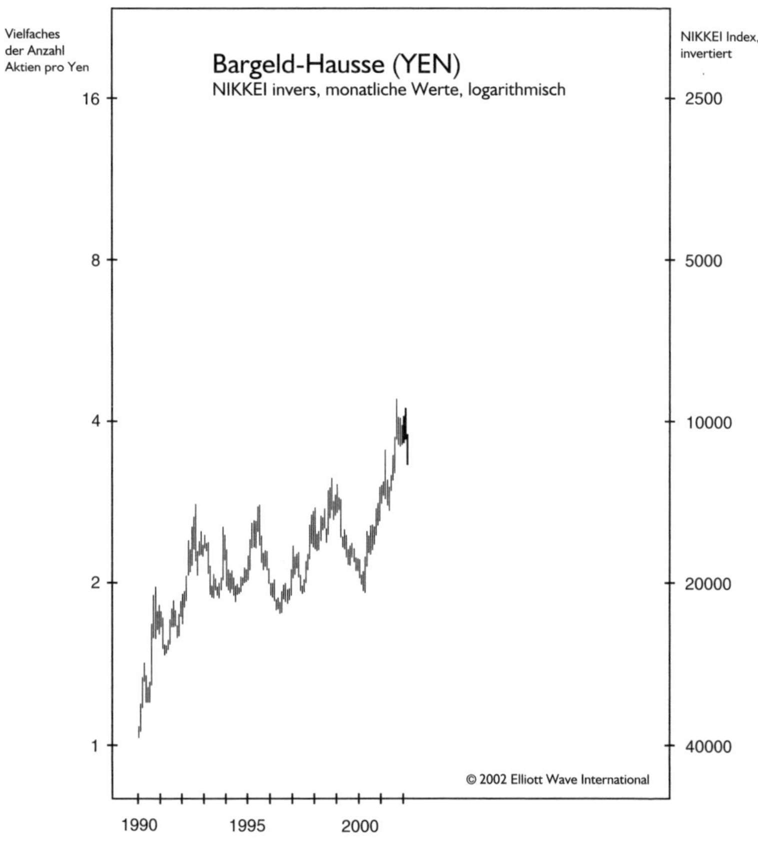

Abbildung 18-1

hält die Anleger davon ab, das Richtige zu tun: Am Boden Aktien zu kaufen (wenn die Zinssätze hoch sind) und sie im Hoch zu verkaufen (wenn die Zinsen niedrig sind).

Nun betrachten wir einmal den Gedanken, der Ertrag von Bargeld sei „gering". Wie würde es Ihnen gefallen, einen Vermögenswert zu besitzen, dessen Wert sich in elf Jahren vervierfacht? Abbildung 18-1 zeigt den steigenden Wert des Bargelds in Japan von 1990 bis 2001. In Bezug auf die Anzahl japanischer Aktien, die man damit kaufen kann, hat sich der Wert des Geldes um 300 Prozent erhöht. Abbildung 18-2 zeigt die Wertzunahme von Bargeld in den Vereinig-

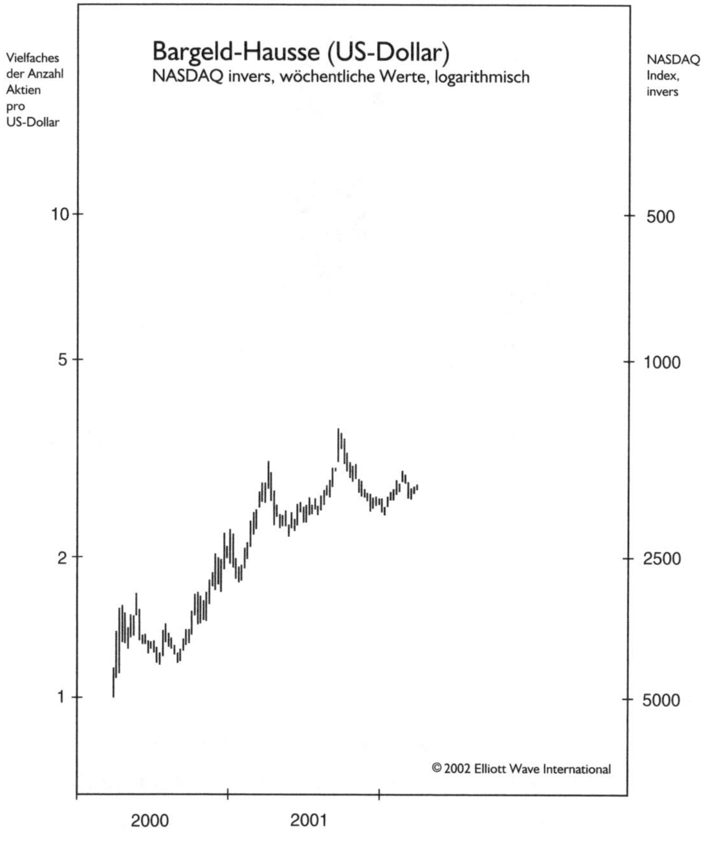

Abbildung 18-2

ten Staaten; hinsichtlich der Anzahl NASDAQ-Aktien, die man damit kaufen kann, stieg der Wert von März 2000 bis heute um fast 250 Prozent. Hätten Sie nicht auch gerne eine solche Performance? Das können Sie haben, wenn Sie vor einer größeren Deflation auf Bargeld umsteigen. Wenn dann die Aktienmärkte den Boden erreichen, können Sie unglaublich preiswerte Aktien kaufen, die sich sonst kaum ein Mensch leisten kann, weil alle ihr Vermögen verloren haben, als die Aktien eingebrochen sind.

Leo Cullum for Barron's 9/28/98

„Wenn ich nicht alles verloren hätte, dann würde ich jetzt definitiv kaufen."

Abgedruckt mit Genehmigung von Leo Cullum.

Bargeld ist der einzige Vermögenswert, der während einer Deflation mit Sicherheit an Wert gewinnt. Ein sicherer „Parkplatz" für Ihr Kapital während eines deflationären Crashs sind Banknoten – zum Beispiel 100-Dollar-Scheine, 50-Pfund-Noten oder Entsprechendes in Ihrer Landeswährung – an einem sicheren Ort, zu dem Sie jederzeit Zugang haben. Dadurch haben Sie auch Geld, wenn die Bank bankrott ist, Sie haben Geld, wenn das Kreditwesen zusammenbricht, und Sie haben Geld, wenn der Staat seine Schulden nicht mehr bezahlen kann. Ich empfehle Ihnen, zumindest etwas Bargeld auf der Hand zu haben, wenn Sie mit einem deflationären Crash rechnen.

Leider bringen Geldscheine und Münzen keine Rendite, sie können zerstört werden, und man kann sie nicht mittels eines Telefongesprächs übertragen. Sorgsam ausgewählte „Bargeldäquivalente" können diese Probleme lösen.

Das Risiko vieler „Bargeldäquivalente"

Bargeldäquivalente sind kurzfristige Schulden hoher Qualität. In einem deflationären Crash sind sie äußerst attraktive Investitionen, aber die Entscheidung dafür ist heikel, denn Sie brauchen sichere Instrumente, die an einem sicheren Ort und in sicherer Form aufbewahrt werden.

Selbst sehr vorsichtige Anleger glauben, ihr Vermögen sei in einem beliebigen Geldmarktfonds absolut sicher. Geben Sie sich nicht dieser Illusion hin! Geldmarktfonds sind relativ sicher, aber sie sind nichts anderes als Portfolios von Schuldpapieren – sicherlich kurzfristiger Papiere, aber trotzdem Schulden. Wenn ein Unternehmen oder ein Staat bankrott geht, zahlt es/er keine Zinsen mehr auf seine kurzfristigen wie langfristigen Schulden, und zwar ab sofort. Wenn Sie in diesem Moment entsprechende Schuldpapiere besitzen, dann leidet Ihre Investition Schaden oder geht sogar gänzlich verloren.

In einer starken Wirtschaft denkt kaum jemand an dieses Risiko. Man stellt sich nicht vor, dass Unternehmen, Regierungen und ihre Vertreter jemals die fälligen Zinszahlungen einstellen könnten. Viele Menschen glauben auch irrigerweise, Schuldverschreibungen von staatlich geförderten Unternehmen wie den Hypothekenversicherungen Fannie Mae und Freddie Mac seien staatlich verbürgt, aber das sind sie nicht. Sie tragen das Risiko, wenn sie solche Schuldverschreibungen oder Anlageprodukte kaufen.

Einige Geldmarktfonds stellten frühzeitig fest, dass sie ein klein wenig riskantere Schuldpapiere kaufen können, um ihre jährliche Rendite 0,1 Prozent über die der Konkurrenz anzuheben und damit um Einlagen zu werben. Andere versuchten sie dann mit der gleichen Taktik nochmals zu überbieten. Einige Fonds besaßen am Ende sehr viele schwache Schuldpapiere. Je weiter die Positionen eines Geldmarktfonds herabgestuft werden, desto riskanter ist der Fonds. Die Fonds informieren Sie nicht über Herabstufungen oder warnen Sie, wenn sie gewisse Positionen für gefährdet halten. Sie erfahren davon erst aus der Verlustbenachrichtigung, die sie Ihnen per Post zuschicken.

In einer Depression versetzen viele Geldmarktfonds ihren Einlegern einen Schock, wenn sie Verluste bekannt geben. Wenn der Prozess der unbezahlten Schulden einmal begonnen hat, an wen und zu welchem Preis soll der Fonds dann seine Portfolios noch verkaufen, wenn er seine riskanten Vermögenswerte durch sicherere ersetzen will? Alle sitzen im gleichen Boot, und es gibt nur wenige Rettungsboote.

Die sichersten Bargeldäquivalente in den Vereinigten Staaten

Die besten Bargeldäquivalente für eine Depression sind die besten kurzfristigen Schuldinstrumente von soliden Unternehmen oder Staaten. Die besten derartigen Papiere finden sich momentan außerhalb der Vereinigten Staaten. Die erste Wahl innerhalb der Vereinigten Staaten sind kurzfristige Schatzpapiere. Dazu gehören nicht nur Schatzwechsel, sondern auch längerfristige Noten und Anleihen bis zu einer Laufzeit von einigen Monaten. Man kann sie am Sekundärmarkt kaufen. Im Moment und für Anleger, die ihre Vermögenswerte innerhalb der Vereinigten Staaten halten müssen oder wollen, sind Schatzwechsel oder Geldmarktfonds, die ausschließlich kurzfristige US-Schuldpapiere halten, der beste sichere Hafen direkt nach Goldbarren und Silbermünzen. Diese Investments können auch für manchen Anleger außerhalb der Vereinigten Staaten attraktiv sein, wobei hier aber immer das Wechselkursrisiko zu beachten ist, denn wenn der US-Dollar im Vergleich zu Ihrer Landeswährung fällt, verlieren Sie Geld.

Das Schöne an kurzfristigen Schulden ist, dass steigende Zinsen Sie nicht umbringen, sondern Ihnen Profit bringen. Im Jahre 1931 war die Fed angesichts der Deflation gezwungen, den Diskontsatz zu erhöhen, um den fallenden US-Dollar zu stützen. Dadurch fielen andere Anlagen noch schwerer, aber die Halter von kurzfristigen Schatzwechseln, die nach Ablauf immer wieder neue kauften, bekamen zusehends höhere Erträge. Dies ist eine gute Methode, um Ihr Portfolio gegen steigende Zinsen abzusichern.

Schatzwechsel und Geldmarktfonds, die ausschließlich Schatzpapiere halten, bieten darüber hinaus den Vorteil, dass die Zinsen, die sie abwerfen, nicht einkommensteuerpflichtig sind. Das erspart Ihnen Einiges an Geld, wenn Sie in einem Staat leben, der Einkommensteuer erhebt. Bei den meisten derartigen Fonds ist es auch möglich, Schecks auszustellen, so dass Sie ein laufendes Konto mit einer recht sicheren Rendite haben. Normalerweise beträgt der Minimalbetrag für Schecks 100 US-Dollar pro Stück, Sie brauchen also trotzdem noch ein Girokonto auf der Bank für kleinere Beträge, aber dadurch dürften Sie keinen großen Teil Ihres Vermögens gefährden.

Sie können auch selbst Schatzwechsel bei einem Broker des US-Schatzamtes kaufen. Informationen finden Sie unter www.publicdebt.treas.gov. Es sei erwähnt, dass man für sein Geld heutzutage keine wirklichen Wechsel mehr bekommt. Man bekommt einen Eintrag in die Bücher, der besagt, dass man Schatzwechsel besitzt. Es ist ziemlich lästig, die Wechsel regelmäßig auszutauschen, und man hat keine der Annehmlichkeiten eines Geldmarktfonds. Aber als Entschädigung bringt der unmittelbare Besitz zusätzliche Sicherheit. Wie viele Geldmarktfonds sind auch Schatzwechsel-Fonds gegen Betrug und Diebstahl versichert. Im Umfeld einer Depression ist die Versicherung aber nur so gut wie der Versicherer (siehe Kapitel 24). Wenn die Treuhandbank des Fonds bankrott macht, dann können die Schatzwechsel so lange gesperrt werden, bis sich die Lage geklärt hat. Schatzwechsel unmittelbar vom Staat zu kaufen hat also ungefähr den gleichen Vorteil wie echtes Gold zu besitzen anstatt Lageranteile oder Empfangsscheine: Es gibt keinen Mittelsmann. Wenn für Ihre Anlagepläne höchste Sicherheit im Inland und ungebrochene Liquidität unbedingt erforderlich sind, dann kaufen Sie Schatzwechsel. Wenn nicht, dann reicht ein Fonds. Ich persönlich übertreibe es eher in Richtung höchstmögliche Sicherheit.

Entgegen der Meinung fast aller Menschen ist der Besitz von Schatzwechseln direkt und indirekt mit Risiken verbunden. Ihre Zertifikate oder Fondsanteile könnten zum Beispiel an Wert verlieren, wenn es zu einer heftigen Schuldenverkaufswelle kommt oder auch nur zu einer Panik wegen der möglichen Zahlungsunfähigkeit der amerikanischen Regierung. In beiden Fällen dürften die Preise für kurzfristige Schuldpapiere des Schatzamtes so lange sinken (und die Zinsen steigen), bis der Markt sein Gleichgewicht beziehungsweise sein Vertrauen wieder gefunden hat. Abgesehen von den genannten Risiken, denen die Fonds unterworfen sind, kann man als Halter von Schatzwechseln sein ganzes Geld nur dann verlieren, wenn der amerikanische Staat seine Schulden nicht mehr zahlen kann.

Eine Insolvenz der Bundesregierung ist nicht unmöglich. In einer Depression stellen die 3,4 Billionen US-Dollar an Schuldpapieren und die nicht abgedeckten Verbindlichkeiten des Staates eine spürbare finanzielle Belastung dar. Die schwerste Depression in drei Jahrhunderten könnte die Schatzpapiere auf Junkbond-Status drücken, so wie es mit vielen südamerikanischen Schuldscheinen geschehen ist. Trotz dieses Risikos ist die Steuermacht der Vereinigten Staaten immer noch immens, und ihr weltweit erstklassiger Ruf dürfte einen Teil des Kapitals anziehen, wenn es im Rahmen einer weltweiten Währungskrise zur „Flucht in die Qualität" kommt. Wenn im Zuge des Crashs viele Aktien und Anleihen zusammenbrechen, sagen sich diejenigen, die sich für schlau gehalten hatten und in historisch überbewertete Aktien, in russische und argentinische Anleihen, in Einzelhandelsschulden, in Junkbonds und Schlimmeres investiert haben: „Wir müssen diese Verlierer so gut es geht verkaufen und mit dem verbleibenden Geld etwas anderes kaufen." In einer solchen Situation wird wahrscheinlich Geld in Papiere fließen, die die Anleger für stärker halten. Schatzwechsel könnten durchaus dazugehören, wodurch das US-Schatzamt als Emittent noch liquider werden würde. Natürlich könnte das politische Geschehen dieses Potenzial zunichte machen. Auslandsregierungen könnten die Geldausfuhr verbieten, die Vereinigten Staaten könnten ihre politische Stabilität verlieren und den Status als Anlegerzuflucht teilweise verlieren. In Wirklichkeit kann niemand wissen, was mit den Schatzpapieren passiert, wenn es zu einer großen Depression kommt. Eines aber kann ich sagen, nämlich dass Schatzwechsel wahrscheinlich die sicherste zinstragende Anlage Amerikas sind – abgesehen von künftigen Sondersituationen im Unternehmensbereich, die ich nicht vorauszusagen wage. Der nächste Abschnitt stellt attraktive Alternativen zu den kurzfristigen Papieren des US-Schatzamtes vor.

Von den vielen Hundert Geldmarktfonds in den Vereinigten Staaten beschränken sich überraschend wenige ausschließlich auf

Die fünf größten Schatzpapier-Geldmarktfonds ohne Gebühren und Transaktionsbeschränkungen

Fondsbezeichnung	**Gebührenfreie Telefonnummer**	**Internetadresse**
Alliance Treasury Reserves	(800) 247-4154	www.alliancecapital.com
American Century Capital Presv Fund I	(800) 345-2021	www.americancentury.com
Dreyfus 100% US Treasury MMF	(800) 242-8671	www.dreyfus.com
Evergreen Treasury MMF/Cl A	(800) 343-2898	www.evergreen-funds.com
One Group US Treas Secs MMF/Cl A	(800) 480-4111	www.onegroup.com

Quelle: Weiss Ratings, Inc.

Tabelle 18-1

Schuldverschreibungen des US-Schatzamtes. Unter den 15 größten Fonds erfüllen nur fünf alle folgenden Kriterien: keine Scheckgebühren, keine Einzahlungsgebühr, keine obligatorischen Zusatzkonten, kein Transaktionslimit, keine Gebühr für geplatzte Schecks und keine Gebühr für telegrafische Übertragungen auf das oder von dem Konto. Tabelle 18-1 listet die Fonds auf. Wenn Sie eine vollständige Auflistung der Geldmarktfonds wollen, die ausschließlich Schatzpapiere halten, wenden Sie sich an:

Weiss Ratings, Inc.
Website: www.weissratings.com
Email: wr@weissinc.com
Postadresse: P.O. Box 109665, Palm Beach Gardens, FL 33410
Telefon: 800-289-9222 oder 561-627-3300
Fax: 561-625-6685

Ich kann zwar guten Gewissens sagen, dass Schatzwechsel abgesehen von Gold und Silber die sichersten Vermögenswerte sind, die man in den Vereinigten Staaten findet, aber *At the Crest of the Tidal* Wave warnte, dass irgendwann auch die Schatzwechsel riskant werden könnten. Wenn der US-Dollar wieder in seine Langzeitbaisse einschwenkt, insbesondere wenn er zum freien Fall übergeht, dann könnte es sein, dass nicht einmal die steigende Rendite der kurzfristigen Schatzpapiere den Drang der Anleger zum Ausstieg überwinden kann. Auch die winzigste Erhöhung der Rendite würde die Bürde des Staates in Form des Schuldendienstes erhöhen, und dies könnte die Anleger ebenso erschrecken wie verlocken. Wenn die Bundesregierung zahlungsunfähig wird, könnte sie zu verzweifelten Maßnahmen greifen. Sie könnte zum Beispiel Schatzwechsel kurzerhand zu langfristigen Anleihen erklären, die in zehn Jahren anstatt in zehn Wochen bezahlt werden. Und so einem Handel will man schließlich nicht zum Opfer fallen.

Wenn Sie zu der Auffassung gelangen, dass die Schatzwechsel in Schwierigkeiten geraten, dann sollten Sie sichere ausländische Schuldpapiere oder Gold und Silber kaufen, um Ihr Kapital zu schützen. Einzelheiten finden Sie im folgenden Abschnitt und in Kapitel 22. Seien Sie jederzeit wachsam; denken Sie immer praktisch; versuchen Sie aus potenziell riskanten Investitionen immer schon auszusteigen, bevor die anderen das Risiko erkennen. Wenn Sie Hilfe brauchen: Elliott Wave International überwacht ständig Risiken und Chancen dieser Märkte vom Standpunkt der Preisentwicklung und der Anlegerpsychologie.

Die sichersten Bargeldäquivalente außerhalb der Vereinigten Staaten

Für weltläufige Anleger gibt es hervorragende Alternativen zu amerikanischen Schuldpapieren. Den meisten Menschen widerstrebt es, sich die Mühe zu machen und über ihren eigenen Erfahrungshorizont hinauszublicken; aber wenn Sie ein beträchtliches Vermögen schützen wollen, dann sollten Sie es tun. Der erste Grund ist die Diversifizierung (gezielte Diversifizierung, kein Wischiwaschi), aber es gibt noch einen wichtigeren Grund: Die sichersten Schuld-Investments findet man in den sichersten Finanzsystemen.

Selbst wenn die Körperschaft, die die Schuldpapiere ausgibt, finanziell sicher ist, kann sie durch Ereignisse geschädigt werden, für die sie kaum etwas kann. Ein Hersteller oder eine Gemeinde können zum Beispiel vollkommen solide sein, aber sie haben unvorsichtigerweise sämtliche Reserven einer einzigen Bank anvertraut; die Bank geht in Konkurs. Plötzlich steckt die ausstellende Körperschaft in finanziellen Schwierigkeiten und ihre Schuldverschreibungen sind viel riskanter.

Idealerweise sollte man also zunächst ein Land suchen, dessen Finanzsystem zu den solidesten gehört, die es gibt. Laut der SafeWealth Group, einem Unternehmen, das aus Experten für Vermögenssicherung besteht, ist die Schweiz in dieser Hinsicht Spitze in Europa, und Singapur in Asien, zumindest jetzt und auf absehbare Zeit.

Die Schweizer wählen finanziell konservativ. Entsprechend der Schweizer Verfassung können Volksabstimmungen und Bürgerinitiativen politische und Gesetzesentscheidungen der Regierungen in Frage stellen oder rückgängig machen, was auch häufig geschieht und somit Exzesse im Zaum hält. Außerdem haben die Schweizer Bürger die höchste Sparquote Europas, was die Liquidität der örtlichen Banken begünstigt. Singapur gibt keine kurzfristigen Schuldtitel aus, weil die Regierung aufgrund ihrer konservativen Ausgabenpolitik kein kurzfristiges Geld benötigt. Die Bankreserven des Landes sind hoch, weil die Bürger gesetzlich verpflichtet sind, 25 Prozent ihres Einkommens zu sparen; diese Quote wird meist noch überschritten. Im Vergleich dazu ist die durchschnittliche Sparquote in den Vereinigten Staaten in den letzten 18 Jahren von zehn bis auf null Prozent gesunken. (Die Zahlen zeigen sogar eine negative Sparquote von vier Prozent – das heißt, die Ausgaben übersteigen das Einkommen –, aber die Statistiker haben die Definition des Sparens geändert, so dass die niedrigste offizielle Zahl bei 0,2 Prozent des verfügbaren Einkommens liegt.) Darüber hinaus haben beide Staaten eine im Verhältnis zur finanziellen Basis niedrige Staatsverschuldung. Die Staatsschulden der Schweiz betragen nur rund 170 Milliarden Schweizer Franken, also nur einen Bruchteil der drei Billionen Guthaben auf den Banken des Landes, von denen ein Gutteil sicherlich zur freien Verfügung stünde, um in schwierigen Zeiten, wenn das Kapital konservative Investments sucht, die Staatsschulden zu refinanzieren. Somit erscheint es – auch wenn man nicht vergessen sollte, dass die Politik sich ändern kann – momentan sehr viel weniger wahrscheinlich, dass eine Schweizer oder Singapurer Regierung ihren Verpflichtungen nicht nachkommt als vielleicht jede andere Regierung der Welt.

Der nächste Schritt ist das Auffinden der sichersten Schuldpapiere in einem oder in beiden sicheren Ländern. In der Schweiz kommen Swiss Money Market Claims (das Pendant zu den US-Schatzwechseln), kurzfristige Bundesanleihen und ausgewählte Kantonalanleihen dem, was man unter sicheren Schulden versteht, wahrscheinlich am nächsten. Die sichersten Angebote in Singapur sind langfristige Staatsanleihen, die in näherer Zukunft fällig sind.

Wenn es noch sicherer sein soll, muss man noch mehr ins Detail gehen. Die Schuldverschreibungen der meisten Schweizer Kantone haben Top-Ratings, aber die Standard-Ratingagenturen berücksichtigen, wie wir in Kapitel 25 noch sehen werden, nicht die Möglichkeit von systemweitem schwerem Finanzdruck. Daher ist es ratsam, in einen Kanton zu investieren, der gering verschuldet ist und der in der Vergangenheit selbst in schweren Zeiten einen ausgeglichenen Haushalt hatte.

Wie Sie sich jetzt vielleicht vorstellen können, ist dies eine Angelegenheit für Spezialisten. Ich gehöre nicht dazu. Wenn Sie eine größere Institution oder ein arabischer Ölmagnat sind, dann werden Sie vielleicht schon gut beraten. Ansonsten ist meines Wissens die SafeWealth Group die beste Empfehlung. Sie betreibt Research über Banken, Versicherungsgesellschaften und andere Schuldemittenten, und sie sucht diejenigen heraus, die ihrer Meinung nach das höchste Sicherheitsniveau der Erde bieten. Sie hat auch Vermögensverwalter ausgewählt, die sich auf die Sicherung und Bewahrung von Kapital konzentrieren, anstatt auf aggressives und mit Risiko verbundenes Wachstum. Egal, wo Sie leben, wenn Sie ein Portfolio der sichersten kurzfristigen ausländischen Schuldpapiere oder gar einen US-Schatzwechsel-Fonds einer sicheren Schweizer Institution haben wollen, dann ist das ein guter Anfang. Bedenken Sie dabei, dass die entsprechenden Treuhandinstitutionen normalerweise eine Mindestanlagesumme von 100.000 Schweizer Franken oder mehr verlangen. Hier die Kontaktinformationen:

SafeWealth Group Service Center
Cari Lima, Senior Vice President
Email: clientservice@safewealthgroup.ch
Postadresse: CP 476, 1000 Lausanne, 30 Grey, Schweiz
Telefon: 41-21-641-1640
Fax: 41-21-641-1640-1390

Es ist zudem beruhigend, dass die SafeWealth Group die Menschen üblicherweise so berät, als stehe eine weltweite Finanzkatastrophe vor der Tür. Sie brauchen also keine Bedenken zu erklären, die für die meisten Anlageberater kaum etwas anderes als Paranoia sind. Wie das alte Sprichwort sagt: Ich bin vielleicht paranoid, aber das heißt noch lange nicht, dass mich keiner verfolgt. Am Ende ist es besser, sich zu sichern und zu irren als sich aus dem Fenster zu lehnen und zu irren.

Schutz gegen Hyperinflation

Wenn sich ein Staat entschließt, zur Finanzierung seiner Ausgaben schnell Banknoten zu drucken, entsteht Hyperinflation. Ich rechne für die Vereinigten Staaten mit Deflation, nicht mit Inflation. Nichtsdestotrotz habe ich in Kapitel 13 eingeräumt, dass Währungsprognosen nie hundertprozentig treffsicher sein können. Und vielleicht leben Sie ja auch in einem Land, in dem es zu einer Hyperinflation kommen kann.

Wenn Sie mit einer Währungs-Hyperinflation konfrontiert sind, dann unterscheiden sich gewisse Aspekte Ihrer finanziellen Verteidigungsmaßnahmen wesentlich von denen, die Sie einsetzen, um sich vor Deflation zu schützen. Zum Beispiel wollen Sie dann nichts besitzen, das in der von der Hyperinflation betroffenen Währung notiert, und Sie wollen dann keine entsprechenden Aktien shorten. Am besten schützen Sie sich mit einem Portfolio aus Noten und Wechseln in stabilen Auslandswährungen sowie Gold und Silber (siehe Kapitel 22).

Kleininvestoren in bestimmten außereuropäischen Ländern, die eine Hyperinflation der Heimatwährung befürchten, haben noch eine weitere Möglichkeit. Der Prudent Safe Harbor Fund stammt aus der gleichen Fondsfamilie wie der Prudent Bear Fund (Kontaktinformationen in Kapitel 20). Dieser Fonds investiert vorwiegend in hoheitliche Auslandsnoten und Anleihen größerer europäischer Nationen, aber ein Teil des Fonds (üblicherweise rund 15 Prozent) ist in Goldaktien und Goldbarren investiert. Der Fonds eignet sich auch für Europäer, die mit Deflation rechnen. Die Mindestanlagesumme beträgt erschwingliche 2.000 US-Dollar. Vergessen Sie nicht, dass auch europäische Währungen fallen können und dass die Zinsen europäischer Anleihen genauso fluktuieren können wie in anderen Regionen. Es ist in Ordnung, wenn Sie einen Teil ihres Vermögens in diesen Fonds investieren, aber wenn Sie den größten Teil davon hier investieren wollen, sollten Sie sich Ihrer Marktanalyse sicher sein.

Eine kombinierte Strategie

Beachten Sie, dass eine bestimmte Verteidigung sowohl gegen einen deflationären Crash als auch gegen lokale Hyperinflation schützt: Noten und Wechsel von soliden Emittenten, notiert in stabiler Währung. Wenn Sie für Ihr Land entweder Deflation oder Hyperinflation befürchten und sich dagegen schützen wollen, dann sollten Sie versuchen, sich so zu arrangieren, dass Sie ein Portfolio mit kurzfristigen Schulden höchster Qualität halten können und die Möglichkeit haben, dabei problemlos die Währung zu wechseln; so können Sie Ihr Geld jederzeit bei der konservativsten und stabilsten Regierung unterbringen. Wenn Sie über die am wahrscheinlichsten bevorstehenden Trends der weltweiten Währungen auf dem Laufenden bleiben wollen, können Sie die Dienste von Elliott Wave International in Anspruch nehmen. Wenn eine weltweite Hyperinflation keine Währung verschont, dann sind natürlich Edelmetalle die beste Zuflucht. Um auch für diese unwahrscheinliche Möglichkeit gewappnet zu sein, sollten Sie bereits ein Arrangement parat haben, gemäß dem Sie Ihre Positionen schnell in Edelmetall verwandeln können. Wenn Sie die Mindestanforderungen der empfohlenen Institutionen erfüllen, dann bietet Ihnen die SafeWealth Group alle nötigen Arrangements aus einer Hand. Wenn Sie Kleinanleger sind, können Sie dem gewünschten Resultat trotzdem recht nahe kommen, wenn Sie die liquidesten Banken, Geldmarktfonds und Edelmetalle wählen, die Ihnen zugänglich sind. Nehmen Sie die Aufzählungen und Ratschläge in diesem Kapitel sowie in den Kapiteln 19 und 22 als Wegweiser.

Kapitel 19:
Wie man eine sichere Bank findet

Das Risiko der Banken

Von 1929 bis 1933 schlossen in den Vereinigten Staaten 9.000 Banken ihre Pforten. Präsident Roosevelt schloss kurz nach seiner Amtseinführung kurzzeitig sämtliche Banken. Im Dezember 2001 fror die argentische Regierung praktisch alle Bankguthaben ein, so dass die Kunden das Geld nicht mehr abheben konnten, von dem sie dachten, es gehöre ihnen. Manchmal treten solche Beschränkungen von allein auf, wenn Banken zahlungsunfähig sind; manchmal werden sie von außen auferlegt. Manchmal sind die Beschränkungen vorübergehend, manchmal bestehen sie längere Zeit.

Warum gehen Banken bankrott? Seit fast 200 Jahren interpretieren die Gerichte den Begriff „Guthaben" nicht als Vermögen, das zur sicheren Verwahrung übergeben wird, sondern als Darlehen an die Bank. Ein Kontoauszug ist also eine Schuldanerkenntnis der Bank an Sie, selbst wenn es keinen Darlehensvertrag gibt und nicht unbedingt Zinsen gezahlt werden. Somit haben Sie juristisch einen Anspruch auf Ihr Bankguthaben, aber in der Praxis haben Sie nur Anspruch auf die Darlehen, die die Bank mit Ihrem Geld finanziert. Wenn ein großer Teil dieser Kredite blockiert oder wertlos ist, dann leidet Ihr Geldanspruch. Eine Bankenpleite bedeutet einfach, dass die Bank ihr Versprechen bricht, Ihnen ihre Schulden zurückzuzahlen. Unter dem Strich heißt das, dass Ihr Geld nur so sicher ist wie die

Kredite, die die Bank vergibt. In Boomzeiten werden die Banken unvorsichtig und gewähren fast jedermann Kredit. Im Zusammenbruch können sie aufgrund der verbreiteten Bankrotte nicht mehr viel von dem Geld zurückholen. Wenn der Wert des Portfolios der Bank zusammenbricht, so wie zum Beispiel das der US-amerikanischen Spar- und Darlehenskassen Ende der 90er-/Anfang der 80er-Jahre, dann ist die Bank pleite und das Sparguthaben der Einleger ist weg.

Da die Banken der Vereinigten Staaten nicht mehr verpflichtet sind, ihre Einlagen in Reserve zu halten (siehe Kapitel 10), behalten viele Banken nur den minimalen Bargeldbetrag, der für die täglichen Transaktionen erforderlich ist. Andere behalten ein bisschen mehr. Laut den jüngsten Zahlen der Fed beträgt das Kredit-Guthaben-Verhältnis der amerikanischen Handelsbanken netto 90 Prozent. Dabei sind Darlehen, die als „Sicherheiten" gelten, nicht eingerechnet, zum Beispiel Unternehmensanleihen, Kommunalobligationen und Hypotheken, die aus meiner Sicht aber genauso riskant sind wie alltägliche Bankdarlehen. In Wirklichkeit liegt das Kredit-Guthaben-Verhältnis daher bei 125 Prozent, Tendenz steigend. Die Banken sind nicht bis zum Hals verschuldet, sondern noch tiefer. Manche Bankkredite könnten zumindest in dem derzeitigen freundlichen Umfeld liquidiert werden, aber wenn am Markt Angst herrscht, versiegt selbst die Liquidität der so genannten „Sicherheiten". Wenn auch nur ein paar mehr Sparer als gewöhnlich Geld abheben wollten, müssten die Banken einen Teil ihrer Vermögenswerte verkaufen, was die Preise und den Wert der im Portfolio verbleibenden Sicherheiten drücken würde. Wenn genügend Sparer gleichzeitig versuchen würden, Geld abzuheben, müssten die Banken sie abweisen. Die Banken mit der niedrigsten Liquiditätsrate reagieren in einer Depression auf den Ansturm besonders empfindlich. Sie mögen dann nicht rechnerisch bankrott sein, aber man bekommt trotzdem kein Geld, zumindest so lange, bis die Darlehen der Bank abgezahlt sind.

Man sollte annehmen, dass die Banken im Laufe der jahrhundertelangen lehrreichen Geschichte gelernt haben sollten, sich anders zu verhalten, aber die meisten haben das nicht. Der Druck, den Aktionären gute Ergebnisse vorzuweisen und den Sparern konkurrenzfähige Zinsen anzubieten, verleitet sie dazu, riskante Darlehen zu vergeben. Die monopolistischen Befugnisse der Federal Reserve ermöglichen es den US-amerikanischen Banken bisher ohne große Probleme aggressiv Kredite zu vergeben. Wenn die Banker die Sparer zur Sicherheit anhalten würden, dann würden sie ihre Haupteinnahmequelle beeinträchtigen. Die Federal Deposit Insurance Corporation (FDIC, Einlagenversicherung) der Regierung der Vereinigten Staaten garantiert den Ersatz der Sparguthaben bis zu 100.000 US-Dollar, was die Sicherheit zu einer akademischen Frage zu machen scheint. In Wirklichkeit aber macht diese Bürgschaft die Sache aus zwei Gründen noch viel schlimmer. Erstens beseitigt sie die hauptsächliche Motivation der Banken, mit Ihrem Geld vorsichtig umzugehen. Die Sparer fühlen sich sicher, was interessiert es sie da, was hinter dem Vorhang geschieht? Und wussten Sie zweitens, dass das Geld der FDIC zum großen Teil von anderen Banken stammt? Diese Finanzierungsstruktur führt dazu, dass vorsichtige Banken für die unvorsichtigen bezahlen; die Instabilität der schwachen Banken überträgt sich teilweise auf die starken Banken. Wenn die FDIC schwache Banken dadurch rettet, dass sie von den gesünderen höhere „Prämien" verlangt, werden die Bankguthaben insgesamt abgewertet und das Kredit-Guthaben-Verhältnis steigt. Dies bedeutet, dass, wenn die Banken unter Spannung stehen, immer weniger Sparer ausreichen, um einen nicht kontrollierbaren Ansturm auszulösen. Wenn hinreichend viele Banken zusammenbrechen, ist die FDIC nicht mehr in der Lage, alle zu retten, und je mehr „Prämien" sie den überlebenden Banken abverlangt, desto mehr Banken bringt sie in Gefahr. Somit schädigt diese Art von Versicherung das gesamte System. Letzten Endes bürgt der Staat für die Versicherung durch die FDIC, was ziemlich sicher klingt. Aber wenn die Steuereinnahmen sinken, kommt es den Staat hart an, mit seinem abnehmenden Kapital eine große Anzahl von Banken zu retten. Die FDIC wirbt für sich als „Symbol des Vertrauens", und genau das ist sie auch.

Einige US-Bundesstaaten haben es in einem Anfall tödlichen „Mitleids" verboten, dass eine Bank das Haus einer Person beschlagnahmt, die Insolvenz angemeldet hat. In einem solchen Fall müssen die Bank und ihre Einleger eine Ewigkeit warten, bis der Kreditnehmer wieder flüssig ist. In anderen Staaten darf eine Bank bei dem Versuch, von einem nicht zahlungsfähigen Hypothekenschuldner den Gegenwert eines Darlehens einzutreiben, keine anderen Vermögenswerte beschlagnahmen als den beliehenen Grundbesitz. In diesem Fall tragen die Banken das Preisrisiko am Immobilienmarkt. Die Banken dieser Staaten sind für schwere Verluste in ihren Hypothekenportfolios anfällig und tragen ein weitaus größeres Insolvenzrisiko.

Viele große nationale und internationale Banken auf der ganzen Welt halten riesige Mengen an Schuldpapieren von „Emerging Markets", Hypothekenschulden, Verbraucherkredite und schwache Unternehmensschulden. Ich begreife nicht, wie eine Bank, der die Betreuung Ihres Geldes anvertraut ist, auch nur daran denken kann, Anleihen aus Russland, Argentinien oder anderen instabilen beziehungsweise verschwenderischen Staaten zu kaufen. Wie *At the Crest of the Tidal Wave* es 1995 ausdrückte: „Die Emerging Markets von heute werden bald submerging Markets sein." Diese Verwandlung begann zwei Jahre später. Die Tatsache, dass Banken und andere Investmentgesellschaften solche „Anlagen" wiederholt so lange halten können, bis sie abgeschrieben werden, ist eine Unverschämtheit.

Viele Banken halten heutzutage auch erschreckend hohe Positionen von Derivaten mit Hebelwirkung, wie Futures, Optionen und noch exotischeren Instrumenten. Bei einigen großen Banken ist der Wert der zu Grunde liegenden Vermögenswerte höher als die Summe ihrer gesamten Einlagen. Der geschätze Wert, den sämtliche Derivate der Welt repräsentieren, beträgt momentan 90 Billionen US-Dollar, und mehr als die Hälfte davon befindet sich im Besitz von US-amerikanischen Banken. Viele Banken benutzen Derivate als Absicherung gegen Investmentrisiken, aber diese Strategie funktioniert nur, wenn der Spekulant auf der anderen Seite des Handels auch wirklich bezahlen kann, wenn er sich geirrt hat.

Sich auf Derivate mit Hebelwirkung zu stützen – oder was noch schlimmer ist, damit zu spekulieren – ist eines der größten Risiken der Banken, die der Verlockung erlegen sind. Ein Hebel verursacht aufgrund des psychologischen Stresses, den er hervorruft, im Endeffekt fast immer massive Verluste. Sie haben sicher von den schrecklichen Debakeln gelesen, die die Spekulation mit Derivaten bei der Barings Bank, bei Long Term [sic!] Capital Management, Enron und anderen Institutionen herbeigeführt hat. Üblicherweise wird der von Derivaten verkörperte Wert mit Abschlag verrechnet, weil man annimmt, dass die Trader aus Verlustpositionen aussteigen, bevor sie so viel kosten, wie sie verkörpern. Nun, das mag sein. Jedenfalls ist es eine mindestens genauso menschliche Reaktion, dass Spekulanten ihren Einsatz verdoppeln, wenn der Markt sich entgegen einer großen Position entwickelt. Zumindest könnten Banker so etwas mit Ihrem Geld tun.

Bankenanalysten versichern uns derzeit, wie eine Schlagzeile des *Atlanta Journal-Constitution* am 29. Dezember 2001 ausdrückte, dass „Die Kapitalausstattung der Banken gut [ist]". Tatsächlich gilt die Kapitalsituation der Banken derzeit gegenüber der Situation in den 80er-Jahren als gut. Leider liegt das vor allem an der Großen Manie der Vermögenswerte der 90er-Jahre, die – wie in Buch eins dargelegt – wahrscheinlich vorüber ist. Ein großer Teil des Rekord-Kreditaufkommens, das die Banken gewährt haben, zum Beispiel für produktive Unternehmen oder direkt an starke Regierungen, ist relativ sicher. Vieles von dem, was an schwache Regierungen, Immobiliengesellschaften, staatlich geförderte Unternehmen, Börsenspekulanten, Venture Kapitalisten, Verbraucher (über Kreditkarten und „Investment"-Pakete für Verbraucherkredite) und so weiter vergeben wurde, ist nicht sicher. Ein Experte rät: „Im Moment ist man bei größeren und stärker diversifizierten Banken besser aufgehoben." Diese Aussage wird in der bevorstehenden Depression zur Genüge überprüft werden.

Bei den meisten Banken sind fünf Bedingungen erfüllt, die eine Gefahr darstellen: (1) niedriges Liquiditätsniveau, (2) gefährliche Investitionen in Derivate mit Hebelwirkung, (3) optimistische Einstufung der investierten Schulden, (4) der aufgeblähte Wert des von den Kreditnehmern als Sicherheit gebotenen Grundbesitzes und (5) der große Umfang der Hypotheken der Kunden im Verhältnis zu dem Grundbesitz und zu der potenziellen Zahlungsunfähigkeit im Falle widriger Umstände. Alle genannten Bedingungen erhöhen die Gefährdung des Bankensystems im Fall einer Deflation und Depression.

Anlässlich der aktuellen Börsenerholung erfreuen sich die Finanzgesellschaften großer Kursgewinne. Die Einleger trauen derzeit ihren

Banken mehr als dem Staat oder der Geschäftswelt insgesamt. Zum Beispiel sollten Internetsurfer in einer kürzlich durchgeführten Umfrage aus einer Liste von sieben verschiedenen Institutionstypen auswählen, wem sie am ehesten zutrauen, sichere Identitätsdienstleistungen anzubieten. Die Banken erhielten fast 50 Prozent der Stimmen. Die grundsätzliche Vertrauenswürdigkeit der Banken ist ein weiterer Glaube, der durch die Depression erschüttert werden wird.

Lange bevor eine weltweite Depression unser tägliches Leben bestimmt, müssen Sie Ihr Kapital bei sicheren Institutionen aufbewahren lassen. Ich schlage vor, zwei oder drei zu nehmen, um das Risiko breiter zu streuen. Und sie müssen weitaus besser sein als diejenigen, die derzeit allzu optimistisch als „liquide" und „sicher" gelten, und zwar sowohl von den Rating-Agenturen als auch von Bankenvertretern.

Sichere Banken in den Vereinigten Staaten

Wenn Sie Ihre Bankgeschäfte in den Vereinigten Staaten erledigen müssen oder wollen, dann entscheiden Sie sich für die beste(n) verfügbare(n) Bank(en). Ich glaube, dass viele der sichersten US-Banken sogar in einem deflationären Crash gute Chancen haben zu überleben und sogar zu prosperieren. Das liegt daran, dass relativ sichere Banken, wenn sie schlau genug sind, die Öffentlichkeit über ihre Sicherheitsvorteile zu informieren, in schwierigen Zeiten wahrscheinlich noch sicherer werden. Warum? Weil die Einleger in der Entstehungsphase einer Finanzkrise ihr Vermögen von den schwächsten Banken abziehen und auf die stärksten Banken übertragen. Dadurch werden die Schwachen schwächer und die Starken stärker. Es ist eine der großen Ironien des Bankwesens, dass, je liquider eine Bank ist, die Einleger sie anfangs umso weniger bestürmen.

Weiss Ratings, Inc. bietet einen der zuverlässigsten Ratingdienste für Banken in Amerika an (siehe Kapitel 18 oder den letzten Teil des vorliegenden Buches mit Kontaktinformationen). Martin Weiss, der CEO des Unternehmens, hat freundlicherweise einen praktischen Führer für dieses Buch beigesteuert. Tabelle 19-1 listet für jeden amerikanischen Bundesstaat die zwei Banken auf, die seine Researcher für die jeweils stärksten halten. In Tabelle 19-2 finden Sie die 24 stärksten großen Banken der Vereinigten Staaten. Für unsere

Die zwei am höchsten eingestuften Banken jedes Bundesstaates

Staat/Name	Stadt	Staaten-kürzel	Gesamt-vermögen in Mio. US-$	Weiss-Sicher-heits-Rating
Alabama				
FIRST NB OF SCOTTSBORO	SCOTTSBORO	AL	284,70	A-
FIRST UNITED SECURITY BK	THOMASVILLE	AL	513,40	B+
Alaska				
FIRST NB OF ANCHORAGE	ANCHORAGE	AK	1.779,60	A+
MOUNT MC KINLEY MSB	FAIRBANKS	AK	174,10	A
Arkansas				
FIRST NB OF FT SMITH	FORT SMITH	AR	633,80	A-
FIRST FEDERAL BANK OF AR	HARRISON	AR	697,70	B+
Arizona				
SEARS NB	TEMPE	AZ	178,40	A-
MOHAVE ST BANK	LAKE HAVASU CITY	AZ	160,70	A-
Colorado				
AMERICAN BUSINESS BK NA	DENVER	CO	878,00	A-
ALPINE BK	GLENWOOD SPRINGS	CO	883,50	B+
Connecticut				
NEW HAVEN SVGS BK	NEW HAVEN	CT	2.223,90	A+
AMERICAN SVGS BK	NEW BRITAIN	CT	1.907,90	A+
Delaware				
PNC BK	WILMINGTON	DE	2.417,40	A-
CITIBANK-DELAWARE	NEW CASTLE	DE	6.290,90	B+
District of Columbia				
NATIONAL CAPITAL BK OF WA	WASHINGTON	DC	153,20	A+
ADAMS NB	WASHINGTON	DC	168,20	A-
Florida				
HARBOR FEDERAL SAVINGS BANK	FORT PIERCE	FL	1.747,60	A+
MELLON UNITED BANK	MIAMI	FL	1.555,40	A-
Georgia				
COLUMBUS B&TC	COLUMBUS	GA	3.747,50	A-
MAIN STREET BK	COVINGTON	GA	1.075,90	A-
Idaho				
BANK OF COMMERCE	IDAHO FALLS	ID	431,50	A+
IDAHO INDEPENDENT BK	COEUR D'ALENE	ID	278,40	B+
Illinois				
CORUS BK NA	CHICAGO	IL	2.568,60	A
COMMERCE BK NA	PEORIA	IL	917,90	B+
Indiana				
FIRST SOURCE BK	S BEND	IN	3.362,10	A-
TERRE HAUTE FIRST NB	TERRE HAUTE	IN	1.299,30	B+
Iowa				
WEST DES MOINES ST BK	W DES MOINES	IA	807,50	A-
HILLS B&TC	HILLS	IA	885,50	B+
Kalifornien				
FARMERS & MERCHANTS BK	LONG BEACH	CA	2.094,00	A+
SAVINGS BANK OF MENDOCINO CITY	UKIAH	CA	519,80	A+

Tabelle 19-1

Staat/Name	Stadt	Staatenkürzel	Gesamtvermögen in Mio. US-$	Weiss-Sicherheits-Rating
Kansas				
VALLEY VIEW ST BANK	OVERLAND PARK	KS	557,20	A+
CAPITOL FEDERAL SAVINGS BANK	TOPEKA	KS	8.666,00	A-
Kentucky				
AREA BK	OWENSBORO	KY	2.625,70	A-
BANK OF LOUISVILLE	LOUISVILLE	KY	1.679,10	B+
Louisiana				
WHITNEY NB OF NEW ORLEANS	NEW ORLEANS	LA	6.874,30	B+
HANCOCK BK OF LOUISIANA	BATON ROUGE	LA	1.348,80	B+
Maine				
KENNEBEC SVGS BK	AUGUSTA	ME	404,00	B+
OCEAN NB	KENNEBUNK	ME	276,20	B+
Maryland				
PENINSULA BK	PRINCESS ANNE	MD	702,70	A+
WESTMINSTER UNION BK	WESTMINSTER	MD	544,10	A+
Massachusetts				
BRISTOL COUNTY SVGS BK	TAUNTON	MA	679,10	A+
COUNTRY BK FOR SVGS	WARE	MA	772,60	A
Michigan				
CHEMICAL B&TC	MIDLAND	MI	1.479,70	A
CHEMICAL BK WEST	CADILLAC	MI	762,30	A
Minnesota				
FIRST NB OF BEMIDJI	BEMIDJI	MN	305,00	A+
MIDWAY NB OF ST PAUL	ST PAUL	MN	437,30	B+
Mississippi				
TRUSTMARK NB	JACKSON	MS	6.834,80	A-
NATIONAL BK OF COMMERCE	STARKVILLE	MS	1.027,80	A-
Missouri				
BANK MIDWEST NA	KANSAS CITY	MO	2.696,90	A-
COMMERCE BANK NA	KANSAS CITY	MO	10.363,60	B+
Montana				
YELLOWSTONE BK	LAUREL	MT	242,50	A+
FIRST SECURITY BK	BOZEMAN	MT	295,60	A-
Nebraska				
PINNACLE BK	PAPILLION	NE	1.386,90	B+
FIVE POINTS BK	GRAND ISLAND	NE	323,80	B+
Nevada				
HOUSEHOLD BK NEVADA NA	LAS VEGAS	NV	1.591,30	A-
FIRST NB OF ELY	ELY	NV	38,50	B+
New Hampshire				
MEREDITH VILLAGE SVGS BK	MEREDITH	NH	314,20	B+
CLAREMONT SVGS BK	CLAREMONT	NH	241,60	B+
New Jersey				
HUDSON CITY SVGS BK	PARAMUS	NJ	10.815,40	A+
KEARNY FSB	KEARNY	NJ	1.176,80	A
New Mexico				
WESTERN COMMERCE BK	CARLSBAD	NM	256,60	A-
FIRST NATIONAL BK-SANTA FE	SANTA FE	NM	339,60	B+

Tabelle 19-1 (Fortsetzung)

Staat/Name	Stadt	Staaten-kürzel	Gesamt-vermögen in Mio. US-$	Weiss-Sicher-heits-Rating
New York				
MASPETH FS & LA	MASPETH	NY	1.093,00	A+
SUMITOMO TR & BKNG CO USA	NEW YORK	NY	973,80	A+
North Carolina				
PIEDMONT FS&LA	WINSTON-SALEM	NC	811,00	A
HIGH POINT B& TC	HIGH POINT	NC	567,60	A
North Dakota				
GATE CITY BANK	FARGO	ND	676,60	B+
FARMERS & MRCH BK VALLEY CIT	VALLEY CITY	ND	87,50	B+
Ohio				
PEOPLES BK NA	MARIETTA	OH	1.165,40	A-
FARMERS NB OF CANFIELD	CANFIELD	OH	642,60	A-
Oklahoma				
FIRST NB&TC MCALESTER	MCALESTER	OK	440,00	A
RCB BK	CLAREMORE	OK	574,60	A-
Oregon				
KLAMATH FIRST FS & LA	KLAMATH FALLS	OR	1.419,20	B+
WEST COAST BK	LAKE OSWEGO	OR	1.384,20	B+
Pennsylvania				
OMEGA BK NA	STATE COLLEGE	PA	628,50	A+
FIRST NB&TC	NEWTOWN	PA	501,10	A
Rhode Island				
CENTREVILLE SVGS BK	W WARWICK	RI	645,50	A
FIRST B&TC	PROVIDENCE	RI	173,50	A-
South Carolina				
ENTERPRISE BK S CAROLINA	EHRHARDT	SC	252,60	A+
CONWAY NB	CONWAY	SC	512,00	A-
South Dakota				
PIONEER B&TC	BELLE FOURCHE	SD	269,60	A
FIRST WESTERN BK	STURGIS	SD	260,80	A-
Tennessee				
HOME FEDERAL BANK OF TN	KNOXVILLE	TN	1.427,20	A
FIRST FARMERS &MERCHANTS NB	COLUMBIA	TN	824,80	A-
Texas				
CITIZENS 1ST BANK	TYLER	TX	505,80	A+
AMARILLO NB	AMARILLO	TX	1.372,90	A-
Utah				
MORGAN STANLEY DEAN WITTER B	W VALLEY CITY	UT	2.709,60	A-
ADVANTA BK CORP	DRAPER	UT	1.003,20	A-
Vermont				
MERCHANTS BK	BURLINGTON	VT	784,70	B+
UNION BK	MORRISVILLE	VT	224,90	B+
Virginia				
BURKE & HERBERT B&TC	ALEXANDRIA	VA	854,80	A+
AMERICAN NB&TC	DANVILLE	VA	564,30	A+
Washington				
WASHINGTON FS&LA	SEATTLE	WA	6.991,10	A+
HORIZON BK	BELLINGHAM	WA	743,40	A+

Tabelle 19-1 (Fortsetzung)

Staat/Name	Stadt	Staaten-kürzel	Gesamt-vermögen in Mio. US-$	Weiss-Sicher-heits-Rating
West Virginia				
BANK OF CHARLES TOWN	CHARLES TOWN	WV	167,70	A
WESBANCO BK	WHEELING	WV	2.451,10	A-
Wisconsin				
NATIONAL EXCHANGE B&TC	FOND DU LAC	WI	721,40	A
TRI CITY NB	OAK CREEK	WI	583,40	A
Wyoming				
WELLS FARGO BK WY NA	CASPER	WY	2.542,10	B+
PINNACLE BK WY	TORRINGTON	WY	316,60	B+

Quelle: Weiss Ratings, Inc. (gemäß den Daten vom 30.09.2001)

Tabelle 19-1 (Fortsetzung)

Die stärksten Großbanken Amerikas

Name der Bank	Staat	Weiss-Sicher-heits-Rating	Gesamtvermögen in Mio US-$
Apple Bk for Svgs	NY	A-	6.117
Bancorpsouth Bk	MS	B+	9.390
Bank of Tokyo Mitsubishi TC	NY	A-	4.128
Capital Federal Savings Bank	KS	A	8.423
Central Carolina B&TC	NC	B+	9.489
Citibank-Delaware	DE	B+	6.160
Columbus B&TC	GA	A-	3.353
Comerica Bk-Texas	TX	B+	3.803
Commerce Bk NA	MO	B+	9.867
Emigrant Svg Bk	NY	A	8.535
First Charter NB	NC	B+	3.061
First Commonwealth Bk	PA	B+	3.430
First Source Bk	IN	A-	3.148
Hudson City Svgs Bk	NJ	A+	9.618
Israel Discount Bk of NY	NY	B+	5.695
Mercantile Safe Deposit & TC	MD	A	3.489
North Fork Bk	NY	B+	14.685
Sanwa Bk California	CA	B+	9.013
Trustmark NB	MS	A-	6.822
Union Bk of CA NA	CA	B+	35.467
United States TC of NY	NY	B+	3.988
Valley NB	NJ	B+	7.957
Washington FS&LA	WA	A+	6.990
Whitney NB of New Orleans	LA	B+	6.630

Quelle: Weiss Ratings, Inc. (gemäß den Daten vom 30.09.2001)

Tabelle 19-2

Zwecke sehe ich wenig Sinn darin, die schwächsten Banken aufzulisten, aber wenn Sie wissen wollen, welche das sind, dann finden Sie sie in dem noch druckfrischen Ultimate Safe Money Guide von Martin Weiss (John Wiley & Sons, 2002). Das Buch von Weiss ist aus vielen Gründen eine gute Ergänzung zum vorliegenden. Neben Banken und Versicherungen (siehe Kapitel 24) beurteilt das Unternehmen auch Investmentfonds, Brokerhäuser, HMOs und Unternehmen mit Stammaktien.

Es gibt noch zwei weitere unabhängige und verlässliche Quellen für die Beurteilung von Banken. Veribanc, Inc. ist von den beiden am längsten im Rating-Geschäft tätig. Die Agentur deckt Banken, Spar- und Darlehenskassen und Genossenschaftsbanken ab. Das Unternehmen klassifiziert die Finanzinstitute nicht nur nach ihrer aktuellen Lage, sondern auch nach ihren künftigen Aussichten, und genau dafür sollten Sie sich interessieren. Unter Verwendung eines klaren und einfachen Stufensystems bewertet es die Kapitalstärke, die Vermögensqualität, das Management, die Gewinne, die Liquidität und das Marktrisiko.

IDC Financial Publishing veröffentlicht ebenfalls vierteljährliche, sehr spezifische und leicht verständliche Ratings hinsichtlich der finanziellen Sicherheit amerikanischer Banken, Spar- und Darlehenskassen und Genossenschaftsbanken. Hier die Kontaktadressen:

Veribanc, Inc.
Website: www.veribanc.com
Email: veribanc@worldnet.att.net
Postadresse: P.O. Box 461, Wakefield, MA 01880
Telefon: 800-837-4226 oder 781-245-8370
Fax: 781-246-5291

IDC Financial Publishing, Inc.
Website: www.idcfp.com
Email: idcfp@execpc.com
Postadresse: P.O. Box 140, Hartland, WI 53029
Telefon: 800-525-5457 oder 262-367-7231
Fax: 262-367-6497

Wenn Sie trotz all Ihrer Vorkehrungen zu dem Verdacht gelangen, dass einer der von Ihnen gewählten Banken die Schließung drohen könnte, überweisen Sie ihr Geld sofort an eine sicherere Bank. Wenn Sie keine sicherere Bank finden, dann zögern Sie nicht, sondern heben Sie ihr ganzes Geld in bar ab. Wenn Sie nicht zu den ersten in der Schlange gehören, dann kann Ihnen die Gelegenheit endgültig entgehen.

Sichere Banken weltweit

In einem freien Bankenmarkt gäbe es jeden nur vorstellbaren Service, von der 100 Prozent sicheren Verwahrung gegen eine Gebühr bis hin zu 100 Prozent Kredit mit hohem Ertrag. Wenn sie ihren guten Ruf erhalten wollten, dann hätten die Banker einen Anreiz, äußerst vorsichtig mit Ihrem Geld umzugehen. Das Währungsmonopol und die Regulierung des Bankensystems haben zu einem völlig anderen Ergebnis geführt. Nichtsdestoweniger gibt es auf dieser Welt immer noch ein paar Banken, die vor allem Vermögenserhaltung anbieten statt Zinseinkünften und alltäglichen Transaktionen. Wenn Sie allerhöchste Sicherheit in der Kapitalbewahrung wünschen und etwas weniger Komfort, dann müssen Sie eine dieser Banken verwenden. Die sichersten Bankinstitute der Welt sind in Ländern zu Hause, die (1) keine Devisenkontrollen haben und auch keine einführen wollen und die (2) ein niedriges Schulden-Guthaben-Verhältnis aufweisen. Es ist kaum überraschend, dass die Topkandidaten die gleichen sind wie im Falle der sichersten Schuldpapiere: die Schweiz und Singapur.

Aber tappen Sie nicht in die Falle und entscheiden Sie sich für irgendeine Schweizer Bank, nur weil sie ihren Sitz in der Schweiz hat. Die heutigen Schweizer Großbanken mit ihren dicken Derivate-Portfolios sind äußerst konkursgefährdet, wenn es zu einer Depression kommt. Außerdem verfügen sie über Zweigstellen in aller Welt und sind daher den Launen zahlreicher Regierungen ausgeliefert. Die beste Strategie ist es, kleinere und sicherere Schweizer Banken ausfindig zu machen. Aufgrund der niedrigen Pro-Kopf-Verschuldung bietet Österreich eine gute Alternative. Wenn Sie eine sichere Bank suchen, sollten Sie in diesen Staaten anfangen.

Die SafeWealth Group hat mithilfe strengster Anforderungen Banken in diesen Ländern identifiziert, die die höchste Bewertung für Überlebensfähigkeit in einer weltweiten Depression verdienen. Dieses „Erster Klasse" Rating erfordert eine aggressiv diskontierte Liquiditätsquote von mindestens 75 Prozent, einen ansonsten unerhörten Anteil liquider Aktiva (das heißt Bankkapital, das jederzeit frei verfügbar ist) von 35 Prozent, ein niedriges Derivate-Kapital-Verhältnis, keine Derivate zu spekulativen Zwecken, geringes Guthaben auf anderen Banken – und die Bank darf nur in einem einzigen Staat operieren, so dass die Vorschriften, die sie befolgen muss, klar und eindeutig sind.

Eine aggressiv diskontierte Liquiditätsquote von 75 Prozent bedeutet, dass das Guthaben in derart liquiden Anlagen gebunden ist, dass die Bank sogar dann, wenn die Einleger 75 Prozent des gesamten Geldes abheben wollten, diesem Wunsch innerhalb weniger Tage oder Wochen tatsächlich nachkommen könnte. Es gibt sogar ein paar Banken mit Liquiditätsraten von 100 Prozent oder mehr. Sie könnten mit anderen Worten alle Einleger voll und in sehr kurzer Frist ausbezahlen. Viele Banken könnten nicht einmal zehn Prozent ihrer Einleger schnell ausbezahlen, und die schwächsten Banken der Welt hätten sogar Schwierigkeiten, überhaupt mit überdurchschnittlich vielen gleichzeitigen Abhebungen zurechtzukommen. Und das gilt für unser heutiges freundliches finanzielles Umfeld, ganz zu schweigen von einer Depression.

Wenn es Ihnen mit der Sicherheit ernst ist und Sie den Mindestanforderungen für eine Kontoeröffnung genügen können, dann sollten Sie mit einer Bank Erster Klasse in Verbindung treten. Die SafeWealth Group hilft Ihnen Türen zu öffnen, um mit solchen Banken und anderen Institutionen Beziehungen aufzunehmen. Der Grund, aus dem Sie einen Repräsentanten brauchen, liegt darin, dass die Schweizer Privatbanken nicht für jede Einzelperson oder jeden Vertreter eines Unternehmens oder Konsortiums, der zu ihnen kommt, ein Konto eröffnen; diese Politik spiegelt ihren grundsätzlichen Konservatismus wider. Sie akzeptieren neue Konten nur dann, wenn Besitz und Verwendung über alle Zweifel erhaben sind und die Reputation der Bank nicht gefährden. Angenommen, Sie erfüllen die

Bedingungen, dann macht Sie die SafeWealth Group mit den richtigen Personen bekannt und begleitet Sie während des gesamten Prozesses (siehe Kapitel 18 oder den Schluss dieses Buches für Kontaktinformationen und übliche Minimalanforderungen). Wenn Sie in der Schweiz oder in Singapur wohnen und ohne Weiteres Zugang zu solchen Instituten haben, dann bleiben Sie auf jeden Fall so lange dabei, wie die örtliche Politik stabil bleibt.

Handeln Sie, so lange Sie noch können

Wenn es um Sicherheit geht, sollte man am besten frühzeitig handeln. Aufgrund der aggressiven Maßnahmen der Regierung gegen illegale finanzielle Aktivitäten wie Drogenhandel, Geldwäsche, Steuerflucht und Finanzierung von Terroristen genießt auch der ehrliche Durchschnittsbürger nicht mehr den freien und schnellen Zugang zu Finanzinstituten, den er vor einigen Jahren noch hatte. Manche Banken sind nun verpflichtet, sich mit voraussichtlichen Kunden persönlich zu treffen, um die Regeln einzuhalten. Es besteht kaum ein Zweifel, dass Sie, sobald Krisenstimmung aufkommt, mit zahlreichen weiteren Hindernissen konfrontiert sein werden oder Ihnen die Dienste unumwunden verweigert werden. Wenn Sie wirklich die Absicht haben, Ihr Vermögen zu bewahren, dann sollten Sie der Versuchung widerstehen, das in der Annahme aufzuschieben, Sie könnten sich auf den Status quo verlassen. Jeden Moment gehen Gelegenheiten vorüber. Beispielsweise nehmen die beiden sichersten Londoner Banken keine nicht-britischen Kunden mehr an. In den Vereinigten Staaten nimmt die Bank, die als die sicherste des Landes gilt, seit zwei Jahren keine Konten von außerhalb der Staaten mehr an. Ein paar meiner vorsichtigen Abonnenten sind auf meine Empfehlung hin eingestiegen, aber diejenigen, die es hinausgeschoben haben, müssen sich jetzt anderswo umsehen. Das soll eine Lehre sein. Zögern Sie nicht, denn die Institute, die jetzt Ihre Ersparnisse sicher bewahren können, schließen vielleicht die Tür direkt vor Ihrer Nase. Noch ein Wort der Warnung: Die Einstufung von Banken kann sich ändern. Am klügsten ist es, mit den Diensten in Kontakt zu bleiben, die die Banken seriös einstufen, denn nur so stellen Sie sicher, dass Ihre Bank(en) auch weiterhin hohe Sicherheitskriterien erfüllt/erfüllen.

Wenn Sie den größten Teil Ihrer Anlagesumme in den sichersten Bargeldäquivalenten angelegt haben und sich ein oder zwei Banken zum Sparen und für Transaktionen gesucht haben, dann und nur dann sollten Sie in Betracht ziehen, mit einem kleinen Teil Ihres Kapitals an der Börse zu spekulieren. Und das ist das Thema des nächsten Kapitels.

Kapitel 20: Sollten Sie mit Aktien spekulieren?

Die allererste Vorsichtsmaßnahme, die man zu Beginn eines deflationären Crashs treffen sollte, besteht darin, dafür zu sorgen, dass Ihr Anlagekapital nicht „long" in Aktien, Aktienfonds, Indexfutures, Aktienoptionen oder Vergleichbares investiert ist. Allein dieser Rat sollte die Zeit wert sein, die es Sie kostet, dieses Buch zu lesen.

In den Jahren 2000 und 2001 fielen zahllose Internetaktien innerhalb von Monaten von 50 oder 100 US-Dollar auf fast null. Enron fiel im Jahre 2001 in weniger als einem Jahr von 85 US-Dollar auf ein paar Cent. Das waren die ersten Opfer von Verschuldung, Hebelwirkung und unvorsichtiger Spekulation. Unzählige Investoren, darunter auch Manager von Versicherungsgesellschaften, Pensionsfonds und Investmentfonds äußern ihre große Zuversicht, dass ihre „vielfältigen Positionen" größere Risiken vom Portfolio fernhalten werden. Abgesehen von Bergen fragwürdiger Schulden, was stellen diese vielfältigen Positionen denn dar? Aktien, Aktien und noch mehr Aktien. Auch wenn derzeit Optimismus herrscht, dass der Bullenmarkt wieder da ist, wird es noch mehr Opfer zu beklagen geben, wenn die Aktienkurse sich wieder abwärts wenden.

Sie sollten auch nicht davon ausgehen, dass die Fed den Aktienmarkt retten wird. Theoretisch könnte die Fed Stützkurse für bestimmte Aktien festlegen, aber für welche? Und wie viel Geld würde sie für den Kauf einsetzen? Wenn die Fed tatsächlich Aktien oder

Indexfutures kaufen würde, dann würde das vielleicht zu einer kurzfristigen Erholung führen, aber das Endresultat wäre ein Werteverfall des Fed-Vermögens, wenn die Börse wieder absteigt. Die Fed würde als der Dumme dastehen und ihre obersten Ziele gefährden, die in Kapitel 13 genannt wurden. Sie würde diese Erfahrung nicht ein zweites Mal machen wollen. Die Bankenpools des Jahres 1929 gaben diese Strategie bald auf, und das täte die Fed auch, wenn sie es versuchen würde.

Leerverkauf/Shorten von Aktien und Handel mit Futures und Optionen

Shortselling ist am Beginn einer deflationären Depression eine großartige Idee, zumindest was den Zeitpunkt betrifft. Insbesondere die Aktien gefährdeter Banken und anderer Finanzgesellschaften sind eine großartige Verlustwette. Nach allen Hinweisen der Kapitel 6 und 7 stellt die derzeitige Börsenerholung, die bisher nur eine schlappe Reaktion auf die von der Fed im Jahre 2001 angeregte Liquidität ist, grundsätzlich eine großartige Gelegenheit für Leerverkäufe dar. Bestimmte Sonderbereiche sollte man nicht shorten, beispielsweise Rüstung und natürliche Rohstoffe, denn wenn die internationale Spannung wächst, können solche Aktien gegen den Trend steigen oder zumindest weniger überstürzt fallen. Eine gute Spekulation wäre der Kauf von „leaps“, langfristiger Puts auf Aktien oder Aktienindizes. Wenn Sie noch nicht aus eigener Erfahrung wissen, was „Shortselling“/„Leerverkauf“ und „leaps“ bedeuten, dann rate ich Ihnen davon ab, sich in diesen Aktivitäten zu engagieren.

Unglücklicherweise kann es während eines größeren Rückgangs zu strukturellen Risiken beim Handel mit Aktien und Aktienderivaten kommen. Wenn am Aktienmarkt Panik ausbricht, kann der Handel mit Aktien, Optionen und Futures äußerst schwierig werden. Erstens kann es sein, dass die Handelssysteme versagen, wenn das Volumen zunimmt und die Betreiber der Systeme emotional reagieren. Als das Börsenparkett 1929 zu einem Wirbelsturm aus Papier wurde, dauerte es manchmal Tage herauszufinden, wer was gekauft und verkauft hatte und dann festzustellen, ob die Anleger und Händler in der Lage waren, für ihre Positionen zu bezahlen. Sie können den Wirbel in jeder guten Geschichte des Crashs von 1929 nachempfinden. Um Ihnen einen Geschmack davon zu geben, was in solchen Situationen vor sich geht, lesen Sie die folgende Beschreibung des Tumultes während der vergleichsweise milden Panik vor vierzig Jahren, sie stammt von einem meiner Abonnenten:

> „Während des Zusammenbruchs 1962 arbeitete ich bei Merrill Lynch in New York. Ich erinnere mich daran, dass der Fernschreiber in unserem Büro ausfiel und dass unerfahrene Sekretäre die Orders an das Hauptbüro weitergaben. Ich erinnere mich daran, dass häufig nichts mehr ging: Käufe wurden als Verkäufe ausgerufen und umgekehrt. Die Aktien hatten Spitznamen, zum Beispiel Bessie für Bethlehem Steel und Peggy für Public Service Electric and Gas. Die Sekretäre riefen die Orders mit den Spitznamen der Aktien aus, und die Person am anderen Ende hatte keine Ahnung, wovon die Rede war. Und die ganze Zeit fiel der Markt in sich zusammen."

Glauben Sie, dass sich die Anleger und Broker heute anders verhalten, wo so viele Aktiengeschäfte online abgewickelt werden? Ich nicht. Glauben Sie, es würde „glatter" gehen, weil moderne Computer mit von der Partie sind? Ich nicht. Tatsächlich ist das heutige – natürlich sehr viel bessere – System ein sicheres Rezept für ein noch größeres Chaos im Falle einer Panik. Die Anleger werden so nervös, dass sie ihre Orders durcheinander bringen. Das immense Volumen wird die Server der Websites verstopfen und den Eingang der Online-Orders unterbrechen. Vielleicht gehen Orders ein, aber es gehen keine Bestätigungen hinaus. Ein Trader weiß eventuell nicht, ob sein Verkaufs- oder Verkaufsauftrag durchgekommen ist. Ist er drin oder ist er draußen? Die Kursstellungssysteme werden genau im falschen Moment versagen. Die Telefonleitungen von Ihnen zu Ihrem Broker und vom Broker zum Parkett werden verstopft sein, und einige Leitungen werden zusammenbrechen. Die Computertechniker machen Überstunden und sind die ganze Zeit abgelenkt, weil sie an ihre eigenen Geldanlagen denken. Die Broker werden kaum schlafen und fieberhaft arbeiten, weil die meisten von ihnen selbst bullische Spekulanten sind. Sie werden Orders falsch eingeben. Die Brokerhäuser werden engere Trading- und Margin-Begrenzungen in Kraft setzen. Kurs-Gaps werden Stopps zu Kursen auslösen, die über die Zahlungsfähigkeit manches Depotbesitzers hinausgehen. Sie als kluger Shortseller könnten alle diese Schwierigkeiten überleben, nur um dann festzustellen, dass Ihr Brokerhaus bankrott ist, dass es von der SEC geschlossen wurde oder dass das Computersystem der Partnerbank zusammengebrochen ist, oder dass das Unternehmensvermögen verschwunden beziehungsweise eingefroren ist.

Wenn Sie auf derartige Umstände nicht vorbereitet sind, lassen Sie sich nicht in dem Glauben in diesem Malstrom hineinziehen, der Bärenmarkt sei business as usual, nur in der anderen Richtung. Wenn Sie dadurch einen Coup landen wollen, dass Sie während des Zusammenbruchs short sind, stellen Sie sicher, dass Sie nicht übermäßig exponiert sind. Sorgen Sie dafür, dass Sie in dem Fall, dass das System für Tage oder Wochen blockiert ist, nicht selbst in Panik verfallen. Stellen Sie sicher, dass Sie im schlimmsten denkbaren Fall nur Geld riskieren, das Sie verlieren dürfen.

Inverse Index („Short") Fonds

Eine etwas konservativere Spekulation wäre die Investition in einen inversen Indexfonds, auch Shortfonds oder Bärenfonds genannt, der auf fallende Aktienindizes setzt. Ein solcher Fonds steigt im Wert, wenn die Aktienindexfutures fallen, und umgekehrt. In *The Dick Davis Digest* habe ich für die Jahre 2000 und 2001 inverse Indexfonds empfohlen, und sie haben in diesen beiden Jahren alles andere geschlagen. Der Aktienmarkt dürfte einige schwache Jahre vor sich haben, und zwar extremer als damals.

In den Vereinigten Staaten finden Sie inverse Indexfonds auf den S&P 500 bei Rydex und bei ProFunds. Rydex betreibt Ursa, den größten existierenden inversen Indexfonds, ProFunds bietet den Bear ProFund an. Bei Rydex gibt es auch Arktos, einen Fonds, der dem NASDAQ 100 Index zuwiderläuft.

Für ausgebuffte Spekulanten, die den Markt gut timen können, bietet Rydex einen Fonds namens Tempest an, der den S&P 500 zweifach shortet, sowie den Venture Fund, der das Gleiche mit dem NASDAQ 100 tut. Diese Fonds können auch zweimal täglich gehandelt werden, nicht nur zu Börsenschluss. Bei ProFund gibt es noch die Fonds UltraBear und UltraShort OTC, die den S&P 500 respektive den NASDAQ 100 ebenfalls zweifach shorten. Ich gebe Ihnen den ernst gemeinten Rat, dass Sie solche Fonds nur einsetzen sollten, wenn Sie schon ein ausgebuffter Spekulant sind. Wenn Sie einen Hebel einsetzen, müssen Sie immer besonders vorsichtig sein, denn der Hebel heizt die Emotionen an, die dadurch zu einem noch schlimmeren Feind des Erfolgs werden.

Die Gesellschaften, die Short-Fonds anbieten, haben auch Geldmarktfonds und „long"-Indexfonds. Sie können also mit einem kurzen Telefonat Ihr Geld einfach verschieben, um Ausschläge in die eine oder andere Richtung auszunutzen, oder Sie können es sicher „parken". Zum Parken verwendet Rydex in seinem Geldmarktfonds ausschließlich Instrumente, die von der US-Regierung beziehungsweise ihren Agenturen oder Vertretern ausgegeben wurden oder für die sie bürgt. Somit ist der Fonds sicherer als der durchschnittliche Geldmarktfonds.

Informationen über diese beiden Fondsgesellschaften bekommen Sie unter:

Ursa Fund, Arktos Fund, Tempest Fund, Venture Fund
Website: www.rydexfunds.com
Postadresse: Rydex Series Funds, 9601 Blackwell Rd, Suite 500, Rockville, MD 20850
Telefon: 800-820-0888 oder 301-296-5406
Mindestanlagesumme: 10.000 US-Dollar

Bear ProFund, UltraBear, UltraShort 100
Website: www.profunds.com
Postadresse: ProFunds, 7501 Wisconsin Ave, Suite 1000, Bethesda, MD 20814
Telefon: 888-776-1970 oder 240-497-6400
Mindestanlagesumme: 15.000 US-Dollar

Bevor Sie in bärische Indexfonds investieren, sollten Sie etwas Wichtiges über ihre Funktionsweise wissen. Etwas, das je nach Marktlage positiv oder negativ sein kann. Die Anteilshalter verdienen Geld aufgrund kurzfristiger prozentualer Marktbewegungen, die ein- oder zweimal pro Tag registriert werden. Wenn ein eindeutiger Trend besteht, ist das besser als ein Short-Verkauf. Theoretisch kann der Markt unendlich lange jede Woche fünf Prozent verlieren. Wenn die Börse lange Zeit durchgehend fällt, häufen diese Fonds deutlich höhere Erträge an als ein normaler Leerverkauf, der maximal 100 Prozent Gewinn bringt. Und außerdem verlieren die Anteile dieser Fonds zwar an Wert, wenn die Börse steigt, aber sie verlieren nicht den gesamten Wert, wie es ein Short tut, wenn sich der Preis der Aktie verdoppelt.

Unter gewissen Umständen jedoch kann dieses Merkmal ein großes Problem darstellen. Um es zu verstehen, nehmen Sie folgendes Beispiel: Sie investieren 100.000 US-Dollar in einen doppelt geshorteten S&P 500-Fonds, während der S&P 500 bei 1.000 Punkten steht. Somit beträgt Ihr Einsatz 200.000 US-Dollar. Am nächsten Tag steigt der Index um zehn Prozent, sie verlieren also 20.000 US-Dollar. Der Fonds stellt Ihre Summe automatisch wieder auf das Doppelte des Vermögens, also beträgt Ihr neuer Short-Einsatz 160.000 US-Dollar. Am nächsten Tag steigt der Index wieder auf 1.000 Punkte, aber Ihre Anlagesumme erhöht sich nur auf 94.545 US-Dollar, weil der prozentuale Verlust vom höheren Indexstand aus gerechnet nur 9,09 Prozent beträgt und Ihr Einsatz auf dem Rückweg nicht hoch genug war, um den anfänglichen Verlust zu kompensieren. Der Index steht auf dem gleichen Niveau, aber Sie haben Geld verloren. Das gleiche negative Resultat ergibt sich, wenn sich der Index zunächst in die gewünschte Richtung bewegt und dann zum Anfang zurückkehrt. Kritiker bezeichnen diese Eigenschaft als „Beta-Slip". Dieses Problem verstärkt sich, wenn sich der Markt in einer Trading Range bewegt oder wenn die Hebel-Fonds zweimal täglich zurückgestellt werden. Da die Märkte meistens recht stark fluktuieren, ist diese Eigenschaft für langfristig orientierte Anleger normalerweise von Nachteil. Wenn die Fonds in allen Marktlagen funktionieren sollen, dann müssen Sie immer die kurzfristige Marktentwicklung vorwegnehmen. Dies erfolgreich zu tun, wenn man darauf beschränkt ist, nur ein- oder zweimal am Tag zu einer bestimmten Uhrzeit ein- oder auszusteigen, ist so gut wie unmöglich. Wenn Sie das können, dann benutzen Sie diese Werkzeuge. Wenn nicht, dann gibt es zu Ihrer Rettung eine Alternative.

„Customized Dynamic Index Allocation"

Das Unternehmen Invesdex, Ltd mit Sitz auf den Bermudas, ein geistiges Kind des Stanford-M.B.A. Robert R.Champion, hat ein Internet-basiertes Anlageinstrument mit Namen MarketPlus entwickelt Dabei handelt es sich um einen liquiden, durch Vermögenswerte voll gedeckten und frei handelbaren Investment-Kontrakt, der im Gewand eines Online-Trading-Depots auftritt. Er bietet eine Auswahl größerer Aktien- und Anleihen-Indizes, Währungen, Rohstoffe und einen Geldmarktindex. Man stellt seine eigenen Ertragsparameter ein, indem man den Kontrakt an der Performance eines oder mehrerer der genannten Vermögenswerte orientiert, und zwar entweder long oder short. Außerdem kann man den gewünschten Hebel von 0 (konservativ) bis zum Verhältnis 3:1 wählen. Zur Vermeidung des Beta-Slip wird der Einsatz normalerweise nicht zurückgestellt, es sei denn, Sie wollen das. Man kann die Gewichtungen maximal jede halbe Stunde ändern, also weitaus häufiger, als das bei den Indexfonds möglich ist.

Im Vergleich zu einem Futures-Depot ist diese Frequenz zwar recht niedrig, aber dafür kann man mit MarketPlus nicht mehr verlieren, als man eingesetzt hat, weil das System den Einsatz auf den anfänglichen Wert zurückstellt, sobald der Verlust bestimmte Grenzen überschreitet. Und was noch besser ist: Alle Gewinne – auch wenn Sie auf dem Geldmarktzins beruhen – werden so lange als Kapitalgewinne behandelt und nicht besteuert, bis das Vermögen aus dem Instrument zurückgenommen wird. Wer in MarketPlus investieren will, muss professioneller Finanzberater, Geldverwalter oder ein erfahrener „qualifizierter Anleger" sein, und das bedeutet, dass man ein frei verfügbares Vermögen von mindestens einer Million US-Dollar besitzt und mindestens 100.000 US-Dollar in den Kontrakt investieren kann. Momentan steht MarketPlus nur Anlegern außerhalb der Vereinigten Staaten zur Verfügung, aber es soll im Laufe des Jahres 2002 auch den US-amerikanischen Investoren zugänglich gemacht werden. Informationen erhalten Sie hier:

Invesdex Ltd.
Website: www.invesdex.com
Email: info@invesdex.com
Postadresse: P.O. Box HM 1788, Hamilton HM HX, Bermuda
Telefon: 441-296-4400
Fax: 441-295-2377
Präsident und CEO: Valere B. Costello
Mindestanlagesumme: 100.000 US-Dollar

Aktiv gemanagte Bären-Fonds

Sie könnten auch über ein Portfolio von geshorteten oder gehedgten Aktien nachdenken, das von einem Fachmann verwaltet wird. Aktiv gemanagte bärische Aktienfonds zielen darauf ab, von sinkenden Märkten zu profitieren. Derzeit gibt es davon nur sehr wenige, weil die Aktienmanie der 90er-Jahre die meisten zur Aufgabe gezwungen hat. Das Publikum war nicht interessiert, es hat seit dem Hoch des Jahres 2000 sogar Geld aus den bärischen Fonds abgezogen. Ein paar mutige Vermögensverwalter erhalten diese Alternative jedoch aufrecht.

Ein Beispiel aus den Vereinigten Staaten ist der Prudent Bear Fund, der einzelne Aktien und Indizes shortet sowie mit Put-Optionen handelt. Der Fund steht zu circa 70 Prozent short. Laut dem Präsidenten David Tice variiert dieser Anteil nicht sehr stark. Der Fonds enthält auch einige long-Positionen, die bis zu 15 Prozent des Vermögens ausmachen. Dazu gehören spezielle Werte wie zum Beispiel die Aktien bestimmter Smallcap-Unternehmen und Aktien über natürliche Ressourcen wie Gold- und Silberminen. Der Fonds ist nicht kumulativ und hat ein Volumen von rund 200 Millionen US-Dollar. Tice ist sich über die langfristigen Risiken des Aktienmarktes und der Finanzwelt vollkommen im Klaren.

Ein weiterer bärischer Fonds ist der Gabelli Mathers Fund. Er ist konservativ ausgerichtet, was ihn attraktiv macht, wenn man nicht davon überzeugt ist, dass der Bär unmittelbar vor der Tür steht oder dass er sehr ernst werden wird. Aufgrund von steuerlichen Verlustvorträgen, die sich der Fonds in der Bullenzeit „verdient" hat, bietet er steuerfreie Gewinne.

Informationen über diese Fonds erhalten Sie hier:

Prudent Bear Fund
Website: www.prudentbear.com
Email: info@prudentbear.com
Postadresse: 8140 Walnut Hill Lane, Suite 300,
Dallas, TX 75231
Telefon: 800-711-1848 oder 214-696-5474
Mindestanlagesumme: 2.000 US-Dollar

Gabelli Mathers Fund
Website: www.gabelli.com/mathers.html
Email: info@gabelli.com
Postadresse: Bannockburn, IL
Telefon: 800-962-3863
Mindestanlagesumme: 1.000 US-Dollar

Ein persönlicher Portfolio-Berater

Gut betuchte Investoren aus der ganzen Welt haben eine interessante Möglichkeit. Asset Allocation Consultants, Ltd. hilft bei der Erstellung der gewünschten Portfolio-Verwaltung. Ein firmeneigenes Analysesystem enthält die Ergebnisse von Tausenden Vermögens-Managern und trifft unter ihnen eine Auswahl idealer Platzierungen. Das Unternehmen bewertet Ihre Situation und empfiehlt Ihnen einen Verwalter oder eine Kombination mehrerer Manager, die es nach der Bewertung am besten für die Verwaltung Ihres Vermögens geeignet hält. Das kostet Sie häufig gar nichts, weil die Firma die von ihr ausgewählten Manager bittet, die normalerweise anfallenden Verwaltungsgebühren mit den Beratungsgebühren zu verrechnen. Manche lehnen das ab, aber viele sind damit einverstanden.

Für Sicherheitsbewusste hat Asset Allocation Consultants eine beliebte marktneutrale Strategie ausgearbeitet. Ihr Portfolio wird auf zwei Manager aufgeteilt, einen, der nachgewiesenermaßen Longpositionen bevorzugt, und einen, der sich nachgewiesenermaßen eher für

Shorts entscheidet. Dahinter steht der Gedanke, dass der Manager, der mit dem Markt investiert, äußerst gute Ergebnisse erzielt und dass die Sachkenntnis des anderen die Tatsache kompensiert, dass er gegen den Trend arbeitet. Im Idealfall wird dadurch die Marktlage „neutralisiert", Sie bekommen auf beiden Seiten eine gute Aktienauswahl und sind dem Risiko des Börsentrends nicht schutzlos ausgesetzt.

Wenn Sie einer Seite des Marktes zuneigen, können Sie die Aufteilung des Vermögens ändern oder die Zusammensetzung der Gruppe verschieben, indem Sie einen Manager auf der Long- oder der Short-Seite hinzufügen. Als aggressive Bärenstrategie kann die Firma auch drei für Sie geeignete bärische Manager aussuchen und Ihr Geld auf sie verteilen. Auf diese Art arbeitet mehr Sachkenntnis für Sie, und gleichzeitig vermindern Sie das Risiko, wenn ein Manager versagt. Vergessen Sie nicht, dass es sich hier nicht um einen Indexfonds handelt, mit dem Sie zwangsläufig Verlust machen, wenn die Börse steigt und nur eine gewisse Menge gewinnen, wenn sie fällt. Die besten „Bären"-Manager übertreffen den Markt bei weitem, wenn er abwärts tendiert, und einige unter ihnen erzielen auch in Aufwärtstrends Gewinne, weil sie es verstehen, die verletzlichsten Aktien herauszupicken und zu shorten. Das Unternehmen hat auch „marktneutrale" Manager gefunden, die sowohl auf der Long- als auch auf der Short-Seite eine gute Aktienauswahl treffen können.

Laut dem Seniorpartner Ted Workman haben die Klienten, die die Market Neutral Strategy gewählt haben, in den Jahren 2000 und 2001 einen Ertrag von 54,2 Prozent erzielt, während der S&P 500-Index 21,9 Prozent verloren hat. Auf der Website werden auch die größten Einzelverluste von Vermögens-Managern aufgelistet (das heißt der prozentuale Rückgang des Portfolio-Wertes von einem größeren Hoch zum nächsten Tief), so dass man auch diesen Aspekt bewerten kann. Wie bei allen Investments gibt es natürlich auch hier keine Garantien, also stellen Sie sicher, dass der gewählte Plan für Sie auch sinnvoll ist. Der einzige Nachteil ist, dass die Mindestanlagesumme für dieses Programm mit 500.000 US-Dollar ganz schön hoch liegt. Informationen erhalten Sie unter folgender Adresse:

Asset Allocation Consultants, Ltd.

Website: www.assetallocating.com
Email: enquiries@assetallocating.com
Postadresse: P.O. Box 613 Station „Q" Toronto,
Ontario M4T 2N4, Canada
Telefon: 800-638-5760 oder 416-762-2330
Fax: 416-762-3793

Portfolio-Manager, die keine Angst davor haben, bärisch zu sein

Es gibt auch Portfolio-Verwalter, die keine Angst davor haben, bärisch zu sein. Davon gibt es bestimmt sogar sehr viele auf der Welt, aber ich persönlich kenne nur wenige und weiß nicht, ob sie die besten sind oder nicht. In den Vereinigten Staaten gibt es beispielsweise Lang Asset Management (www.langassets.com). Das Unternehmen wählt mittel bis hoch kapitalisierte Unternehmen aus, die überbewertet erscheinen, und shortet sie. Dabei bleibt die Gesellschaft immer vernünftig hoch investiert und „hedgt" manchmal mithilfe von Optionen oder anderen Mitteln. Marc Faber Ltd. bietet in Asien (gloomboomdoom.com) und die Zulauf Asset Management AG (Grafenauweg 4, CH-6300 Zug, Schweiz, Telefon: 41-42-72-45-70) in Europa bärisch orientierte Vermögensverwaltung. Die Mindestanlagesummen bewegen sich zwischen 100.000 und drei Millionen US-Dollar.

Weitere Hinweise finden Sie bei der Hedge Fund Association unter http://www.thehfa.org und bei Planet Hedge Fund unter http://planethedegefund.com/catlinks/indi.html. Ein Hedgefonds ist nur so gut wie sein Manager. Manche Fondsmanager setzen Hebel ein und können „in die Luft gehen", bei einer Fehlspekulation alles verlieren. Die spektakulärsten stehen in der Zeitung, aber es gibt auch andere, die im Stillen arbeiten. Wenn Sie diesen Weg einschlagen wollen, dann treffen Sie eine kluge Wahl und sorgen Sie im Interesse Ihrer Sicherheit dafür, dass der gewählte Fondsmanager nur mit sicheren Banken Geschäfte macht. Übrigens beobachtet Asset Allocation Consultants viele solcher Manager und kann Ihnen bei der Entscheidung behilflich sein, welche für Sie am besten sind.

Eine vorübergehende Gelegenheit?

Die Gelegenheit, in einem deflationären Crash durch Kursverluste

Geld zu verdienen, kann kaum überschätzt werden, denn dann verdienen Sie mehr Geld, je weiter der Wert des Dollar steigt. Das ist ein doppelter Nutzen. Geht das immer?

Ich erinnere mich nur an ein einziges Mal, dass die Behörden in einer Hausse ein Kaufverbot ausgesprochen haben. Die Comex Futures Exchange verbot im Januar 1980 Kauforders auf Silberfutures, um ihre eigene Haut zu retten, denn viele Börsenangehörige waren selbst short. Die meisten Anleger waren long, und so durften sie ausschließlich verkaufen. Durch die Änderung der Vorschriften profitierte die Börse und die Anleger wurden vernichtet. (Mehr über diese Geschichte können Sie in Silver Bonanza von James Blanchard und Franklin Sanders nachlesen, erschienen bei Jefferson Financial, 2400 Jefferson Highway, Suite 600, Jefferson, LA 70121, Telefon 504-837-3033.)

In Bärenmärkten gelangen die bullischen Anleger immer zu der Auffassung, die Shortseller würden den „Markt nach unten drücken", wobei der Abstieg in Wahrheit meistens fast vollständig auf Verkäufen aus ihren eigenen überinvestierten Reihen beruht. Manchmal werden Leerverkäufe von den Behörden geächtet. Dadurch wird die einzige Klasse von Investoren beseitigt, die kaufen muss. Jeder Leerverkauf (es sei denn, die Aktien fallen auf null) muss eingedeckt werden, das heißt, die Aktie oder der Derivate-Kontrakt muss gekauft werden, damit der Handel abgeschlossen ist. Ein Shortselling-Verbot führt dazu, dass es am Markt keine latente Kaufkraft mehr gibt und dass er an Liquidität verliert. Er kann dann Tag um Tag tröpfchenweise fallen, ohne dass nervöse Shortseller ihre Positionen eindecken. Wie alle Verbote des freien Austauschs schadet auch das Verbot von Leerverkäufen denjenigen, denen es eigentlich helfen sollte.

Die japanische Regierung führt gerade eine Debatte über das Verbot von Leerverkäufen. Wenn die Behörden Ihres Landes beschließen, dass Shortselling nicht mehr erlaubt ist, dann ist Ihnen diese Möglichkeit leider verwehrt – das war die schlechte Nachricht. Die gute Nachricht ist, dass solche Maßnahmen meistens dann getroffen werden, wenn der Markt am Boden liegt, so dass dies ohnehin der richtige Zeitpunkt ist, seine Shortpositionen einzudecken und eine Einkaufsliste zusammenzustellen.

Kapitel 21:
Sollten Sie in Rohstoffe investieren?

Die Abbildungen 21-1 bis 21-9 zeigen, wie sich die Dollarpreise von Rohstoffen von 1929 bis 1938 entwickelt haben. Beachten Sie besonders die Jahre 1929-1932, die drei Jahre intensiver Deflation, in denen die Börse zusammenbrach. Wie Sie sehen, brachen auch die Rohstoffpreise zusammen.

In einem deflationären Crash können Sie reich werden, wenn Sie Rohstoff-Futures shorten. Dieses Spiel will allerdings gespielt sein, und ich dränge keinen durchschnittlichen Anleger, das zu tun. Wenn Sie ein ausgebuffter Rohstoffhändler sind, dann meiden Sie Long-Positionen und nutzen Sie Erholungsphasen für Leerverkäufe. Sorgen Sie dafür, dass Ihr Broker Ihr flüssiges Vermögen in Form von Schatzwechseln oder einem ähnlich sicheren Medium verwahrt.

Es kann zu Ausnahmen von dem breiten Trend kommen. Ein bestimmter Rohstoff kann im Kriegsfall gegen den Trend steigen, oder wenn Angst vor einem Krieg herrscht oder wenn es zu einer Knappheit beziehungsweise zu Transportproblemen kommt. Ein typisches Beispiel für solche Risiken ist Erdöl. Dieser Rohstoff sollte eigentlich während einer Depression fallen. In den Jahren 1929 bis 1933 war es zum Beispiel so, dass der Ölpreis schon einige Jahre gefallen war und dann nochmals um 80 Prozent absackte. Die Wahrscheinlichkeit, dass sich dies noch einmal wiederholt, wird allerdings dadurch verringert, dass sich vier Fünftel der bekannten Erdölvorräte der Welt

Rohstoffpreise 1929 bis 1938

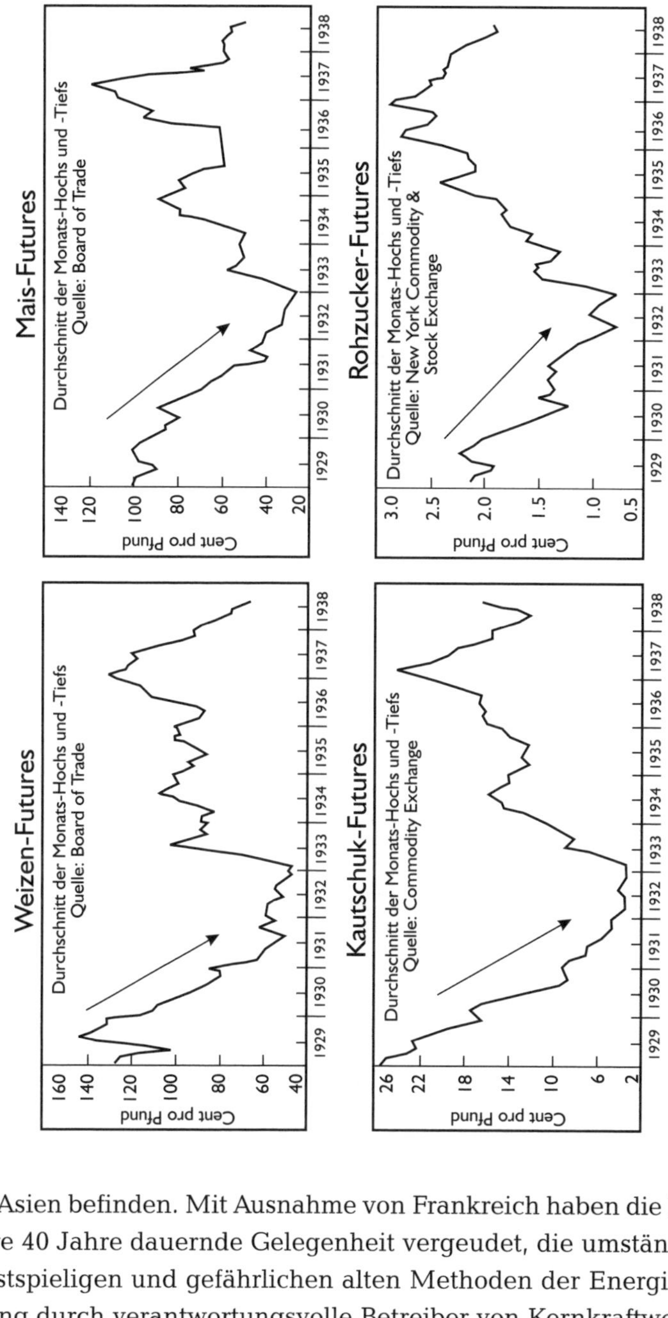

Abbildungen 21-1 bis 21-4

in Asien befinden. Mit Ausnahme von Frankreich haben die Politiker ihre 40 Jahre dauernde Gelegenheit vergeudet, die umständlichen, kostspieligen und gefährlichen alten Methoden der Energiegewinnung durch verantwortungsvolle Betreiber von Kernkraftwerken zu

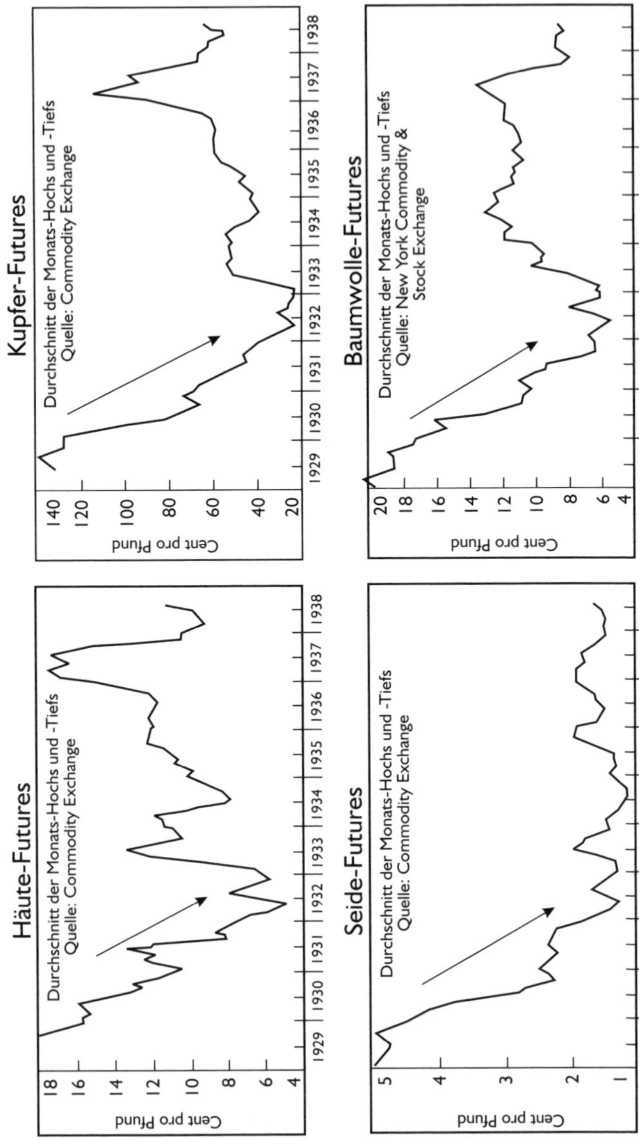

Abbildungen 21-5 bis 21-9

ersetzen, die (abgesehen von politischen Risiken) ein Vielfaches an Energie zu geringeren Kosten, mit weniger Risiko und weniger Umweltverschmutzung produzieren können. Aufgrund dieser Politik sind viele Nationen sehr anfällig für Erdöl-Lieferstopps von instabi-

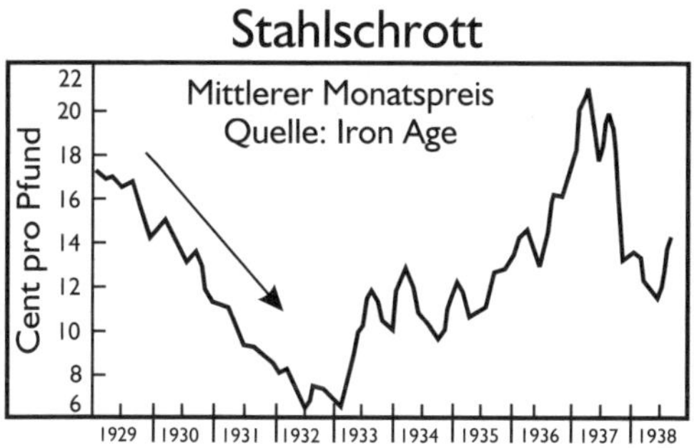

Abbildung 21-9

len Staaten. Daher ist Erdöl zwar eine gute Short-Gelegenheit, aber eine mit hohem Risiko. Seien Sie mit allen Rohstoffen vorsichtig, bei denen es zu Engpässen kommen kann.

Viele Menschen, die ein Wirtschaftschaos befürchten, empfehlen Rohstoffe, weil sie mit einer Neuauflage der von Inflation geprägten 70er-Jahre rechnen. Seit Oktober 2001 klettern die Rohstoffpreise, und die Vertreter dieser Meinung sehen sich bestätigt. Ich gebe nichts auf dieses Argument, zumindest nicht jetzt. Wie in Abbildung 21-10 zu erkennen, folgt der CRB-Rohstoff-Index (CRB = Commodity Research Bureau, „Amt für Rohstoff-Research") seit Mitte 1998 mit leichter Verzögerung dem Verlauf des S&P 500. Der jüngsten Erholungsphase haben sich auch Gold und Silber angeschlossen. Meiner Meinung nach bedeutet diese Korrelation, dass die meisten Güter derzeit mehr oder weniger gemeinsam steigen und fallen, wahrscheinlich entsprechend der zunehmenden beziehungsweise abnehmenden Liquidität. Wenn das so ist, dann wird eine Deflation die Preise der „harten" Vermögenswerte ebenso einbrechen lassen wie die Aktienpreise – so wie es immer war.

Selbst wenn ich zu dem Schluss käme, dass die Preise von Sachwerten steigen, würde ich die Rohstoffe nicht ganz oben auf meine Liste setzen. Ich würde Gold und Silber kaufen, und zwar aus drei Gründen: Wenn man erstens nicht gerade Inhaber einer Ölgesellschaft oder Ähnliches ist, kann man Rohstoffe nicht physisch besitzen. Man besitzt sie nur mittels eines Lieferversprechens, das als Futures-Kontrakt bezeichnet wird. Gold und Silber dagegen kann man

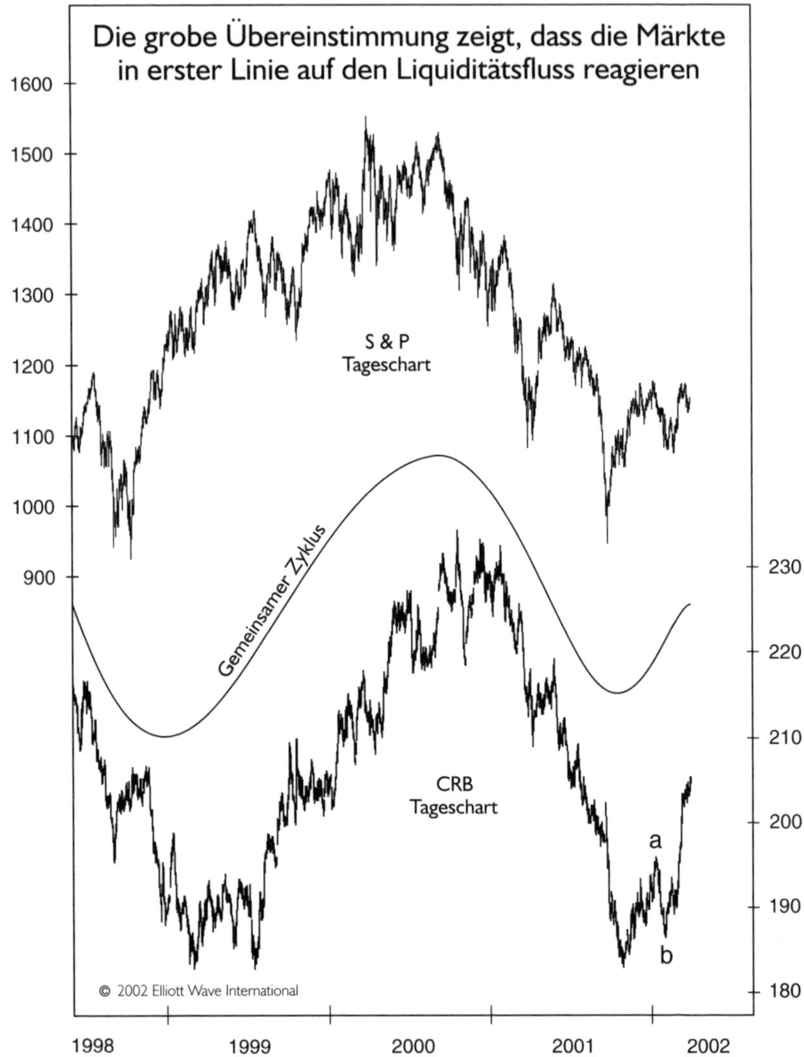

Abbildung 21-10

konkret besitzen. Zweitens sind Gold und Silber preiswert, und drittens werden sie durch Wertveränderungen der Währung angetrieben. Wenn es wirklich zu einer panischen Flucht in reale Güter kommt, kann ich mir keine Umstände vorstellen, unter denen Gold und Silber ausgespart würden.

Kapitel 22:
Sollten Sie in Edelmetalle investieren?

Wahrscheinlich werden Edelmetalle eines Tages die wichtigsten Vermögenswerte sein, die man unbedingt besitzen sollte. Von Mitte der 70er-Jahre bis zur Mitte der 80er-Jahre wollten die Anleger aus Sicherheitsgründen Gold und Silber haben. Heute interessiert sich kein Mensch mehr für Gold und Silber, und daraus entsteht so langsam eine gute Gelegenheit.

Zunächst ein paar knappe Hintergrundinformationen. Die heutigen Währungen sind pure Einbildung, aber das merkt niemand. Irgendwann im Laufe dieses Jahrhunderts werden die Menschen den Wert des Systems in Frage stellen, in dem das Geld per Erlass entsteht. Es könnte sein, dass die 70er-Jahre nur eine Aufwärmübung für den Kampf um richtiges Geld waren. Die Regierungen mögen alle Register ziehen, um das Währungssystem am Leben zu erhalten; sie werden ihre Währungen mit den verschiedensten Tricks und gesetzlichen Beschränkungen verteidigen, aber das Gold wird am Ende die Oberhand behalten.

Warum ist Gold ein derart begehrenswerter Rohstoff? Ganz oben auf der Liste steht sein unschätzbarer Nutzen zur Wertaufbewahrung. Ungebremste Inflation hat zu chronischem Wertverfall der Währungen geführt. Seit die Fed geschaffen wurde, hat der US-Dollar ungefähr 94 Prozent (der genaue Prozentsatz hängt von der gewählten Messlatte ab) seines Wertes eingebüßt. Der Währungsverfall hat die finanzielle Sicherheit der Arbeiterklasse, der Mittelklasse und der Rentner zerstört. Wenn das heutige Geld eine materielle Grundlage hätte, dann hätten die Arbeiter für ihre Altersversorgung wahre Werte ansparen können, so dass die Rentner in ihren goldenen Jahren weitaus mehr Kaufkraft hätten. Es ist schon schmerzlich zu beobachten, wie die Menschen hart arbeiten und dabei keinen Pfennig sparen können. Es wird herzzerreißend sein, unschuldige Menschen leiden zu sehen, wenn sich die Folgen der expansiven Kreditpolitik der Zentralbanken endgültig auflösen. Gold trägt auch zur langfristigen Stabilität der Produktion bei. Indem die Regierungen Zentralbanken eingerichtet und sie mit monopolistischen Befugnissen hinsichtlich des Papiergeldes ausgestattet haben, haben sie diese Stabilität gegen ein internationales Spielcasino eingetauscht, in dem die Währungsmanipulatoren auf Kosten der Produzenten und der Sparer wachsen und gedeihen.

Es ist gefährlich, eine überlebenswichtige Dienstleistung einem gesetzlichen Monopol oder staatlicher Regulierung zu unterwerfen. Als die sowjetische Regierung für die Erzeugung und Verteilung von Nahrungsmitteln verantwortlich war, meldeten die zentralen Planer sieben Jahrzehnte hintereinander „ungünstige Witterung" und Hungersnot. Ähnlich melden die zentralen Planer der Bank of England, der Fed und ihrer weltweiten Pendants Jahrzehnte „steigender Preise", Währungsabwertung und Verarmung der Sparer. Auch in einem freien Markt würde es regelmäßig zu einer Kreditinflation kommen, aber die Auswirkungen wären begrenzt, denn reales Geld unterliegt keiner Inflation; angesichts der Kreditorgie könnten sich vorsichtige Menschen und Institutionen für reales Geld stark machen. Ein freies Volk würde sich für das beste Geld entscheiden, und ich habe keinen Zweifel daran, dass das Gold wäre.

Ist die Baisse der Edelmetalle vorüber?

Obwohl Gold wirklich die beste Form von Geld ist, gibt es für alles den richtigen Zeitpunkt. Berater, die beharrlich von der Unvermeidbarkeit der Inflation redeten, haben dafür gesorgt, dass ihre Gefolgsleute 21 Jahre bei Gold und Silber geblieben sind, die in dieser Zeit gerechnet in US-Dollar um 70 respektive 93 Prozent gefal-

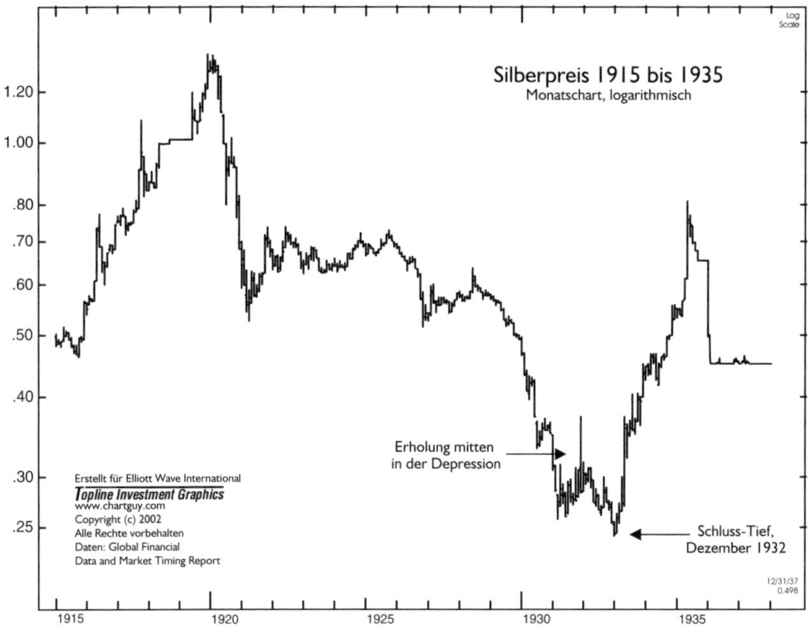

Abbildung 22-1

len sind, während der Dollar seine Kaufkraft im Laden an der Ecke verloren hat. Das ist insofern keine Kleinigkeit, als es keinem anderen Rohstoff so ergangen ist. Der Verlust war erschreckend, selbst wenn man die massiven Opportunitätskosten nicht berücksichtigt.

Genau jetzt halte ich es für wahrscheinlich, dass Gold und Silber zum Boden der Deflation hin auf ihre absoluten Dollartiefs fallen werden, denn genau das passierte während der letzten großen Deflation mit dem Silberpreis. Abbildung 22-1 zeigt, dass der Silberpreis, obwohl er bis zu dem Börsenhoch 1929 schon den größten Teil seiner Baisse hinter sich hatte, den anderen Rohstoffen und den Wertpapieren durch die Deflation hindurch immer noch abwärts folgte, bis zu dem endgültigen Tief im Dezember 1932. Es gibt selten einen hinreichenden Grund, fest darauf zu setzen, dass ein Zyklus sich anders verhält als bisher üblich, und die Geschichte dieses Zyklus lässt darauf schließen, dass der Bärenmarkt der Edelmetalle noch nicht vorüber ist. Wenn sich die kommende Deflation so verhält wie die letzte, dann bietet die Bodenbildung eine große Kaufgelegenheit für Gold und Silber – vielleicht die größte aller Zeiten.

Die meisten Goldverfechter behaupten heute, Gold und Silber seien eine „Absicherung gegen Deflation", eine „Absicherung gegen einen Krieg" und eine „Absicherung gegen eine Depression"; die historischen Zahlen stützen diese Behauuptungen nicht. Der Preisverlauf im Jahre 1931 ist aufschlussreich, weil er zeigt, dass sich der Silberpreis mitten in der Depression ein Jahr lang erholte und die Erholung mit einem starken Ausschlag nach oben endete, der auf Panikkäufe schließen lässt. Die damaligen Anleger waren wie die heutigen davon überzeugt, Silber böte während der Währungsprobleme Trost entgegen dem Trend. Sie erinnerten sich an die Performance des Silberpreises in den schweren Inflationsjahren 1914 bis 1919. Auf ähnliche Weise denken die heutigen Edelmetallenthusiasten an die inflationären 70er-Jahre. Jedoch waren die wirklichen Probleme der 30er-Jahre deflationärer Natur, und damit ist auch jetzt zu rechnen.

Der „Ansturm auf das Gold" Anfang der 30er-Jahre ist eines der stärksten Argumente, auf die sich die Goldverfechter stützen. Aber sie erzählen selten die ganze Geschichte. Ich vermute den Grund, weshalb die Menschen damals Gold kauften, in der Tatsache, dass die US-Regierung den Goldpreis auf 20,67 US-Dollar pro Feinunze festgelegt hatte. Während alles andere einbrach, stieg der relative Wert des Goldes, und der Wertzuwachs war auch noch garantiert. Wer hätte da nicht gekauft? Wenn der Staat den Preis irgendeines anderen Stoffes festgeschrieben hätte, dann hätten die Menschen stattdessen in diesen investiert. Der Goldpreis ist heute – wie der Silberpreis in den 30er-Jahren – den freien Marktkräften unterworfen und kann somit in einer Deflation des US-Dollar sinken. Ich kann nicht garantieren, dass das geschehen wird; ich kann nur feststellen, dass man kaum behaupten kann, die Geschichte liefere Indizien, die etwas anderes besagen.

Kaufen Sie auf jeden Fall Gold und Silber

Vielleicht überrascht es Sie, dass ich dafür bin, in jedem Fall eine gute Menge Gold und Silber zu besitzen. Für diese Einstellung gibt es mehrere Gründe:

Erstens könnte es aus Gründen, die ich nicht vorhersehen kann, dieses Mal anders kommen. In einer Welt aus beschlossenem Geld gebietet es die Vorsicht, sich gegen einen Run auf greifbares Geld abzusichern.

Zweitens dürften sich diese Metalle im Vergleich zu den meisten anderen Anlagen relativ gut entwickeln. Anders als viele andere Rohstoffe werden sie nicht 90 Prozent ihres derzeitigen Preises verlieren, geschweige denn wertlos werden wie viele Aktien und Anleihen. Und die Metalle sind im Vergleich zu den Spitzenpreisen des Jahres 1980 nicht teuer. Silber kostet momentan nur acht Prozent des Spitzenpreises in US-Dollar. Im Verhältnis zu Häusern und Aktien waren die Edelmetalle noch nie so günstig wie heute. Selbst wenn sie noch weiter fallen, verlieren die Edelmetalle daher prozentual weniger Wert als die meisten anderen Vermögenswerte, weil sie schon so weit gefallen sind.

Drittens interessiert die Frage, ob es eine weitere Gold- und Silberbaisse gibt, höchstens Haarspalter und Spekulanten. Der Dollarpreis der Metalle fällt seit mehr als zwei Jahrzehnten, und das sind zwischen 90 und 100 Prozent der Dauer, die ich für den Preisverfall erwartet hatte. Es ist vermutlich nicht sehr klug, in den letzten Monaten noch groß herumzutricksen.

Viertens dürften die Metalle nach dem Ende der Deflationsperiode wieder steigen. Beachten Sie in Abbildung 22-1, dass der Silberpreis nach dem Boden im Jahre 1932 wie rasend zulegte, sich innerhalb von zwei Jahren verdreifachte und so diejenigen belohnte, die ihr Silber behalten hatten. Wenn diesmal die Deflation wieder für weiterhin niedrige Edelmetallpreise sorgt, dann dürfte der Wiederanstieg nicht weniger kräftig ausfallen. Angesichts der vermutlich auf Inflation hinwirkenden politischen Kräfte dürfte er sogar noch viel stärker werden. Also liegt es in jedem Fall und mit Sicherheit in Ihrem Interesse, vor dem Beginn der auf die Depression folgenden Erholungsphase Edelmetalle zu besitzen.

Fünftens und vor allem: Wenn Sie jetzt Gold und Silber kaufen, dann werden Sie es schon haben. Wenn die Anleger in der ganzen Welt versuchen, harte Vermögenswerte zu kaufen und den Nachschub blockieren, wenn die Regierungen den Goldverkauf verbieten, wenn die Gold- und Silberpreise durch die Decke gehen, dann stecken Sie nicht vollständig in Papiergeld fest. Sie besitzen dann schon etwas, das alle anderen haben wollen.

Seien Sie sich der Tatsache bewusst, dass die gegenwärtige Gesetzeslage bezüglich des Besitzes von Gold und Silber ändern kann. Dieses politische Risiko ist selbst im „Land der Freien" keine Fantasie. Präsident Roosevelt verbot 1933 den US-Bürgern den Besitz von Gold und verhängte eine zehnjährige Gefängnisstrafe gegen jeden, der nicht innerhalb von 25 Tagen sein Gold einer Federal Reserve Bank übergab. (Im darauf folgenden Jahr begann die Regierung damit, den Preis für neu gefördertes Silber festzulegen, allerdings blieben die Preise jeweils nur für kurze Zeit und spiegelten die Marktkräfte wider.) Der Goldbann blieb mehr als vier Jahrzehnte bestehen, bis Präsident Ford ihn am Neujahrstag 1975 aufhob.

Sollten Sie jetzt Gold und Silber kaufen? Die Antwort hängt davon ab, wie viel Sie für die zusätzliche Bandbreite Ihres Portfolios zu zahlen bereit sind und für die derzeitige Verfügbarkeit. Wenn Sie warten wollen, bis der in US-Dollar notierte Preis für Edelmetalle noch einmal mindestens 30 Prozent gefallen ist, bevor er wieder steigt, dann würde ich sagen, dass das der Preis ist, den Sie für die Verfügbarkeit bezahlen wollen und für die „Versicherung" der Portfolio-Stabilität für den Fall einer unerwarteten Inflation. Wenn Sie Ihr Kapital auf jede mögliche Weise sichern wollen, dann ist die Diversifizierung unter Einschluss realen Geldes ein notwendiger Teil dieser Bemühungen.

Wie man Gold und Silber kauft

Ich halte nicht viel davon, Gold und Silber in Papierform über Futures-Kontrakte zu kaufen, in Form von goldgedeckten russischen Staatsanleihen oder Eigentumszertifikaten über Sammelkonten von Verwahrungsstätten. Was ist denn nun besser – der Besitz von wahrhaftigem Gold oder des Versprechens einer juristischen Person, es zu bezahlen? Wenn Sie höchste Sicherheit wollen, dann sollten Sie Gold und Silber unmittelbar in physischer Form besitzen.

Ein-Kilo-Barren werden zwar weltweit verbreitet gehandelt, aber „Standardbarren" von 400 Feinunzen Gewicht sind die wichtigste

Form von Gold und Silber, die von den Zentralbanken verwendet sowie von der Comex in den Vereinigten Staaten, der London Bullion Market Association und der Tokyo Commodity Exchange (TOCOM) anerkannt wird. Dies ist also das liquideste Medium zur Lagerung größerer Vermögen in Form von Gold.

Münzen sind ein gutes Medium für kleinere Portfolios. Selbst größere sollten einen Anteil Münzen umfassen, denn eines Tages könnte greifbares Geld wieder zur Tauschwährung werden, zumindest vorübergehend. Deshalb sollten Sie seltene Münzen vermeiden, die einen zusätzlichen Sammlerwert besitzen. Manche Händler raten dazu, den Aufschlag für seltene Münzen zu bezahlen, weil im Jahre 1933 einige Goldstücke, die Sammlerstücke darstellten, von der staatlichen Beschlagnahmung ausgenommen waren. Die Schwelle zur Seltenheit wurde allerdings noch nie definiert, und es gibt keine Garantie dafür, dass ein derartiges Gesetz und noch weniger genau dafür, dass das gleiche Gesetz in Ihrer Jurisdiktion in Kraft treten wird. Eine künftige Goldkonfiszierung in Ihrem Land könnte durchaus auch Goldstücke mit geringem Sammleraufschlag einschließen, denn die auf sie gegründete Anlagestrategie ist allgemein bekannt. Wenn Ihnen das Argument sinnvoll erscheint, dann sollten Sie allerdings auf jeden Fall den Aufpreis bezahlen und dafür nachts umso besser schlafen.

Die bekanntesten und liquidesten Goldmünzen sind der amerikanische Eagle, der südafrikanische Krügerrand, das kanadische Ahornblatt und die australischen Nuggets. In Silber sollten Amerikaner einen oder zwei Säcke umlaufender US-Silbermünzen besitzen. Diese Münzen bekommen Sie bei den meisten Münzhändlern. Wenn Sie einen Grundstock haben, dann stocken Sie in einem Tempo auf, das Ihnen angenehm ist, vorzugsweise wenn die Preise fallen. Jedes Mal, wenn kurzsichtige Zentralbanken und panische Schuldner den Gold- und den Silberpreis drücken, kaufen Sie etwas hinzu.

Es ist vielleicht keine so gute Idee, in Gold-Aktien zu investieren. Während allgemeiner Aktienbaissen sind die Aktien von Goldminengesellschaften öfter gefallen als gestiegen, außer in den äußerst seltenen Perioden fünf- bis zehnjähriger zunehmender Inflation. Nur wenige Menschen wissen, dass die Goldminenaktien vom Höhepunkt des Dow Jones 1929 bis zum Tiefpunkt 1932 nur leicht gestiegen sind, obwohl die US-Regierung die Produkte der Unternehmen durch die Preisfestlegung förderte. Die Minenaktien explodierten erst, als der Aktienmarkt insgesamt wieder nach oben tendierte. Heute fixiert der Staat keinen Goldpreis, so dass die Goldminen in der anstehenden Deflation gegenüber den anderen Unternehmen keinen künstlichen Vorteil haben. Die Aktien erholen sich vielleicht, wenn sich alle Aktien (so wie jetzt) erholen, aber diesmal ist keine Unterstützung eingebaut wie in den 30er-Jahren; daher werden sie diejenigen wahrscheinlich enttäuschen, die in sie investiert haben. (Natürlich würden sich die Aussichten für die Kurse von Minenaktien ändern, wenn sich die Goldpolitik des Staates ändert.) Bedenken Sie außerdem, dass die Unabhängigkeit der Goldminen gefährdet ist. Wenn man Goldaktien kauft, setzt man darauf, dass keine Regierung die Minen verstaatlicht, an denen Sie Anteile besitzen. Der Besitz von Gold ist auf dem Gipfel eines Kondratieff-Wirtschaftszyklus in Ordnung, wenn die Inflation wütet wie in den 70er-Jahren; nicht aber in den letzten Jahren, wenn die Deflation wütet und die politischen Spannungen ihren Höhepunkt erreichen.

Die offizielle Aufforderung von Präsident Roosevelt lautete 1933 folgendermaßen: „Ihr Besitz dieser verbotenen Metalle und/oder Ihr Besitz eines Schließfaches zu ihrer Aufbewahrung ist der Regierung aufgrund der Bücher der Banken und Versicherungen bekannt. Es sei Ihnen hiermit bekannt gegeben, dass Ihr Schließfach versiegelt bleibt und nur in Gegenwart eines Beauftragten des Internal Revenue Service geöffnet werden darf." Die meisten Banken kooperierten nur zu gerne, denn die Goldprohibition versprach ihre Rettung; zumindest glaubten sie das. Wenn Ihre Regierung beschließt, Gold zu konfiszieren, dann werden die Banken Ihres Landes zur Mitarbeit herangezogen. Wenn dies während des bevorstehenden Crashs eintritt, dann wird der Grund wahrscheinlich die „Bekämpfung des Terrorismus" sein. Nebenbei gesagt ist diese Möglichkeit ein guter Grund, in allen Staaten, in denen derartige Maßnahmen möglich sind, von der Aufbewahrung wichtiger persönlicher Papiere in Bankschließfächern Abstand zu nehmen. Es könnte nämlich sein, dass Sie eine Weile warten müssen, bis Ihnen der Inhalt zugänglich gemacht wird.

Wenn Sie Gold oder Silber kaufen wollen, dann sind die Möglichkeiten sehr viel eingeschränkter als noch vor 20 Jahren, als sich scheinbar jeder in diesem Bereich engagierte. Hier einige Vorschläge: Wenn Sie Gold- und/oder Silberbarren im Wert von mindestens 100.000 US-Dollar kaufen und sie in einem oder zwei der sichersten Depots der Welt lagern wollen, dann treten Sie über die SafeWealth Group mit SafeStore Ltd. in Verbindung. Wenn Sie in den Vereinigten Staaten Standard-Goldmünzen oder umlaufende Silbermünzen kaufen und sie im Inland aufbewahren wollen, lesen Sie die im Folgenden abgedruckte Händlerliste (Fidelitrade bietet auch ein devisenrechtlich genehmigtes Depot an). Vergleichen Sie vor dem Kauf zuerst die Preise.

Fidelitrade
Website: www.fidelitrade.com
Email: info@fidelitrade.com
Postadresse: 3601 North Market Street,
Wilmington, DE 19802
Telefon: 800-223-1080 oder 302-762-6200
Fax: 302-762-2902
CEO: Mike Clark

Hancock & Harwell
Website: www.raregold.com
Email: info@ raregold.com
Postadresse: Suite 310, 3155 Roswell Rd., Atlanta, GA 30305
Telefon: 888-877-1782 oder 404-261-6566
CEO: Robert L. Harwell

Investment Rarities, Inc.
Website: www.gloomdoom.com
Email: jcook@investmentrarities.com
Postadresse: 7850 Metro Parkway, Suite 213, Minneapolis,
MN 55425-1521
Telefon: 800-328-1860 oder 612-853-0700
CEO: James R. Cook

Miles Franklin Ltd.
Website: www.milesfranklin.com
Email: miles@ix.netcom.com
Postadresse: 3601 Park Center Building, Suite 120,
St.Louis Park, MN 55416
Telefon: 800-822-8080 oder 952-929-7006
Fax: 952-925-0143
CEO: David M Schectman

Straight Talk Assets, Inc.
Website: www.coinmoney.com
Email: straighttalk@mindspring.com
Postadresse: P.O. Box 1301, Gainesville, GA 30503
Telefon: 800-944-9249 oder 770-536-8045
CEO: Glenn R. Fried

Betuchte Anleger sollten ihre Positionen mit Platin abrunden. Platin ist ein Edelmetall; in den letzten Jahrzehnten wurde es auch zur Münzprägung verwendet und hat sich als neues Münzmetall etabliert. Gegenüber Gold und Silber hat Platin mehrere Vorteile, und es ist nicht der kleinste, dass damit in die Unze mehr Wert hineinpasst. Wenn Sie es sich leisten können, so weit zu diversifizieren, dann fragen Sie Ihren Edelmetallhändler nach Platinbarren und -Münzen.

Kapitel 23: Was Sie mit Ihrem Pensionsfonds tun sollten

Sorgen Sie dafür, dass Sie alle Aspekte der staatlichen Altersvorsorge Ihres Landes durchschauen. In den USA gehören dazu Strukturen wie IRAs, 401Ks und Keoghs. Wenn Sie systemweite finanzielle und politische Spannungen befürchten, könnten Sie sich entschließen, Ihre Sparpläne zu liquidieren und die entsprechende Strafgebühr zu bezahlen. Warum? Weil Sie dafür, dass Ihr Geld vor Besteuerung geschützt ist, einen gewissen Preis zahlen müssen. Sie dürfen mit diesem Geld nur das tun, was Ihnen die Regierung erlaubt. Bestimmte Investitionen sind verboten und die entsprechende Liste kann jederzeit geändert werden. Für verfrühte Abhebungen wird eine Strafgebühr erhoben, deren Höhe ebenfalls jederzeit geändert werden kann.

Was ist das Schlimmste, das passieren kann? In Argentinien gab die Regierung so lange mehr aus, als sie einnahm, bis sie bei dem Versuch bankrott machte, die Zinsen auf ihre Schulden zu bezahlen. Im Dezember beschlagnahmte sie Guthaben aus privaten Pensionsfonds im Wert von 2,3 Milliarden US-Dollar, um ihre Rechnungen zu bezahlen.

In den 30er-Jahren war viel populistische Rhetorik darüber zu hören, dass die „Reichen" zum Wohl der Allgemeinheit ausgeplündert werden sollten. Man kann sich ohne Weiteres vorstellen, dass in der nächsten Krise ebenfalls davon die Rede sein wird, dass man von den wohlhabenden Menschen verlangt, sie sollten ihre für die Altersversorgung gedachten Ersparnisse zum Wohle der Nation opfern.

Aufgrund der Struktur der Altersversorgung in den Vereinigten Staaten braucht der Staat nicht so unmittelbar einzugreifen wie in Argentinien. Es reicht, wenn er – nachdem ein Niedergang am Aktienmarkt die Ersparnisse vieler Menschen geschmälert hat – verkündet, dass Aktien zum Zwecke der Altersversorgung zu riskant seien. Unter dem Deckmantel des Anleger-Schutzes könnte er Aktien und vielleicht noch weitere Investments für steuerfreie Pensionspläne verbieten und die Art der Vermögenswerte auf eine Sorte einschränken: sichere langfristige US-Schatzanleihen. Dann könnte er das Bußgeld für vorzeitige Rücknahme auf 100 Prozent erhöhen. Simsalabim. Der Staat hat die gesamten zwei Billionen US-Dollar beschlagnahmt, die sich in staatlich geförderten und steuerlich begünstigten 401K-Pensionsfonds befinden. Ich sage nicht, dass dies geschehen wird, sondern nur, dass es geschehen könnte. Und wäre es Ihnen nicht lieber, wenn Ihr Geld sicher in Ihrer Hand wäre?

Übrigens, wenn Sie normalerweise in einer oberen Steuergruppe liegen und dann in einem Jahr kein Einkommen oder bedeutende geschäftliche Verluste haben, dann können Sie entweder einen Teil Ihres Pensionsplans oder den kompletten Betrag unter geringerer Besteuerung (weil Sie in eine niedrigere Steuergruppe rutschen) oder steuerfrei (wenn Ihre regulären Verluste den Gewinn aus dem Fonds aufheben) zu Geld machen. Wenn Sie jünger als 59 1/2 Jahre sind, dann müssen Sie normalerweise eine Strafgebühr entrichten, die derzeit zehn Prozent des ausgegebenen Wertes beträgt. Aber wenn Sie das Geld für die Bezahlung eines College-Studiums verwenden, können Sie sogar die Strafe umgehen. Wenn Sie sich den Fonds ausbezahlen lassen, können Sie das Geld auf Wunsch in den gleichen Anlagen belassen, aber dann in Ihrem eigenen Namen und nicht im Namen des Plans. Bevor Sie dies tun, sollten Sie einen Steuerberater konsultieren.

Vielleicht haben Sie keine Möglichkeit, sich die Steuern zu ersparen und wollen die Strafe für vorzeitige Auszahlung nicht bezahlen. Wenn Ihr Kontostand hoch genug ist, könnten Sie in Betracht ziehen, die Investitionen Ihres Rentenplans in eine Jahresrente einer sicheren Versicherung umzuwandeln (siehe Kapitel 24). Es ist höchst wahrscheinlich (wenn auch nicht sicher), dass diese Investition selbst im Falle eines nationalen Finanznotstands unangetastet bleibt.

Wenn Ihr Geld im Rahmen eines firmeninternen oder staatlichen Pensionsplans mit beschränkten Möglichkeiten angelegt ist, dann nehmen Sie es aus Aktien- und Anleihenfonds heraus. Parken Sie es in dem sichersten Geldmarktfonds, den der Plan erlaubt. Erkundigen Sie sich über die Vorschriften bezüglich der vorzeitigen Auszahlung und denken Sie über die weiteren Schritte nach.

Wenn Sie oder Ihre Familie ein eigenes Kleinunternehmen besitzen und die alleinigen Nutznießer eines Pensions- oder Gewinnbeteiligungsplans sind, dann sollten Sie die Vermögenswerte auf einer sicheren Bank oder einem Geldmarktfonds aufbewahren. Als Alternative können Sie je nach Alter und Erfordernissen eine Jahresrente einer sicheren Versicherungsgesellschaft in Betracht ziehen. Solche Versicherungen sind dünn gesät, aber das nächste Kapitel sagt Ihnen, wo Sie sie finden.

Kapitel 24: Was Sie mit Ihrer Versicherung und Ihren Jahresrenten tun sollten

Wenn Sie glauben, Ihr Schicksal hänge nicht von Junkbonds ab, dann könnte Ihnen eine Überraschung blühen. Wenn Sie eine Lebensversicherungspolice haben, insbesondere eine mit „Ertragsgarantie", dann könnte es sein, dass sie auf der Performance von Junkbonds basiert. Viele große Versicherungen gingen in der relativ milden Rezession Anfang der 90er-Jahre in Konkurs, weil sie ihre Policen mit Junkbonds gedeckt hatten. Die konjunkturelle Kontraktion, mit der die Versicherungsgesellschaften jetzt konfrontiert sind, ist drei Größenordnungen größer als die damalige (Großer Superzyklus im Gegensatz zu einem Primärzyklus). Um es ohne Umschweife zu sagen: Der Notgroschen Ihrer Versicherung könnte in Gefahr sein.

Manche Versicherungen garantieren einen Mindestertrag aus „Annuitäten, die an einen Aktienindex gebunden sind"; sie partizipieren an Indexsteigerungen, aber nicht an Verlusten. Eine große Finanzzeitschrift bezeichnete solche Versicherungen als „bären-sichere Möglichkeit, von der Börse zu profitieren", die „das Verlustrisiko beseitigt", aber dies funktioniert unter anderem mittels Nullkupon-Anleihen, Indexoptionen und anderer exotischer Instrumente. Dieses Gebäude stürzt irgendwann mit Sicherheit ein, und wenn das geschieht, geraten die Versicherungen, die derartige Policen verkaufen, extrem unter Druck.

Sogar Versicherungen, die traditionell sicher sind, erleiden während einer größeren Deflation Verluste, weil sie in Standardfinanzinstrumente wie Aktien, Anleihen und Immobilien investieren. In Europa haben einige ehrenwerte Versicherungen nicht aufgrund eigener Investitionen Schaden gelitten, sondern weil sie irgendwann während der letzten zehn Jahre von Banken aufgekauft wurden, die in Derivaten mit Hebelwirkung inzwischen geradezu ertrinken.

Der Schraubstock der Deflation setzt die Solvenz der Versicherungen von zwei Seiten unter Druck. Wenn der Wert der meisten Investitionen fällt, dann fällt auch der Wert der Versicherungs-Portfolios. Und wenn die Wirtschaft erlahmt, beschließen immer mehr Menschen, sich ihre Policen ausbezahlen zu lassen. Den Versicherungen wird es äußerst schwer fallen, den Wert fälliger Lebensversicherungen zu erfüllen, wenn gleichzeitig Bargeld abfließt und die Immobilien- und Aktieninvestitionen ihren Wert verlieren.

Wenn eine Versicherung in sich zusammenfällt, dann meldet sie Insolvenz an und lässt Sie möglicherweise im Regen stehen. Ich weiß das, denn mein Versicherungsmakler platzierte unsere Versicherung ausgerechnet bei Confederation Life. Im Jahre 1994 brach sie gemeinsam mit Baldwin United und der First Executive Corporation zusammen; das waren alles riesige Institutionen. Sehen Sie, was geschehen ist, weil ich nicht die nötigen Recherchen betrieben habe? Wenn Sie glauben, Sie könnten sich darauf verlassen, dass Ihr Makler eine sichere Versicherung empfiehlt, dann denken Sie noch einmal darüber nach. Makler schauen beim Einkauf hauptsächlich auf den Preis, und wenn sie auf Sicherheit achten, dann verlassen sie sich auf Rating-Agenturen, die ihre Sache nicht besonders gut machen (siehe Kapitel 25). Am Ende stellte sich heraus, dass ich Glück gehabt hatte. Der Staat sowie Branchenführer aus den Vereinigten Staaten und Kanada arbeiteten drei Jahre daran, die Policen auf andere Gesellschaften zu verteilen. Als meine Police umgezogen war, war die vorzeitige Auszahlung für ein weiteres Jahr verboten, aber ich musste die ganze Zeit meine Prämien bezahlen. Der einzige Grund, warum der Handel funktionierte, war die Tatsache, dass der Finanzboom in Nordamerika sich durch die 90er-Jahre hindurch fortsetzte und dass andere Versicherungen mit einem Gefühl der Sicherheit die zusätzlichen Verpflichtungen auf sich nahmen.

Wenn ein massiver Abschwung läuft, dann sind nur wenige Versicherungen willens oder in der Lage, die verpflichtenden Policen einer unter Druck stehenden Gesellschaft zu übernehmen, hinter denen nur wenig Sicherungskapital steht. Wenn Ihre Versicherung pleite macht, sind die Investitionen Ihres ganzen Lebens weg. Das ist schon vielen Menschen passiert und wird noch viel mehr Menschen passieren.

Erlebensfall-Policen sind in einem System von Erlass-Geld immer eine schreckliche Sache. Wenn Inflation herrscht, wächst ihr realer Wert weitaus langsamer, als es scheint – wenn er überhaupt wächst, denn die Kaufkraft pro Währungseinheit sinkt. In deflationären Zeiten kann die Police, auf die Ihre Familie sich zum Schutz vor Tod und Alter verlässt, zunichte werden, wenn das Unternehmen bankrott ist.

Es gibt die Möglichkeit, sich solche Policen ausbezahlen zu lassen und dafür eine Laufzeitversicherung zu kaufen. Mit einer Laufzeitversicherung können Sie das Schicksal verschiedener Versicherer beobachten und von der einen zur anderen wechseln. Fragen Sie Ihren Versicherungsmakler nach den Möglichkeiten, die Ihnen offen stehen.

Andererseits können Sie auch einen interessanten „Deflationsbonus" bekommen, wenn Sie vorsichtig sind. Wenn Sie eine Laufzeitversicherung oder eine Jahresrente bei einer soliden Gesellschaft haben, dann können Sie weit über das Ziel hinausschießen, weil die Summe und die Raten als Geldbetrag festgelegt sind. Während einer Deflation steigt der Wert des Bargeldes, so dass die Kaufkraft wächst; mit jedem Dollar, den Ihre Police wert ist, können Sie dann mehr Güter und Dienstleistungen kaufen als zuvor. Sie brauchen dafür nichts weiter zu tun, als eine solide Versicherungsgesellschaft zu finden.

Wo man Versicherungspolicen kaufen sollte

Das Allermindeste ist, dass Sie Ihre Erlebensfall-Versicherung oder Ihre Jahresrente so schnell wie möglich auf einen soliden Versicherer übertragen. Wenn Sie mit dem Umzug Ihrer Versicherung einen Tag zu lange zögern und die Vermögenswerte des Unternehmens eingefroren werden, gibt es keine Abhilfe.

So weit ich das beurteilen kann, bietet Weiss Ratings, Inc. die verlässlichsten Ranglisten US-amerikanischer Versicherungsgesellschaften. Das System ist einfach und klar. Im Gegensatz zu dem Dickicht von Abstufungen wie Bbb+ oder Ähnlichem, wie es andere Agenturen benutzen, liest sich das Weiss-System wie ein Schulzeugnis mit Noten von A+ bis F. Oberhalb von F gibt es nur bei E mehrere Abstufungen. Laut Weiss bieten alle Unternehmen mit dem Rating B oder besser „gute" finanzielle Sicherheit, aber empfiehlt, nur Geschäfte mit Gesellschaften abzuschließen, die mit B+ oder besser beurteilt wurden. In normalen Zeiten benötigen Sie wahrscheinlich nichts als diese Einschätzung. Aber wenn Sie glauben, es bestehe ein reales Risiko, dass derart rare und zerstörerische Ereignisse – nämlich deflationärer Crash und Depression – eintreten werden, warum

Die sichersten Versicherer der Vereinigten Staaten

Unternehmen	Sitz (Staat)	Weiss-Sicherheits-Rating	Gesamtvermögen in Mio US-$
LEBENS- UND KRANKENVERSICHERUNGEN			
American Familiy Life Ins Co	WI	A+	2.541,20
Country Life Ins Co	IL	A+	4.118,90
Northwestern Mutual Life Ins Co*	WI	A+	99.660,80
State Farm Life & Accident Asr Co	IL	A+	991,20
State Farm Life Ins Co*	IL	A+	29.344,90
Teachers Ins & Annuity Asn Of Am*	NY	A+	124.606,70
Schaden- und Haftpflichtversicherungen			
Alfa Mutual Ins	AL	A+	1.136,60
Amica Mutual Ins	RI	A+	2.912,40
Associates Ins	IN	A+	529,60
Auto-Owners Ins	MI	A+	5.514,30
Canal Ins	SC	A+	661,20
Government Employees Ins	MD	A+	8.157,90
Home-Owners Ins	MI	A+	323,60
Interins Exch of the Automobile Club	CA	A+	3.366,10
Kentucky Farm Bureau Mutual Ins	KY	A+	1.108,20
Protective Ins	IN	A+	412,60
State Farm Mutual Automobile Ins	IL	A+	73.397,50
Tennessee Farmers Asr	TN	A+	470,00
Tennessee Farmers Mutual Ins	TN	A+	1.212,30
United Services Automobile Asn	TX	A+	10.278,60
USAA Casualty Ins	TX	A+	3.145,50

**Gehört zu den 25 größten Versicherungen, die als B+ oder höher eingestuft wurden.*
Quelle: Weiss Ratings, Inc. (basierend auf Daten vom 31.03.2002, aktualisiert für diese Ausgabe)

sollten Sie dann nicht das absolut Beste verlangen? Tabelle 24-1 bietet eine Liste aller US-amerikanischen Versicherungsgesellschaften, die Weiss als A+ einstuft. Die drei Unternehmen, die auch auf Weiss' Liste der 25 großen Versicherungsgesellschaften mit mindestens B+ stehen, sind mit einem Sternchen gekenneichnet. Eine umfangreichere Unternehmensliste finden Sie in dem Buch von Weiss: *The Ultimate Safe Money Guide.*

So vorsichtig die Beurteilungen auch sein mögen, die Einstufungen können sonstige Betrachtungen, die in einer Depression entscheidend sind, nicht voll berücksichtigen. Zum Beispiel: Welche Bank(en) verwendet der Versicherer für die Aufbewahrung seines Vermögens und für Transaktionen? Wenn die Hausbank eines Versicherers scheitert, kann in der Versicherung das Chaos ausbrechen. Allein dieser Faktor kann die Einstufung als A+ zunichte machen. Ratings können sich aus allen möglichen Gründen ändern. Am besten verfolgen Sie die Weiss-Ratings der von Ihnen gewählten Gesellschaften (Kontaktinformationen finden Sie im letzten Teil des Buches).

Als gäbe es nicht schon genügend Anlass zur Sorge, kann es sich auch als entscheidend erweisen, in welcher Währung Ihre Police ausgestellt ist. Wenn der Wert der Währung, in der Sie hoffen ausgezahlt zu werden, verfällt, dann geht es Ihren Rentenplänen ähnlich.

Auch hier ist die SafeWealth Group darauf spezialisiert, alle genannten Risiken dadurch zu minimieren, dass sie die sichersten Versicherungsgesellschaften der Welt ausfindig macht und herausfindet, welche davon sichere Banken als Treuhänder ihres Vermögens beauftragen. Und, was noch besser ist, sie findet auch diejenigen unter ihnen heraus, die es Ihnen erlauben, die Währung zu wählen, auf die die Policen lauten. Solche Sicherheitsmaßnahmen sind insbesondere für Jahresrenten, Immobilienplanung und Kapitalsicherungsprogramme wichtig, bei denen Versicherungsverträge eingesetzt werden.

Das Wichtigste ist, dass Sie jetzt den Gefährdungsgrad Ihrer Versicherungspolicen und Jahresrenten einschätzen können. Wenn Sie zufrieden sind, in Ordnung. Wenn nicht, dann können Sie die angemessenen Schritte unternehmen, bevor Ihre Versicherungsgesellschaft, ihre Bank oder Sie zu sehr unter Druck stehen, um sich anzupassen.

Kapitel 25:
Zuverlässige Quellen für Finanzwarnungen

Sicherheitseinstufung von Finanzinstituten

Die weithin genutzten Ratingagenturen kommen mit ihren Warnungen vor Schwierigkeiten innerhalb von Finanzinstituten fast immer fürchterlich spät. Häufig scheinen sie Informationen über ein Unternehmen erst dann zu erhalten, wenn alle anderen sie auch bekommen, und das bedeutet, dass sich der Preis der entsprechenden Aktie oder Anleihe bereits geändert hat, um die Nachricht widerzuspiegeln. Im äußersten Fall kann ein Unternehmen zusammenbrechen, bevor die normalen Ratingagenturen wissen, was ihm widerfahren ist. Wenn vor lauter aufgewirbeltem Staub nichts zu erkennen ist, überspringen sie einfach die schrittweise Herabstufung und ändern das Rating des Unternehmens von „erstklassig" auf „bankrott".

Die Beispiele sind zahlreich. Die Schuldpapiere des größten Immobilienunternehmens der Welt, Olympia & York of Canada, hatten 1991 das Rating AA. Ein Jahr später war es bankrott. Die Ratingagenturen haben die historischen Katastrophen der Barings Bank, der Sumitomo Bank und von Enron verpasst. Enron-Anleihen genossen noch vier Tage vor der Insolvenz das Rating „erstklassig". In meinen Augen waren insbesondere die Anleihen von Enron schon lange vor dem Zusammenbruch als „Müll" zu durchschauen. Wieso? Weil das Unternehmen ein Heer von Derivatehändlern beschäftigte, und das ist ein absolut sicheres Zeichen dafür, dass ein Unternehmen irgendwann in Konkurs geht, selbst wenn dies nicht seine hauptsächliche Geschäftsaktivität ist.

Manchmal hat die Überbewertung von Schuldpapieren strukturelle Gründe. Beispielsweise kaufen die Anleger Schuldverschreibungen und Anleihen von Fannie Mae, Freddie Mac und der FHLB weil sie glauben, der amerikanische Staat bürge dafür. Das tut er aber nicht. Das Einzige ist, dass Fannie und Freddie je 2,5 Milliarden und die FHLB vier Milliarden Kredit beim US-Schatzamt aufnehmen dürfen. Dieser Kreditrahmen stellt weniger als ein viertel Prozent der ausstehenden Hypothekendarlehen dieser Gesellschaften dar, also nur einen Tropfen auf den heißen Stein. Und was noch schlimmer ist: Die von diesen Unternehmen ausgegebenen Anleihen sind von den Registrierungs- und Offenlegungs-Pflichten gegenüber der SEC ausgenommen, weil man einfach annimmt, sie seien sicher. Die Vermögensmanager der Unternehmen werden zutiefst schockiert sein, wenn eine Depression ihre Portfolios und ihre Gewinne verwüstet. Genauso überrascht werden die Anleger sein, die in Aktien und Anleihen der Gesellschaften investiert haben, wenn die Aktienkurse und die Anleihenratings zusammenbrechen. Die meisten Ratingagenturen werden das nicht kommen sehen.

Ein paar Gesellschaften bewerten die Sicherheit von Institutionen nach einer strengen Methode. In Kapitel 19 habe ich drei gute Firmen aufgeführt, die US-Banken bewerten. Weiss Ratings, Inc. bietet recht verlässliche und detaillierte Beurteilungen einer breiteren Palette amerikanischer Unternehmen. Weiss setzte Enron im April 2001 auf seine „Schwarze Liste der Unternehmensgewinne" und bezeichnete die Gesellschaft als „der Manipulation seiner Ergebnisberichte höchst verdächtig". Zwei Quartale danach brach der Skandal los; zahllose Mitarbeiter und Investoren – Menschen, die nicht die leiseste Ahnung von den Vorsichtsmaßnahmen haben, die ich in diesem Buch empfehle – verloren alles. Die SafeWealth Group wendet einen noch strengeren „Überlebensfähigkeits-Indikator" auf Finanzinstitute weltweit an; sie berücksichtigt nicht nur die aktuelle Bilanz und Unternehmensstruktur, sondern auch die vermutliche Tauglichkeit des Unternehmens in einer Finanzkrise oder einer Depression. Die SafeWealth Group veröffentlicht keine Ratings, sondern vermittelt geeignete Einzelpersonen, Unternehmen und Trusts auf Anfrage an die am höchsten eingestuften Institute.

Anlageempfehlungen von Brokerhäusern

Ich habe den Menschen zeit meiner Karriere geraten, den „Fundamental"-Analysten (im Gegensatz zu technischen Analysten) von Brokerhäusern als Warnungen vor irgendetwas nicht zu trauen. Die Analysten von Brokerhäusern treffen höchst selten den richtigen Zeitpunkt. Abgesehen davon, dass sie ihren Unternehmenskunden verpflichtet sind und somit sehr stark zur bullischen Seite neigen, verwenden die meisten Analysten die falschen Werkzeuge. Selbst wenn sie selbstständig denken, haben sie meistens nicht die Marktpsychologie studiert und haben somit keine Ahnung, wie sie den Zeitpunkt für ein mögliches Aktienhoch abschätzen sollen. Tatsächlich preisen Brokeranalysten eine Aktie typischerweise dann an, wenn sie ihr Hoch erreicht hat und wieder im Fallen begriffen ist. Vor über 20 Jahren, als ich als Technical Market Specialist bei Merrill Lynch tätig war, erlebte ich, wie ein Analyst einen Hersteller von CB-Funkgeräten weiterhin als „Kauf" einstufte, während die Aktie von 19 auf einen US-Dollar fiel. Daran hat sich nichts geändert. Laut Berichten empfahlen elf von 16 Analysten, die sich mit Enron befassten, die Aktie zum Kauf (manche ordneten sie sogar als „strong buy" ein), und das vier Wochen bevor das Unternehmen Konkurs anmeldete sowie lange nachdem der Kursverfall der Aktie die Anleger ruiniert hatte. Die meisten Menschen haben danach gelernt, dass Analysten fast niemals das Wort „verkaufen" verwenden. Wenn sie eine Aktie wirklich für gefährlich halten, etikettieren sie sie mit „halten". Das Problem dabei ist, dass sie dieses Etikett normalerweise erst dann vergeben, wenn die Aktie den größten Teil ihrer Baisse schon hinter sich hat. Wenn Sie vermeiden wollen, dass Ihnen solche Strategen Schaden zufügen, brauchen Sie unabhängige Börsenanalysen.

Nützliche Börsenbriefe in bärischen Marktlagen

Die meisten heutigen Börsenbriefe sind ihrer Zeit gelinde gesagt etwas hinterher. Sie empfehlen hauptsächlich Aktien zum Kauf. Das war in der bullischen Zeit in Ordnung, aber jetzt ist es das wahrscheinlich nicht mehr. Man braucht zu allen Zeiten, aber auf jeden Fall in einer globalen Baisse, Informationen von erfahrenen Analysten, die die Finanzwelt mit gesunder Skepsis betrachten und genauso gut vor Anlagen warnen können, die man meiden sollte, wie sie zu bestimmten Handlungen raten. Hier ein paar Publikationen außer meinen eigenen (siehe am Ende des Buches), die ich ganz gut finde:

The Gloom, Boom & Doom Report
Website: www.gloomboomdoom.com
Email: mafaber@attglobal.net
Postadresse: 3308 The Center, 99 Queens Rd. Central, Hong Kong
Telefon: 852-2-801-5410
Fax: 852-2-845-9192
Herausgeber: Marc Faber

Grant's Interest Rate Observer
Website: www.grantspub.com
Email: webmaster@grantspub.com
Postadresse: 30 Wall Street, New York, NY 10005
Telefon: 212-809-7994
Fax: 212-809-8426
Herausgeber: James Grant

The International Speculator
Website: www.dougcasey.com
Email: internationalspec@agora-int.com
Postadresse: P.O. Box 5195, Helena, MT 59604
Telefon: 800-433-1528 oder 406-443-0741
Fax: 406-443-0742
Herausgeber: Doug Casey

Safe Money Report
Website: www.safemoneyreport.com
Email: wr@weissinc.com

Postadresse: Weiss Research, P.O. Box 109665,
Palm Beach Gardens, FL 33410
Telefon: 800-236-0407 oder 561-627-3300
Fax: 561-625-6685
Herausgeber: Martin D. Weiss

SafeWealth Report
Email: clientservices@safewealthadvisory.com
Postadresse: SafeWealth Advisory Ltd. – Service Center,
P.O. Box 1995, Windsor, Berkshire SL4 5LL, U.K.
Telefon: 44-1753-554-461
Fax: 44-1753-554-642
Herstellungs-Manager: Jane V. Scott

Die meisten der aufgeführten Dienstleister können Ihnen Ideen anbieten, aber letzten Endes müssen Sie sich aufgrund der von ihnen präsentierten Informationen selbst entscheiden.

Kapitel 26: Wie Sie Ihre körperliche Unversehrtheit sichern

Haussen und Baissen sind im Wesentlichen Trends der gesellschaftlichen Stimmung, und solche Trends haben Auswirkungen.

Ein positives soziales Klima hat positive Auswirkungen auf die Gesellschaft. Der große Bullenmarkt des letzten Vierteljahrhunderts hat eine wunderbare Welt geschaffen. Die großen Gegenspieler auf den Gebieten Politik, Religion und Rassenzugehörigkeit haben sich den Bruderkuss gegeben. Der Kalte Krieg ging zuende. Der Kommunismus ist zusammengebrochen. Die Märkte sind globalisiert und ausgefeilt. Die Welt hat sich zu einem gewissen Grad für Kapitalismus und Freiheit entschieden. Das Informationszeitalter hat begonnen. Sogar die Countrymusik ist härter und fröhlicher geworden. In den 90er-Jahren fühlten sich die Menschen sicher, und heute regiert der Wohlstand.

Grob ausgedrückt war das Umfeld sicher, profitabel und vergnüglich. Aber gesellschaftliche Trends sind keine Einbahnstraßen. Wenn der positive Trend vorüber ist, gilt für eine Weile ein negativer Trend. Diese Trends haben auch soziale Konsequenzen: destruktive Folgen, die die Finanzen, die Wirtschaft, die Politik und soziale Beziehungen aller Art betreffen.

Im vorliegenden Buch geht es vorwiegend um Finanzen. Wenn Sie aus Investitionen aussteigen, die in einem Crash den Großteil ihres Wertes verlieren, und wenn Sie Ihr Geld in Sicherheit bringen, dann werden Sie hinsichtlich der Kaufkraft wohlhabend sein. Unglücklicherweise hängt an einer Baisse aber noch mehr. Depressionen bringen Chaos. Vielleicht haben Sie Geld, aber bestimmte Waren können knapp werden oder rationiert sein. Vielleicht gehen Sie mit Ihren Finanzen klug um, aber Sie befinden sich plötzlich in einem Kriegsgebiet.

Es macht vielleicht nicht gerade Spaß, die gesellschaftlichen Auswirkungen von Abwärtstendenzen zu untersuchen, aber es ist wichtig. Wenn Sie finanziell ruiniert sind, können Sie natürlich von den großen Investmentgelegenheiten, die sich bieten werden, nicht profitieren. Wenn Sie aber physisch gefährdet sind, dann können Sie es vielleicht nicht einmal mehr versuchen.

Um von einem Aufwärtstrend profitieren und ihn genießen zu können, müssen Sie und Ihre Familie während des vorangehenden Abwärtstrends vollkommen geschützt sein. Dann können Sie sich, wenn sich der Boden abzeichnet, über die allgemeine Verzweiflung erheben und sowohl finanziell als auch emotional von der nächsten Expansionswelle positiver gesellschaftlicher Stimmung profitieren.

Elliott-Wellen zeigen viele gesellschaftliche Veränderungen im voraus an, und Sie können sie bis zu einem gewissen Grad mittels dessen vorwegnehmen, was ich als Sozionomie bezeichne. Dieses Buch bietet nicht den Platz, dieses Konzept zu erklären. Wenn Sie einen Geschmack davon bekommen wollen, wie nützlich die Sozionomie sein kann, dann lesen Sie die folgenden Kommentare über ein Resultat des Stimmungswechsels in der Gesellschaft, das der vorausgesagte Bärenmarkt bringen sollte:

„Ausländer werden auf amerikanischem Boden Terroranschläge verüben ...“

At the Crest of the Tidal Wave (1995), Kapitel 21, S. 435

„Der Drang zur Bautätigkeit zeigt sich im Bau rekordverdächtiger Wolkenkratzer, wenn die gesellschaftliche Stimmung Spitzenwerte erreicht. Wenn die Stimmung sinkt, wird kaum gebaut, und viele existierende Gebäude werden niedergebrannt oder zerbombt.“

The Wave Principle of Human Social Behavior and the New Science of Socionomics (1999), Kapitel 14, S. 229-230

„Der Nahe Osten dürfte zu einer vollständigen Katastrophe werden. In dieser Region findet man mindestens drei Religionen, die einander abgeneigt sind; der Waffenstillstand ist schon zu Bullenzeiten angespannt, daher wird diese Region explodieren."

The Elliott Wave Theorist, August 2001

Der Anschlag auf das World Trade Center am 11. September 2001 und der nachfolgende Afghanistankrieg haben diese Bemerkungen wahr gemacht, und dabei haben wir erst zwei mäßige Jahre des Bärenmarktes hinter uns.

Übrigens tun einige Kommentatoren so, als hätte der Terroranschlag die Rezession verursacht, aber der Aktienmarkt hat den Höhepunkt schon anderthalb Jahre vorher überschritten, und die Konjunktur begann ein halbes Jahr davor zu erlahmen. Solche Anschläge sind eine Folge der negativen gesellschaftlichen Stimmung, und daher können Sozionomen im Allgemeinen das grundsätzliche Verhalten vorhersagen, das sich in solchen Handlungen manifestiert. Es ist nur die Frage, wie häufig und wie schwer die Manifestationen sind. Soziale Unruhe ist immer vorhanden, selbst im Endstadium von Haussen, aber die Eskalation findet immer in einer Baisse statt. Mehr zu diesem Thema lesen Sie bitte in den Kapiteln 14 bis 16 von *The Wave Principle of Human Social Behavior and the New Science of Socionomics*. Eine ausführlichere Diskussion dessen, was in gesellschaftlicher Hinsicht von der Baisse zu erwarten ist, lesen Sie bitte Kapitel 21 von *At the Crest of the Tidal Wave*.

Polarisierungen und Konflikte

Die hauptsächliche Wirkung eines Bärenmarktes sind zahlreiche verschiedenartige gesellschaftliche Polarisierungen. Die Polarität zeigt sich in allen denkbaren Zusammenhängen – sozial, religiös, politisch, in der Hautfarbe, in Unternehmen und Klasse. In einer Baisse werden die Menschen auf irgendeine Art dazu gedrängt, sich als einer kleineren sozialen Einheit zugehörig zu identifizieren als zuvor, und dies auf leidenschaftlichere Art und Weise. Dies ist wahrscheinlich eine Folge der Verärgerung, denn jede soziale Einheit findet unweigerlich Gründe sich zu ärgern und die gegnerische Gruppe anzugreifen. In der Baisse der 30er-Jahre forderten Kommunisten und Faschisten die politischen Institutionen heraus. In der Baisse der 70er-Jahre forderten die Studenten die Polizei und die Schwarzen die Weißen heraus. In beiden Fällen bekämpften die Arbeiter die Arbeitgeber und Drittparteien den herrschenden Zustand. In Bärenmärkten werden Versammlungen, Demonstrationen und Protestmärsche zu normalen Ereignissen.

Der Separatismus gewinnt an Kraft, weil sich die Regionen polarisieren. Der Populismus wird stärker, weil sich die Klassen polarisieren. Dritte, vierte und weitere Parteien finden Unterstützer. Bärenmärkte führen zu Arbeiterstreiks, rassistischen Konflikten, religiöser Verfolgung, politischen Unruhen, Protektionismus, Staatsstreichen und Kriegen. Im Bereich des individuellen Verhaltens wird ein Teil der Bevölkerung konservativer und ein Teil hedonistischer, wobei jede Seite die andere als reformbedürftig beschreibt. Ein Grund, weshalb Konflikte in Depressionen ein solches Ausmaß annehmen, besteht darin, dass die Mittelklasse durch das Finanzdebakel fast ausgelöscht wird und sich die Zahl der Menschen erhöht, die wenig oder nichts zu verlieren haben und ihren Ärger nicht zurückhalten müssen.

Der falsche Zeitpunkt früherer Befürchtungen

Ende der 70er- und Anfang der 80er-Jahre waren Überlebenstechniken ein großes Thema. Bücher darüber, wo man Stromgeneratoren bekommt, welche kugelsichere Weste man sich kaufen sollte, wie man getrocknete Nahrungsmittel lagert und so weiter, verkauften sich millionenfach. Natürlich traf diese Beschäftigung mit dem Erreichen eines größeren Bodens nach einer 16 Jahre währenden Baisse zusammen (inflationsbereinigt). Man hätte damals die Zeit nicht auf diese Weise verschwenden sollen; man hätte Aktien und Anleihen kaufen sollen. Der optimale Zeitpunkt für Sicherheitsbedenken ist der Anfang eines Abwärtstrends, nicht das Ende.

Im Jahre 1999, kurz vor dem Allzeithoch des Aktienmarktes, sorgten sich die Menschen wieder um ihre physische Sicherheit, aber diesmal aus den falschen Gründen. Sie befürchteten, dass das als „Y2K" bezeichnete Computerproblem die zivilisierte Welt lahmlegen würde. Mitten in der hitzigen internationalen Besessenheit von diesem Thema antwortete ich auf viele Emails an das Message Board unserer Website, dass die Kräfte des freien Marktes sich um dieses Problem kümmern würden. Bevor die gesellschaftliche Stimmung zu sinken begann, was an einem bedeutenden Verfall der Aktienindizes erkennbar sein würde, gab es in dieser Hinsicht kaum etwas zu befürchten.

Erwartete Ereignisse wie diese verursachen selten einen weltweiten Bruch. Weltweite Brüche werden von Trends wie wachsendem Pessimismus, wachsender Verärgerung und wachsender Angst hervorgerufen, das heißt durch einen Bärenmarkt. Nach dem ersten Januar 2000 lösten sich die Y2K-Bedenkenträger in Luft auf. Gerade als das finanzielle Risiko am größten war, herrschte wieder die Selbstzufriedenheit. Zu diesem Zeitpunkt hätte auch die physische Sicherheit zu einer ernsten Sorge werden müssen. Die terroristischen Ausbrüche der letzten Monate ist also, wie Sie jetzt verstehen werden, ein Produkt des Bärenmarktes.

Ein paar Gedanken über Vorbereitetsein

Was man zu seiner physischen Sicherheit genau tun sollte, ist eine schwierige Frage. In Zeiten sozialer Unruhe ist es gewissermaßen gefährlich, in einem dicht besiedelten Gebiet, in der Nähe militärischer oder wichtiger infrastruktureller Einrichtungen zu wohnen. Wenn Sie durch einen Arbeitsplatz physisch an einen solchen Ort gefesselt sind, ist der Entschluss zu einem Ortswechsel sogar noch schwieriger als andernfalls.

Ich kenne Menschen, die Ackerland auf dem Lande besitzen, eine Zuflucht in den Bergen oder ein autarkes Haus. Andere kaufen Gewehre oder besuchen Kurse in Selbstverteidigung. Das ist alles eine gute Idee, wenn das zu den Wünschen und Bedürfnissen Ihres Lebens passt.

Damit aber derartige Vorbereitungen sinnvoll sind, müssen Sie sich in einer Situation befinden, in der Sie sie brauchen. Während eines Bärenmarktes ist es normalerweise weniger wahrscheinlich, einer Meute zu begegnen, einem Verbrecher oder Terroristen als mit staatlich geförderten Kontrollen in Ihrem eigenen Land oder militärischen Angriffen von außen konfrontiert zu werden. Und in diesen Situationen können Ihnen eine Zuflucht oder Karatekenntnisse wohl nur wenig helfen.

Aber trotzdem, wenn Sie glauben, Sie müssten sich auf eine solche Art vorbereiten, dann ist jetzt ein guter Zeitpunkt, die alte Liste von Y2K-Artikeln herauszukramen und davon alles zu kaufen, was Sie haben wollen – einen Generator, getrocknete Notfallrationen für ein paar Monate, ein Videoüberwachungssystem, Verteidigungswaffen etc. – einige kosten nur die Hälfte dessen, was man Ende 1999 dafür zahlen musste. Es ist wohl kaum eine unvernünftige Idee, auf Terrorismus vorbereitet zu sein.

Hier einige Webadressen, die Ihnen im Zusammenhang mit physischen Vorbereitungen weiterhelfen. Einige bieten Links zu anderen Websites, so dass Sie noch viele weitere Quellen finden, wenn Sie erst einmal „drin" sind.

Vorbereitung auf Katastrophen

www.globaldisaster.org/nbcscreen.shtml
www.oism.org/nwss/s73p908.htm
www.fema.gov/pte

Survival-Grundlagen

www.survival-center.com/index.htm
www.ki4u.com/nuclearsurvival/list.htm

Sicheres Haus, Katastropheninformation

www.joelskousen.com

Trockennahrung

www.alpineaire.com
www.fcs.uga.edu/pubs/current/FDNS-E-34-CS.html
www.nal.usda.gov/fnic/emerg.html

Wasser-Test

www.calcon.net/~prt

Luft-Test

www.envirotester.com

Selbstverteidigung

www.kravmagainc.com

Manche Literatur über Katastrophenschutz ist weniger hilfreich als ärgerlich. Halten Sie immer wieder inne und fragen Sie sich: Ist diese Maßnahme notwendig? Gibt es eine intelligentere Alternative? Es bringt wenig, viel Zeit, Mühe und Kosten in die Vorbereitung auf Katastrophen zu investieren, die höchst unwahrscheinlich sind oder die knapp vermieden werden können.

Kapitel 27: Vorbereitung auf einen Politikwechsel

Das Schicksal der gewählten Führungen

Abbildung 27-1 zeigt anhand des historischen Wahlverhaltens in den Vereinigten Staaten, dass die Wähler, wenn der Aktienmarkt als Zeichen positiver Stimmung in der Gesellschaft steigt, dazu neigen, die bisherige Führung zu bestätigen. Wenn die Aktien fallen, wird das Staatsoberhaupt durch ein erdrutschartiges Wahlergebnis oder mit anderen Mitteln abgeschafft. Trotz der geringen Anzahl von Beispielen gibt es von dieser Regel keine Ausnahmen. Die Wähler scheinen sich in solchen Zeiten nicht darum zu kümmern, welche Partei gerade an der Macht ist. Sie entziehen einfach demjenigen, der die Verantwortung trägt, und seiner Partei die Macht.

Nationale Führer verschlimmern ihre Lage immer dadurch, dass sie (1) Kredit verlangen, wenn es der Wirtschaft gut geht, und dadurch vermuten lassen, es sei ihr Fehler, wenn das nicht der Fall ist, und (2) wirtschaftsfördernde Maßnahmen in Kraft setzen wollen, wenn die Wirtschaft schwächer wird; dadurch schüren sie die Illusion, sie könnten sie kontrollieren, und das gibt der Opposition die Behauptung an die Hand, die jeweilige Politik sei gescheitert.

Ein politischer Führer kontrolliert nicht die Wirtschaft seines Landes, aber die Wirtschaft kontrolliert mächtig sein Image. Wenn die Konjunktur erlahmt, leidet das Image, und die Wähler werfen ihn hinaus. Das gilt für gewählte Vertreter auf der ganzen Welt. Aufschluss-

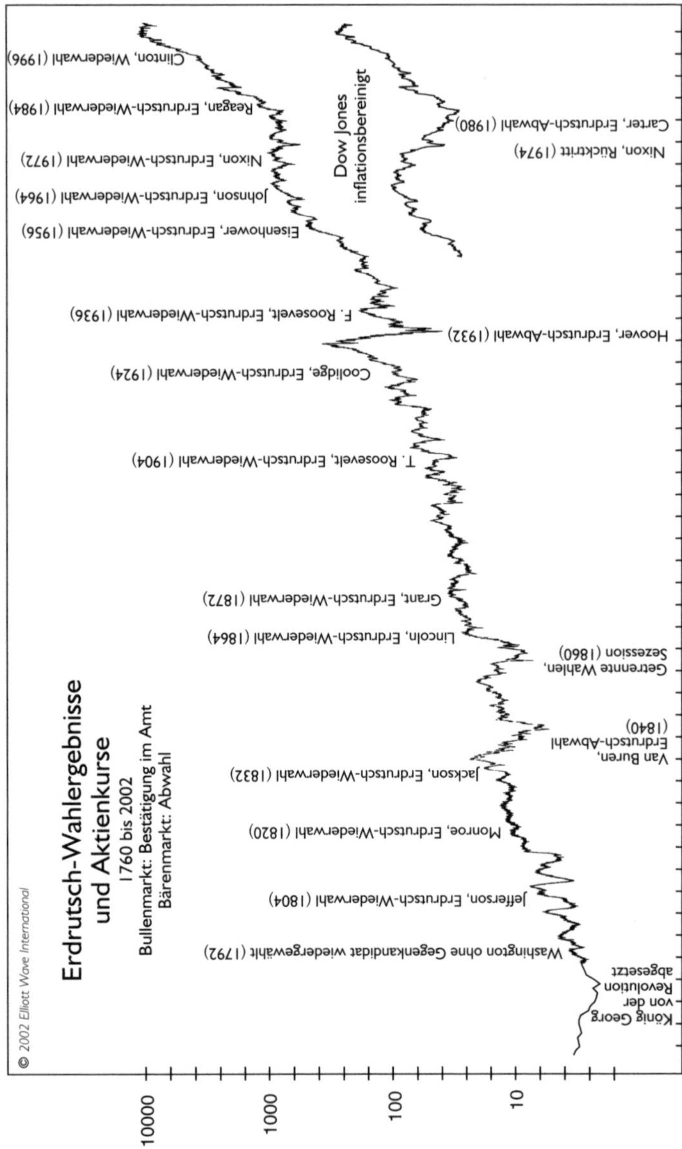

Abbildung I-I

reich ist in diesem Zusammenhang das Schicksal des amerikanischen Präsidenten Richard Nixon. Er gewann 1972, als die Börse ein bedeutendes Hoch erreichte, mit einem erdrutschartigen Wahlsieg eine zweite Amtszeit und wurde knapp zwei Jahre später aus dem

Amt gejagt, als der Dow Jones die schwersten Verluste seit 1937/1938 erlitt. Oder nehmen Sie George Bush. In Umfragen erreichte er 1991 Rekordergebnisse, verlor aber ein Jahr später die Wahl, als die Gewinne der S&P-Unternehmen so stark zurückgingen wie seit den 40er-Jahren nicht mehr. Argentinien wurde vor kurzem von einem deflationären Crash finanziell ruiniert, und die Bestätigungsquote des Präsidenten fiel in nur zwei Jahren von 70 auf 4,5 Prozent. Innerhalb von Wochen hatte das Land vier Präsidenten hintereinander. Die Wähler wollten alle Säcke hinauswerfen.

Wenn es einen deflationären Crash gibt, wird der derzeitge Regierungschef Ihres Landes – egal wie beliebt er am Anfang seiner Amtszeit ist – nicht wiedergewählt werden, wenn die Aktien am Wahltag deutlich tiefer stehen. Für den finanziellen und wirtschaftliche Abstieg während seiner Amtszeit und die darauf folgende Niederlage kann er zwar primär nichts, aber die Mehrheit ist vom Gegenteil überzeugt. Wenn der Abstieg länger andauert, kann mehr als ein Staatschef eine Niederlage erleben.

Die Öffentlichkeit kontrolliert den Trend, nicht der Präsident

Wenn ich in meinen Vorträgen sage, dass die Märkte und die Wirtschaft die Wahl des Präsidenten stärker beeinflussen als umgekehrt, ernte ich immer wieder ungläubiges Staunen. Die Republikaner in den Vereinigten Staaten sagen: „Wie können Sie behaupten, Ronald Reagans konservative Politik sei nicht für die wirtschaftliche Besserung in den 80er-Jahren verantwortlich gewesen? Sie hat für 8 von 10 Jahren Wachstum gesorgt." Darauf erwidere ich: „Dann schreiben Sie auch die wirtschaftliche Besserung der 30er-Jahre der liberalen Politik von Franklin Roosevelt zu, die zu 11 von 12 Wachstumsjahren geführt hat?" (Man kann die Beispiele vertauschen, wenn ein Demokrat die Frage stellt.) Oder noch prägnanter: „Schreiben Sie Adolf Hitler den dramatischen Wirtschaftsaufschwung in Deutschland nach der Machtergreifung 1933 zu?"

In Wirklichkeit sind all diese Führer an die Macht gekommen, weil die Menschen, die über die Depression verzweifelt waren, die Vertreibung der Herrschenden forderten. Der Trend änderte sich, und der neue Führer bekam die Anerkennung. Manchmal stimmen die

Wähler in Börsentiefs für Führer mit besseren wirtschaftspolitischen Konzepten, aber normalerweise nicht.

Im Gegenzug handeln politische Führer, die während finanzieller Zusammenbrüche an der Macht sind, selten wirklich falsch. Gewöhnlich hat die jahrelange Misswirtschaft anderer die Bühne vorbereitet. Aber die im Amt befindlichen Führer erscheinen immer als unfähig, denn sie treffen Maßnahmen, um „der Wirtschaft zu helfen", und die Maßnahmen scheitern; oder sie nehmen von Maßnahmen Abstand und werden dann beschuldigt, sie sängen, während Rom brennt. Egal was sie tun oder nicht tun, die Öffentlichkeit gibt ihnen und ihrer Politik die Schuld und wählt sie ab.

Politische Schwerpunkte in großen Baissen

Wie in Kapitel 26 dargelegt, erzeugen Bärenmärkte gesellschaftliche Polarisierung, und das heißt auf dem Feld der Politik radikale Politik. So viel garantiere ich für die bevorstehende Depression. Wer die Schlacht oder den Krieg gewinnt, steht vorher noch nicht im Drehbuch, nur dass die Herrschenden verlieren werden.

In den letzten Jahren war die Wahlbeteiligung niedrig, die Wettläufe um den Sieg waren lasch und knapp, die Politik war gemäßigt; Unterschiede zwischen den großen Parteien gibt es kaum. Stellen Sie sich auf radikale politische Veränderungen ein.

Während des Börsenkollapses 1835 bis 1840 gewann eine völlig neue politische Partei (die Whigs) die Präsidentschaftswahlen des Jahres 1840, und eine andere (die Demokratischen Republikaner), die 40 Jahre an der Macht gewesen war, löste sich kurz danach auf. Bei der Wahl im Jahre 1860, kurz nach dem Börsentief und der tiefen Rezession des Jahres 1859, war die Politik dermaßen polarisiert, dass viele Staaten auf ihren Stimmzetteln nicht alle Kandidaten auflisteten. Eine neue Partei (die Republikaner) gewann ihre erste Wahl. Im Jahr darauf brach der Bürgerkrieg aus. Die Wahl des Jahres 1932, fast am Tiefpunkt der Großen Depression, war weniger angespannt, aber markierte trotzdem einen Wendepunkt, der zur Umwandlung der Vereinigten Staaten in einen halbsozialistischen Staat führte.

Angesichts der vermutlichen Größe der bevorstehenden Baisse könnten Staaten sich teilen oder schrumpfen. Regionalregierungen werden die nationalen herausfordern. Es gibt zwar keine Möglichkeit zu wissen, wo genau Abspaltungen stattfinden werden, aber sie werden irgendwo stattfinden.

Die internationale Politik wird immer gefährlicher werden. Die Anzahl der jährlichen Atomexplosionen, ob nun für Versuche oder als Angriff, steigt und fällt gegenläufig zur Börse. (Ein Diagramm finden Sie in Kapitel 16 von *The Wave Principle of Human Social Behavior.*) Halten Sie während der Baisse nach einer erhöhten Anzahl von Atomexplosionen Ausschau.

Schulden und per Erlass geschaffenes Geld erzeugen politische Risiken. Anlegern aus Übersee und Zentralbanken gehören 45 Prozent der auf dem Markt befindlichen US-Schatzanleihen. Die größten Investoren sind Japan und China. Am Ende könnte der Wirbel einer alle Rekorde brechenden Liquidierung von Schulden das Schatzamt oder die Fed dazu zwingen, bestimmte Verpflichtungen zu vernachlässigen; dies könnte äußerste politische Konsequenzen nach sich ziehen und die globale Stimmung bösartig gegen die Vereinigten Staaten wenden. Andererseits tritt hinsichtlich der Währung eine Ironie auf. In ihrem Bulletin vom September berichtet die Fed, dass 90 Prozent der von der Federal Reserve Bank New York bestellten neuen 100-Dollar-Noten verwendet wurden, um die „Auslandsnachfrage zu befriedigen". Gemäß einem Artikel der *New York Times* aus dem Jahre 1994 „ist [der US-Dollar] in Russland, Rumänien, Tadschikistan, China, Vietnam und anderen Ländern zum 'inoffiziellen Zahlungsmittel' geworden". Da 70 Prozent der Dollars in Übersee umlaufen, würde eine bedeutende Kredit-Deflation des US-Dollar 70 Prozent der wachsenden Kaufkraft auf nicht-amerikanische Dollarbesitzer übertragen. Die Amerikaner halten einen höheren Anteil der Schuldscheine, wohingegen die anderen einen größeren Anteil des „realen Geldes" halten, eben so weit es „real" ist. Es bleibt jedem selbst überlassen einzuschätzen, welche politischen Entscheidungen eine solche Situation hervorrufen könnte und welche Konsequenzen daraus erwachsen würden.

Was man tun sollte, wenn man politische Ambitionen hat

Wenn es zu einem größeren Börsencrash kommt, kandidiert man gerne nahe der Talsohle. Die Öffentlichkeit und die Historiker verehren einen, wenn man dann gewinnt. George Washington, Abraham Lincoln, Franklin Roosevelt und Ronald Reagan wurden im Tief oder nahe des Tiefs schwerer Abschwünge gewählt, und alle haben einen hervorragenden Platz in der Geschichte der Vereinigten Staaten.

Dritten Parteien geht es in rauen Zeiten ebenso gut wie Außenseitern und Radikalen; den Herrschenden geht es schlecht. Wenn Sie ein nicht herrschender Politiker sind, können Sie jetzt planen, von der Situation zu profitieren. Wenn Sie Politiker werden wollen, kandidieren Sie für egal welche Partei außer derjenigen der Führer Ihres Landes, die den Abwärtstrend mitgemacht haben.

Warum die Politik für das Thema dieses Buches wichtig ist

Ab einem gewissen Punkt einer Finanzkrise werden Geldflüsse zum Politikum. Sie sollten die politischen Tendenzen in Ihrem Heimatland scharf im Auge behalten. Unter schweren Wirtschaftsbedingungen können Regierungen Investitionen im Ausland verbieten, die Heimkehr von Kapital verlangen, Überweisungen in das Ausland ächten, Banken schließen, Bankkonten einfrieren, privates Rentenvermögen beschränken oder beschlagnahmen, Steuern erhöhen, Preise festlegen und Devisenkurse vorschreiben. Sie können gewaltsam dafür sorgen, dass die Frage, wer zu Schaden kommt und wer verschont wird, eine andere Antwort erhält; das heißt, dass die Vorsichtigen bestraft und die Verschwender belohnt werden, dass also nicht diejenigen geschädigt beziehungsweise verschont werden, die es verdient hätten. In Extremfällen, zum Beispiel wenn eine autoritäre Regierung die Macht übernimmt, eignet sie sich Ihren Besitz zumindest de facto an.

Sie können nicht alle denkbaren Gesetze, Vorschriften oder politischen Ereignisse voraussehen, die Ihre Bemühungen um Sicherheit, Liquidität und Zahlungsfähigkeit sabotieren. Deshalb müssen Sie vorausplanen und aufmerksam sein. Dabei sollten Sie über diese Themen nachdenken, damit Sie, sobald politische Kräfte auf Opferfang gehen, auf legale Weise aus dem Bereich des Schleppnetzes herauskommen.

Kapitel 28: Wie man einen sicheren Hafen findet

Wie schon in Kapitel 26 gesagt, besteht die tatsächliche Gefahr sozialer Unruhen nicht so sehr in umherstreifenden Banden, die Ihr Haus verwüsten – diese klassische Angst bestätigt sich höchst selten –, sondern eher in internationalen Konflikten und Repressionen im eigenen Land. In einer Baisse wachsen sowohl die internationalen Spannungen als auch die Spannungen im Inland, und die resultierenden gesellschaftlichen Aktionen können verheerend sein.

Im vergangenen Jahrhundert wurde das Leben von sehr viel mehr Menschen durch Zusammenbrüche im eigenen Land als durch Kriege ruiniert oder beendet. Ob nun in Russland in den 20er-, in Deutschland in den 30er-, in Europa in den 40er-, in China in den späten 40er-Jahren, in Kuba 1959 oder in Kambodscha in den 70er-Jahren, das Klügste war es, die Heimat zu verlassen. Aber wenn man eine solche Entscheidung trifft, muss man ebenso viel Glück wie Verstand haben. Die Menschen in Europa, die 1937 beschlossen zu gehen, bevor es noch schlimmer wurde, waren die eigentlich Vorsichtigen. Aber einer oder zwei von ihnen sagte vielleicht: „Lasst uns weit weg gehen, dahin, wo es sicher ist. Lasst uns in den Pazifik gehen und auf einer verschlafenen Philippineninsel leben." Mit anderen Worten: Man kann auch das Falsche treffen.

Ein guter Führer zu den sich entwickelten Krisenherden der Welt ist der Early Warning Report von Richard Maybury. Wenn Sie in Asien, Afrika oder dem Nahen Osten wohnen, sind seine Analysen immer stimmig. Maybury hat auch ein paar hervorragende Schriften zum Thema Inflation und Rechtsprechung veröffentlicht. Hier die Kontaktadresse:

Early Warning Report
Website: www.richardmaybury.com
Email: pmc701@aol.com
Postadresse: P.O. Box 84908, Phoenix, AZ 85701
Telefon: 800-509-5400 oder 602-252-4477
Fax: 602-943-2363
Herausgeber: Richard Maybury

Wenn Sie in einem politisch instabilen Land leben, sollten Sie sich überlegen, wo Sie hingehen können, wenn die Lage drückend wird. Wie immer bei einer beginnenden Krise ist es unerlässlich, schon vorbereitet zu sein, lange bevor die endgültige Entscheidung fällt.

Einigen Lesern – zugegebenermaßen nur wenigen – gefällt vielleicht die Idee, eine gewisse Zeit im Ausland zu verbringen, während sich die Depression entfaltet. Auf der Suche nach freien und stabilen westlich orientierten und englischsprachigen Ländern finde ich fünf Top-Kandidaten: Die Vereinigten Staaten, Kanada, Australien, Neuseeland und Irland.

Die weltweit erste Wahl als Zuflucht sind die Vereinigten Staaten. Der philosophische Hintergrund und seine (manchmal schlafende) Verinnerlichung durch viele der Bürger senkt von vornherein die Wahrscheinlichkeit schwerer Repressionen im Inland. Natürlich ist nichts unmöglich, und manche Menschen bringen das Argument, dass entsprechend der Geschichte der Zivilisationen aus Jahrhundertperspektive die Weltmacht USA vor ihrem Höhepunkt steht und danach eine repressive Situation folgt. Aber gefährlicher ist wahrscheinlich die internationale Bedrohung. Die Neigung der Vereinigten Staaten, sich in die Meinungsverschiedenheiten anderer Staaten einzumischen, hat sie zu einem erstrangigen Ziel für Terroristen und gewisse Regierungen gemacht. Jede dauerhafte oder koordinierte Anstrengung der Feinde Amerikas könnte das Leben im Lande sehr instabil machen. Wenn dagegen nahe dem Boden einer Depression ein autoritäres Regime die Macht auf Bundesebene übernimmt (was in Europa und Asien in den 30er- und 40er-Jahren geschehen ist), können hausgemachte Schwierigkeiten auftreten.

Eine großartige Möglichkeit, fremde Länder vom heimischen Sessel aus kennen zu lernen, sind die Eyewitness Travel Guides von Dorling Kindersley Publishing. Sie strotzen nicht nur von Informationen wie die meisten Reiseführer, sondern sind auch voller atemberaubender und informativer Fotos. Derzeit kosten sie 24,95 US-Dollar. Spezielle Informationen über Einreise- und Aufenthaltsbestimmungen finden Sie auf folgenden Websites:

Vereinigte Staaten: www.ins.gov
Kanada: www.cic.gc.ca/english
Australien: www.immi.gov.au
Neuseeland: www.immigration.govt.nz
Irland: www.justice.ie

Manche Seiten sind übersichtlicher als andere, Sie werden vielleicht etwas herumstochern müssen, bevor Sie das Gewünschte finden. Webadressen ändern sich manchmal. Wenn eine der Seiten umgezogen ist oder Sie sich über andere Länder als die oben aufgeführten informieren möchten, verwenden Sie eine Internet-Suchmaschine. Die meisten Einwanderungsbehörden haben eigene Websites.

Ursprünglich hatte ich vor, ein paar Kapitel mit dem Für und Wider der genannten und anderer Länder zu füllen, aber am Ende zählt schließlich das, was für Sie zählt. Das eine Land hat eine bessere Gesetzgebung, das andere besseres Wetter, das nächste eine bessere Kultur, bessere Infrastruktur oder höhere Bequemlichkeit. Mit nichtenglischsprachigen Ländern, die von anderen empfohlen werden, zum Beispiel Argentinien, Chile und Costa Rica, kenne ich mich nicht aus, und zwar unter anderem deswegen, weil ich nicht davon überzeugt bin, dass sie in einer Weltwirtschaftskrise friedliche Sternenhäfen sein werden. Es gibt auch noch viele kleine Inselstaaten rund um die Welt, die selten im Mittelpunkt internationaler Konflikte stehen. Sie müssen die Daten, Bücher und Broschüren durchsehen und sich selbst entscheiden. Selbstverständlich ist die beste Art, eine solche Frage anzugehen, der persönliche Besuch ausgewählter Orte. Dort können Sie schön Urlaub machen, also werden Sie es wohl kaum bereuen. Wer sagt denn, dass die Aussicht auf eine Depression nicht auch angenehme Seiten haben kann?

Kapitel 29:
Kredite einfordern und Schulden begleichen

Mit der systemweiten Liquidierung der Schulden in einem deflationären Crash kommen diejenigen Personen und Institutionen am besten zurecht, die keine Schulden machen und keine riskanten Kredite vergeben. Aber das ist für die meisten Menschen sowieso zu allen Zeiten der Idealfall.

Der Umgang mit Krediten

Wir haben in diesem Buch schon viele Themen im Zusammenhang mit riskanten Krediten behandelt. Stellen Sie sicher, dass Sie Ihr Geld nicht an schwache Schuldemittenten verleihen, seien es Unternehmen, Regierungen oder andere. Wenn Sie es bereits getan haben, tauschen Sie die Papiere gegen etwas Besseres ein. Es stellt sich auch die Frage der privaten Kreditgewährung. Haben Sie Freunden, Verwandten oder Kollegen Geld geliehen? Die Chancen, diese Schulden zurückzubekommen, sind normalerweise mager bis nichtig. Wenn Sie Ihre privaten Schuldner dazu bringen können, Ihnen die Schulden zurückzuzahlen, bevor sie in weitere Bargeldnöte geraten, dann kommt das nicht nur Ihnen zugute, sondern verschafft Ihnen auch das nötige Kleingeld, um genau den gleichen Leuten zu helfen, wenn sie später wirklich Not leiden.

Der Umgang mit Schulden

Wenn es irgendwie möglich ist, bleiben Sie oder machen Sie sich schuldenfrei. Schuldenfrei zu sein bedeutet, dass Sie ein freier Mensch sind, Punkt. Sie brauchen sich dann nicht um die Bezahlung von Kreditkartenschulden zu sorgen. Sie brauchen sich Ihr Haus oder Ihr Geschäft nicht zurückzukaufen. Sie müssen nicht sechs oder zehn oder achtzehn Prozent mehr arbeiten, nur um auf Null zu kommen.

Wenn Sie es sich leisten können, ist die beste Hypothek gar keine Hypothek. Wenn Sie Ihr Haus tatsächlich besitzen und arbeitslos werden, dann haben Sie immer noch einen Wohnsitz. Wenn die Banken andere aus ihren Häusern werfen, haben Sie immer noch einen Platz zum Leben. Wenn Sie die Miete für Geschäftsräume nicht mehr bezahlen können, verlagern Sie das Geschäft in Ihr Eigenheim. Und so weiter. Lieber eine Keksschachtel, die mir wirklich gehört, als eine Villa mit Hypothekenlasten, die ich kaum tragen kann.

Versetzen Sie sich in die Lage der Banken in finanziellen Notzeiten. Nehmen wir an, Sie haben so viel von Ihren Schulden gezahlt, dass Ihnen das Haus zur Hälfte gehört; das ist ungefähr der landesweite Durchschnitt der Hausbesitzer. Plötzlich stellen Sie fest, dass Sie aufgrund von depressionsbedingten Geldschwierigkeiten die Raten nicht mehr bezahlen können. Selbst wenn die Hauspreise bis zu diesem Punkt um satte 50 Prozent gefallen wären, würde die Bank dies nicht als Rückgang betrachten. Sie bietet Ihr Haus (eigentlich ihr Haus) zum Kauf an. Wenn das Haus für 50 Prozent des Höchstwertes verkauft wird, erhält die Bank ihren Kredit zu 100 Prozent zurück. Sie sehen, weshalb die Banken unter Druck stehen, in solchen Situationen Immobilien zu verkaufen. Am Ende sind Sie wohnungslos, nachdem Sie sich jahrelang krummgelegt hatten, um die halbe Hypothek abzuzahlen. In einer Depression passiert dies vielen Hausbesitzern.

Ich nehme an, dass man in dieser ansonsten unmöglichen Situation auch kreativ sein könnte. So mancher könnte auf die Idee kommen, sich so viel von dem Wert des Hauses zusammenzuleihen wie möglich, den Erlös in einem sicheren Geldmarktfonds anzulegen und mit diesem Vermögen die Hypothek zu decken, so dass es während der Laufzeit keinen Zahlungsausfall gibt. Das Problem bei dieser Idee ist, das viele Menschen ihr eigener schlimmster Feind sind und ihnen die Disziplin fehlt, das erforderliche Bargeld zu bewahren. Sie enden dann auf die eine oder andere Weise bankrott und wohnungslos.

Ein Ausweg aus privater Verschuldung ist die persönliche Insolvenz. Ich rate nicht dazu, weil es nicht ehrlich ist. Menschen haben Ihnen ihr hart verdientes Geld geliehen, und Sie sollten es zurückzahlen. Wenn Sie wirklich das Opfer unvorhergesehener Umstände geworden sind und einen Insolvenzantrag stellen müssen, dann entschuldigen Sie sich bei Ihren Gläubigern und sagen Sie Ihnen, Sie hofften, dass ihnen diese Erfahrung eine Lehre bezüglich der Kreditvergabe bei mangelnden Sicherheiten ist.

Kapitel 30: Was Sie tun sollten, wenn Sie einen Betrieb führen

Schließen Sie mit Ihren Angestellten keine langfristigen Beschäftigungsverträge. Legen Sie Ihren Geschäftssitz möglichst in einen Staat mit Beschäftigungsgesetzen „nach Belieben". Bürokratie und gesetzliche Hürden, die die Kündigung erschweren, können Ihr Unternehmen in einer finanziell engen Situation in den Bankrott treiben und dadurch all Ihre Mitarbeiter arbeitslos machen.

Wenn Sie ein Geschäft betreiben, bei dem man normalerweise umfangreiche Lagerbestände hält (beispielsweise einen Auto- oder Bootshandel), versuchen Sie diese zu reduzieren. Wenn Ihr Geschäft speziell hergestellte Artikel erfordert, die in einer Depression schwierig zu bekommen sein könnten, stocken Sie das Lager auf.

Wenn Sie Arbeitgeber sind, planen Sie im voraus, was Sie tun wollen, wenn der Cashflow geringer wird und Sie die Ausgaben kürzen müssen. Sollten Sie am besten bestimmten Menschen kündigen? Oder wäre es besser, sämtliche Gehälter um den gleichen Prozentsatz zu kürzen, damit Sie alle Beschäftigten behalten können?

Ein Zyniker könnte Ihnen raten, Sie sollten als Arbeitgeber versuchen, mit Aktien oder Bezugsrechten zu bezahlen; aber wenn Sie die in diesem Buch vorgestellten Erwartungen teilen, wäre das unehrlich. Nebenbei bemerkt wird ein Angestellter, der beschissen wird, Ihrem Unternehmen kaum wertvolle Dienste leisten. Denken Sie daran, dass Depressionen nicht ewig dauern. Wenn der nächste Aufschwung kommt, brauchen Sie eine loyale Belegschaft, um zu prosperieren; und die Beschäftigten wollen ein gesundes Unternehmen, damit sie selbst ebenfalls prosperieren können. Um ein solches Ergebnis zu fördern, zahlen Sie für die Leistung, die Sie brauchen so viel wie nötig und auf die nötige Art und Weise.

Wenn Sie eine Bank, eine Versicherung, eine Vermögensverwaltung oder ein anderes Finanzinstitut leiten, versuchen Sie Ihre spekulativen Derivate-Positionen aufzulösen, insbesondere die bullischen. Verringern Sie das Börsenrisiko so weit wie möglich. Wenn Sie sehr stark in Aktien investiert sein müssen – wenn Sie beispielsweise einen Aktienfonds managen –, dann hedgen Sie Ihre Positionen mit Optionen. Räumen Sie Ihr Hypothekenportfolio auf. Werden Sie sämtliche zweitklassigen Schuldpapiere los. Wenn Sie in Kommunalobligationen, Verbraucherkredite, Immobilienschulden, Junkbonds oder sonstiges investiert haben, das nicht als erstklassige Schuld gelten kann, dann verkaufen Sie es zu den derzeit großzügigen Preisen. Stellen Sie mithilfe qualitativ hochwertiger, liquider und allgemein nachvollziehbarer Anlagen beide Beine fest auf den Boden.

Und was vielleicht das Wichtigste ist: Planen Sie voraus, wie Sie aus der nächsten wirtschaftlichen Talsohle Nutzen ziehen können. Wenn Sie Ihr Unternehmen zu diesem Zeitpunkt richtig positionieren, können Sie vielleicht den Grundstein für Jahrzehnte des Erfolges legen.

Kapitel 31: Was Sie im Hinblick auf Ihre Arbeitsstelle tun sollten

Im vergangenen Jahrzehnt haben immer mehr Unternehmen ihre Beschäftigten mit Aktienbezugsrechten anstelle von Geld entschädigt. Im Jahre 2001 haben mehr als die Hälfte der großen amerikanischen Aktiengesellschaften mehr als die Hälfte ihrer Beschäftigten mit Aktienbezugsrechten entlohnt. Als Börsenanalyst fasziniert es mich, wie diese Zahlen den quer durch die Gesellschaft herrschenden Börsenoptimismus widerspiegeln. Als jemand, der Ihnen helfen will, betrachte ich sie als Falle, in die Sie nicht tappen sollten.

Wenn Sie keinen besonderen Grund zu der Annahme haben, dass das Unternehmen, in dem Sie arbeiten, während einer wirtschaftlichen Kontraktion so sehr florieren wird, dass seine Aktie in der Baisse steigen wird, dann machen Sie sämtliche Aktien und Aktienbezugsrechte, die Ihnen das Unternehmen gegeben hat (oder die Sie selbst gekauft haben) zu Geld.

Wenn Ihre Bezahlung an das Schicksal des Unternehmens in Form von Aktien oder Bezugsrechten geknüpft ist, versuchen Sie sie in ein liquides Einkommen umzuwandeln. Sorgen Sie dafür, dass Sie für Ihre Arbeit wirklich Geld bekommen.

Wenn Sie sich eine Stelle aussuchen können, überlegen Sie, welcher Job dem kommenden finanziellen und wirtschaftlichen Sturm am besten standhalten wird. Und dann nehmen Sie diesen.

Wenn Sie selbstständig sind, überlegen Sie, auf welche Weise Sie die Menschen in einer Depression so bedienen können, dass es Ihnen dabei gut geht. Ich zum Beispiel schreibe das vorliegende Buch. Überlegen Sie, was die Menschen brauchen, wenn die Zeiten härter werden. Manche Menschen denken bei „Depression" automatisch, Dienstleistungen für Mittellose wären das Richtige. Sicher gibt es auch hier Möglichkeiten. Aber dort ist nicht das meiste Geld zu holen. Das Vermögen vieler Menschen ist eben nicht in Aktien oder anderen riskanten Anlagen gebunden, und wenn eine Deflation eintritt, steigt ihre reale Kaufkraft. Am Tiefpunkt der Großen Depression hatten 70 Prozent der Bevölkerung Arbeit, und es ging ihnen recht gut. Sie können gedeihen, indem Sie den Solventen und Wohlhabenden Ihre Dienste anbieten. Dienstleistungen für Gläubiger können regelmäßige Aufträge bringen. Beispielsweise dürfte das Repo-Geschäft blühen, weil heutzutage so viele Schulden auf Verbraucherkrediten beruhen. Auch die Konkursverwaltung wird in der Depression einen Boom erleben; vielleicht können Sie sich vor Schulden bewahren, indem Sie anderen helfen, die ihren zu verwalten.

Wenn Sie eine karitative Ader haben, ist dies der rechte Zeitpunkt sie auszuleben. Die staatlichen Leistungen gehen in der Depression zurück, worunter viele Menschen leiden werden. Wenn Sie wirklich kreativ sind, finden Sie eine Möglichkeit, verarmten Menschen zu helfen und dabei Geld zu verdienen.

Leider habe ich für Ihre Situation nicht alle Antworten. Sie kennen Ihre Fähigkeiten und Neigungen besser als ich. Jetzt ist es Zeit, sich nach ihnen zu richten.

Kapitel 32:
Sollten Sie sich darauf verlassen, dass der Staat Sie schützt?

In gewisser Weise lautet die Antwort Ja. Irgendwo müssen Sie immer leben. Wenn Sie das Glück haben, in einem sicheren und freien Land zu leben, wissen Sie vielleicht, dass diese Vorteile großteils das Produkt der Staatsphilosophie sind. In diesem Sinne sollten Sie sich auf die beste Regierung verlassen, die Sie finden können. Abgesehen davon können Regierungen als Hüter durchaus enttäuschen.

Anhäufung von Problemen

Eine Regierung ist selten auf eine nationalen Finanznotstand oder eine Wirtschaftskrise vorbereitet, und wenn sie es ist, dann treten sie wahrscheinlich nicht ein. Das ist nicht so sehr das Ergebnis individuellen Versagens, sondern ein Aspekt der kollektiven menschlichen Natur. Die Menschen sind meist auf die Vergangenheit vorbereitet, aber selten auf die Zukunft.

Allgemein gesagt ist für eine Einzelperson der beste Weg, mit den Launen ihrer finanziellen Zukunft umzugehen, entweder Ersparnisse oder eine Versicherung zu haben. Regierungen tun fast immer das Gegenteil. In guten Zeiten geben sie Geld aus und nehmen Kredite auf; in schlechten Zeiten, wenn die Steuereinnahmen sinken, stehen sie entblößt da. Ähnlich wie ihre Pendants in der ganzen Welt haben die Social Security, Medicare, Medicaid und andere „Wohlfahrt"-Systeme der Vereinigten Staaten über die überwiegend guten Jahrzehnte hinweg Milliarden von Dollars nach dem Gießkannenprinzip verteilt. Auch heute noch gibt es politische Kräfte, die die staatlichen Geldleistungen erhöhen wollen; beispielsweise sollen neben körperlichen auch psychische Erkrankungen abgedeckt werden. Das dürfte ein Eilzugticket zur Insolvenz sein.

Wenn der Einbruch stattfindet, fehlt den Regierungen das nötige Geld, um den wirklich Bedürftigen unter den unglücklichen Umständen zu helfen. Meist verschlimmern sie die Sache dadurch noch weiter, dass sie „Arbeitslosenunterstützung" gewähren. Dies entzieht den Arbeitgebern Geld, so dass sie mehr Arbeiter entlassen. Oder sie erhöhen die Rentenbeiträge, was den Beschäftigten Geld entzieht und sie daran hindert, Geld zu sparen und auszugeben; oder sie erhöhen generell die Steuern, was die produktive Bevölkerung verarmen lässt, so dass sie kein Geld ausgeben und investieren kann. Es ist zwar traurig, aber das Muster ist fast immer dasselbe.

Zu vermeidende Abhängigkeiten

Verlassen Sie sich für Ihre Altersversorgung nicht auf staatliche Programme. Staatliche Alterssicherungen wie die Social Security in den Vereinigten Staaten sind Pläne zur Umverteilung von Vermögen, keine auf Vermögen basierenden Versicherungen, und daher sind sie von den staatlichen Steuereinnahmen abhängig. Medicaid ist eine vom Bund geförderte und vom jeweiligen Bundesstaat finanzierte Krankenversicherung und lebt somit von den Steuereinnahmen der Bundesstaaten. Wenn die Löhne in einer Depression einbrechen, brechen auch die Steuerzahlungen ein. Dadurch steht zwangsläufig weniger Geld für das Gesundheitswesen zur Verfügung. Jede denkbare Methode, diese Programme zu stützen, kann nur zu schlimmeren Problemen führen. Eine „Krise" der staatlichen Gesundheitskassen ist unvermeidlich.

Verlassen Sie sich nicht auf voraussichtliche Haushaltsüberschüsse der Regierung. Vor ein paar Jahren vermeldete die US-Regierung einen Haushaltsüberschuss, projizierte ihn Jahre in die Zukunft und sagte für seine Gesundheitsprogramme eine gesunde Entwicklung voraus. War diese Schlussfolgerung korrekt? Im Jahre 1835, nach zwei Jahrzehnten Wirtschaftsboom, wurden die Schulden der US-Regierung zum ersten (und einzigen Mal) vollständig beglichen. Konventionelle Wirtschaftswissenschaftler würden dies als positive „fundamentale" Bedingung bezeichnen. (Immer wenn ein Analyst behauptet, er verwende „Fundamentaldaten" für makroökonomische oder finanzielle Prognosen, laufen Sie zum nächsten erreichbaren Ausgang – laufen, nicht gehen!) Diese extreme Zahlungsfähigkeit des Staates trat im Anfangsjahr einer siebenjährigen Baisse auf, die zwei dicht aufeinander folgende Depressionen hervorrief. Ein staatlicher Haushaltsüberschuss, der auf etwas anderem als einer ständigen Sparpolitik beruht, ist das Produkt außerordentlich hoher Steuereinnahmen während eines Booms und kündigt daher ein bedeutendes Hoch an. Das ist kein bullisches Zeichen, sondern ein bärisches; und ironischerweise verspricht es, dass hinter der nächsten Ecke schon enorme Defizite lauern.

Verlassen Sie sich nicht auf die Einlagen-„Versicherung" irgendeiner Regierung. Das über die FDIC verfügbare Geld deckt nur einen Bruchteil der US-amerikanischen Bankguthaben. Angesichts seiner wachsenden Probleme hat der japanische Staat angeregt, den Wert der versicherten Einlagen zu vermindern; und so etwas kann in jedem Land passieren. Schon der Gedanke an sich, dass andere Banken und die Steuerzahler für die Einlagen garantieren, ist erstens Diebstahl, dadurch zweitens moralisch verwerflich und drittens auch praktisch betrachtet ein Fehler. Die staatlich finanzierte Einlagenversicherung wiegt die Einleger in einem trügerischen Gefühl der Sicherheit. Nachdem in den 30er-Jahren Tausende von Banken in Konkurs gegangen waren, hüteten sich die Einleger angemessen vor verschwenderischen Banken. Heutzutage wissen sie nicht, was die Bankangestellten mit ihrem Geld tun, oder sie kümmern sich nicht darum, denn sie glauben, ihre Einlagen seien beim Staat versichert. Die Einlagenversicherung rettet vielleicht Konten der ersten beiden in eine Schieflage geratenen Banken, aber wenn Geld und Kredit im ganzen System implodieren, schützt einen diese Versicherung nicht.

Verlassen Sie sich nicht leichtsinnigerweise auf die Verpflichtung des Staates, wenn Sie pensionierter Beamter sind. Argentinien stellte in den letzten Wochen die Zahlungen staatlicher Pensionen an 1,4 Millionen ehemalige Staatsdiener ein. Der Staat hatte kein Geld, weil die Zeiten hart wurden, aber er hatte auch in den guten Zeiten nicht gespart. Das Gleiche kann vielen Regierungen der Welt passieren, ob nun auf nationaler, bundesstaatlicher oder lokaler Ebene, die jährlich Pensionen in Millionenhöhe bezahlen. Sie hängen alle entweder von der Umverteilung des Vermögens oder von aktiv gemanagten Fonds ab, die entweder richtig investiert sind oder nicht.

Verlassen Sie sich nicht bei allen Regierungen darauf, dass sie ihre Schulden zurückzahlen. Das County Fulton in Georgia, in dem ich aufgewachsen bin, ging in den 30er-Jahren aus zwei bankrotten Countys hervor, die ihre Anleihen nicht mehr bedienen konnten. Bis 1938 waren die staatlichen und lokalen Verwaltungen mit etwa 30 Prozent ihrer ausstehenden Schulden im Verzug. Vieles davon wurde später beglichen, einiges allerdings auch nicht. Die Anleger in den Vereinigten Staaten halten derzeit Kommunalobligationen im Wert von Milliarden US-Dollar und halten das für ein gutes Geschäft, weil die daraus resultierenden Einkünfte steuerfrei sind. Die Steuerersparnis mag in guten Zeiten ein Pluspunkt sein, aber wie so oft bei anscheinend guten Geschäften wird auch dieses die Anleger in eine riskante Lage bringen. Bis zum Hals verschuldete Regierungen erwirtschafteten sogar in den boomenden 90er-Jahren Defizite, und daher ist das Insolvenzrisiko in einer Depression riesig. Wenn die Aussteller Ihrer steuerfreien Obligationen zahlungsunfähig sind, landen Sie im ultimativen Steuerparadies: dem Bankrott. Nicht wenige Kommunalobligationen sind „versichert", und die Händler sagen Ihnen, das sei das Gleiche wie „garantiert". Solche Garantien funktionieren so lange wunderbar, bis der Konkurs die Versicherer mit hinabreißt. Das heißt, dass sie genau dann, wenn Sie die angebliche Garantie wirklich benötigen, bankrott gehen können. Angesichts des immensen kommunalen Verschuldungsgrads sind solche Bankrotte unvermeidlich.

Verlassen Sie sich auch nicht auf Ihre Zentralbank. Letzten Endes hat sie den Aktienmarkt, den Anleihenmarkt und die Zinsen in Ihrem Land nicht unter Kontrolle. Sie reagiert in erster Linie auf die Kräfte des Marktes. Die Menschen glauben, die Fed habe im Jahre 2001 „die Zinsen gesenkt". Im Wesentlichen hat jedoch der Markt die Zinsen gesenkt. Fallende Zinsen sind keine „erste Ursache", die die Aufnahme von Darlehen fördern soll; vielmehr ist ein Mangel an Kreditnahme eine „erste Ursache", die zu Zinssenkungen führt. Die Zinssätze auf sichere Schuldpapiere sinken immer, wenn die Wirtschaft zu schrumpfen beginnt. Somit war der rekordverdächtige Rückgang der kurzfristigen Zinsen in den Vereinigten Staaten im letzten Jahr nicht eine Art „Medizin". Er wurde nicht in erster Linie verordnet, sondern war eine Wirkung. Der japanische Leitzins ist aufgrund der fortgesetzten Deflation in den vergangenen zehn Jahren fast auf null gesunken. Diese Verbilligung der Darlehen änderte nichts an der Wirtschaft. Wieso nicht? Weil die Wirtschaft für den Rückgang verantwortlich war. Eine Zentralbank kann im besten Fall die normalen Markttendenzen verschieben und die Kreditvergabe etwas straffen oder lockern. Unglücklicherweise folgt auf jede derartige Verschiebung irgendwann eine marktbedingte entgegengesetzte Korrektur. Die beispiellos lockere Währungspolitik der Fed im Jahre 2001 hat für ein paar Monate die Wirtschaft angekurbelt und die Wertpapiermärkte belebt, aber länger wird das wahrscheinlich nicht anhalten. Am Ende wird es die Kontraktion nur noch verschlimmern.

Verlassen Sie sich nicht darauf, dass die Regierung das Bankensystem rettet. Als die Barings Bank bankrott war, lehnte es die Bank of England ab, die Einleger zu retten. Die Weltbank und der IWF retteten 1997 die Banken, die in Südostasien zusammenbrachen, nicht. Das japanische Finanzministerium rettet die in Schwierigkeiten steckenden japanischen Banken bis jetzt nicht. Niemand rettet derzeit die Banken Argentiniens. Die französische Regierung rettete Crédit Lyonnais durch eine Reihe von Zahlungen von 1994 bis 1998, die umgerechnet mehr als 20 Millionen US-Dollar der Steuereinnahmen Frankreichs verschlangen. Das war jedoch keine große Ausnahme, denn die Bank befand sich im Besitz des Staates. Diverse Finanzinstitute und die US-Regierung FSLIC retteten mittels des FSLIC und später mittels der Resolution Trust Corporation die Spar- und Darlehenskassen zum Preis von circa 481 Millionen US-Dollar. Dies waren unglückselige Handlungen. Ja, unglückselig, denn sie wiegten die französischen und amerikanischen Bankeinleger, die ansonsten vielleicht vorsichtig geworden wären, in dem Glauben, sie seien gegen praktisch alles geschützt. Wie viele Rettungen kann sich Frankreich denn noch leisten? Oder die Vereinigten Staaten? Wenn viele große Banken in Schwierigkeiten geraten, gebietet die Vorsicht, dass selbst die wohlhabendsten Regierungen sich zurückhalten. Wenn sie sich stattdessen unvorsichtigerweise in Rettungsprogramme stürzen, riskieren sie es, die Integrität ihrer eigenen Schuldpapiere zu beschädigen, was einen Preisverfall derselben auslöst. Wieder wird die Deflation in beiden Fällen ein Bremsklotz für ihre Handlungen sein.

Erwarten Sie nicht, dass die staatlichen Leistungen auf dem derzeitigen Niveau erhalten bleiben. Das Meer von Geld, das zum Betrieb des von den Gewerkschaften aufgeblähten und von den Verwaltungen verdummten Schulsystems erforderlich sind, wird in einer Depression nicht vorhanden sein. Die Schulämter müssen Maßnahmen zur Kostendämpfung ergreifen, die größtenteils zu einer weiteren Verschlechterung des Angebots führen werden. Zu begünstigen sind kostensparende Lösungen gemäß der freien Marktwirtschaft, die sowohl den Kindern als auch den Lehrern zugute kommen. Die Steuereinnahmen, mit denen Straßen, Polizei und Gefängnisse, Feuerwehren, Müllbeseitigung, Notfallüberwachung, Wasserversorgung etc. finanziert werden, werden derart weit absinken, dass die Dienstleistungen eingeschränkt werden müssen. Suchen Sie nach Möglichkeiten, anderswo bessere Dienstleistungen zu erhalten, die legal und reell sind.

Verlassen Sie sich nicht auf die „Wachhunde" der Regierung. Sie sehen Katastrophen selten voraus. Die US-Regulatoren haben den Kollaps der Spar- und Darlehenskassen nicht vorausgesehen. Spätere Nachforschungen ergaben, dass über Jahre hinweg Korruption im großen Stil geherrscht hat. Enron schuf etwas mehr als 850 zweifelhafte Partnerschaften und beschäftigte ein Heer „einfallsreicher" Buchhalter. Trotzdem fiel dem SEC und dem FASB nicht auf, dass etwas schief lief. Ein 68-Milliarden-Dollar-Unternehmen brach zusammen und machte zahllose Beschäftigte und Gläubiger arm. Nun halten die Wachhunde im Kongress „Anhörungen" ab. Glauben Sie, dass dies den Beschäftigten und Investoren helfen wird, die Haus und Hof für Enron verwettet haben? Als der Versorgungstrust Insull 1931/1932 auf ähnliche Weise in sich zusammenfiel, bekam kein Anleger auch nur einen roten Heller zurück. Kein Manager ging in das Gefängnis. Immerhin verabschiedete der Kongress ein paar neue Gesetze. Seien Sie klug. Lassen Sie es nicht zu, dass Ihre finanzielle Zukunft am Ende von Mitteln abhängig ist, die durch C-Span gedeckt werden.

Kapitel 33: Kurze Auflistung dessen, was man unbedingt tun und was man auf keinen Fall tun sollte

Erinnern Sie sich an das alte chinesische Schriftzeichen, das Krise und Gelegenheit im gleichen Bild vereint. Bringen Sie sich in die Lage, von dem zu profitieren, was kommen wird.

Nicht tun:

- Besitzen Sie grundsätzlich keine Aktien.
- Besitzen Sie ausschließlich Anleihen allerhöchster Qualität.
- Investieren Sie grundsätzlich nicht in Immobilien.
- Kaufen Sie grundsätzlich keine Rohstoffe oder Massengüter.
- Investieren Sie nicht in Sammelobjekte.
- Trauen Sie den üblichen Rating-Agenturen nicht.
- Verlassen Sie sich nicht darauf, dass staatliche Behörden Ihre Finanzen schützen.
- Kaufen Sie keine Waren, die Sie nicht brauchen, nur weil sie ein Schnäppchen sind. Sie werden wahrscheinlich noch billiger.

Tun:

- Kämpfen Sie gegen die Trägheit an, die Sie davon abhält, Maßnahmen zur Vorbereitung auf den Abschwung zu treffen. Unternehmen Sie jetzt die nötigen Schritte.
- Binden Sie wichtige Dritte in Ihre Entscheidungen ein. Stimmen

Sie Ihre Partner zu Hause und Ihre Geschäftspartner auf Ihre Denkweise ein, bevor es zu spät ist.

- Reden Sie mit stark investierten Verwandten oder verschwägerten Personen, die eventuell vorhaben, Ihnen ihre Anlagen zu übertragen. Bringen Sie sie möglichst dazu, sicher und liquide zu werden.
- Denken Sie global, nicht nur bis an die Grenzen Ihres Landes.
- Eröffnen Sie Konten bei zwei oder drei der sichersten Banken der Welt.
- Investieren Sie in kurzfristige Geldmarktinstrumente der solidesten Staaten.
- Besitzen Sie eine gewisse Menge konkretes Gold, Silber und Platin.
- Behalten Sie eine gewisse Menge bares Geld.
- Sorgen Sie dafür, dass Sie nur bei den sichersten Firmen Versicherungspolicen haben und dass diese Gesellschaften nur mit den sichersten Banken zusammenarbeiten.
- Wenn Sie spekulieren wollen, dann im Hinblick auf eine fallende Börse nur vorsichtig.
- Verkaufen Sie alle Sammlerstücke, die Sie nur als Geldanlage betrachten.
- Wenn es Ihren Lebensumständen entspricht, verkaufen Sie Ihr Unternehmen.
- Schreiben Sie eine Liste der Dinge, die Sie preiswert erwerben wollen, wenn sie zu Liquidierungszwecken verkauft werden.
- Wenn Sie Kinder haben wollen, beeilen Sie sich. Statistiken zeigen, dass in Bärenzeiten weniger Menschen Kinder wollen.
- Geben Sie dieses Buch an Freunde weiter.
- Besuchen Sie regelmäßig unsere Bear Market Strategies-Homepage, einen regelmäßig aktualisierten Onlinebericht, unter http://www.elliottwave.com/conquerthecrash.
- Nehmen Sie Kontakt mit den in diesem Buch erwähnten Dienstleistern auf! Ich bin Börsenanalyst und Prognost, kein Banker, Versicherer, Geldverwalter, Bewerter von Institutionen oder Depressions-Stratege. Die erwähnten Firmen können Sie durch den Dschungel geleiten. Manche können Ihnen innerhalb von Tagen bei dem Entwurf einer vollständigen Strategie helfen.

- Planen Sie voraus, wie Sie aus dem nächsten größeren Aufwärtstrend Nutzen ziehen wollen. Drücken Sie beispielsweise während des Niedergangs noch einmal die Schulbank und treten Sie rechtzeitig zur beginnenden wirtschaftlichen Erholung mit neuen Fähigkeiten hervor. Erlernen Sie gegen geringen Lohn einen Beruf, so dass Sie genug lernen, um am Tiefpunkt Ihren eigenen Betrieb zu eröffnen und auf der nächsten großen Welle des Aufschwungs und Wohlstands zu reiten. Spüren Sie in Schwierigkeiten geratene Unternehmen auf, die Sie am Tiefpunkt äußerst preiswert kaufen können.
- Lächeln Sie! Denn Sie sollen schließlich nicht aus dem Fenster springen, sondern sich auf die unglaublichen Gelegenheiten vorbereiten, die im nächsten Kapitel aufgelistet sind.

Kapitel 34: Was Sie am Boden eines deflationären Crashs und einer Depression tun sollten

Wenn Crash und Depression den Boden erreicht haben, müssen Sie die meisten Investment-Ratschläge aus Kapitel 33 einfach umdrehen. Wenn das Muster der Elliott-Wellen der großen Aktienindizes anzeigt, dass der Kollaps vorüber ist, dann nehmen Sie eine gute Menge Ihres sicher gelagerten Geldes und tun Sie Folgendes:

- Decken Sie Shorts ein und kaufen Sie Aktien überlebender Unternehmen zu Notverkaufspreisen.
- Kaufen Sie tief gefallene Anleihen von überlebenden Schuldnern.
- Kaufen Sie weiteres Gold, Silber und Platin.
- Kaufen Sie ausgewählte Grundstücke von notleidenden Banken.
- Kaufen Sie Ihr Traumhaus oder Ihre Traumvilla für ein paar Pennys pro Dollar.
- Kaufen Sie ein unterbelegtes Bürogebäude oder einen leerstehenden Betrieb, um Steuerrückstände zu decken.
- Kaufen Sie Ihre Lieblings-Kunst- und Sammel-Objekte zu Schnäppchenpreisen.
- Kaufen Sie Ihr Unternehmen zurück, eröffnen Sie ein Unternehmen oder kaufen Sie billig ein notleidendes Unternehmen.
- Haben Sie ein Auge auf die Rohstoffpreise. Im Allgemeinen sollte man circa zwei Jahrzehnte warten, bis die Inflation sich zu beschleunigen beginnt und der Kondratieff-Liquiditätszyklus sich

seinem Höhepunkt nähert, bevor man aggressiv kauft. Da eine Finanzkrise am Boden der Deflation hyperinflationäre politische Kräfte entzünden könnte, entscheiden Sie sich an diesem Punkt vielleicht zum Kauf einiger Rohstoffe zur Absicherung. Wenn der Futures-Markt den Crash überlebt, bietet der Rogers Raw Materials Fund ein hervorragendes Instrument. Er investiert in einen internationalen Warenkorb von 35 Rohstoffen, der ständig so angepasst wird, dass die prozentuale Gewichtung der einzelnen Rohstoffe konstant bleibt. Dies ist eine mechanische Methode, die dafür sorgt, dass man in relativer Schwäche kauft und in relativer Stärke verkauft, und das erhöht die Profitabilität des Fonds. Mehr über den Fonds erfahren Sie auf der Website www.rogersrawmaterials.com oder unter den Telefonnummern 800-775-9352 und 866-304-0450.
- Wählen Sie Ihren Wohnort sorgfältig aus und beobachten Sie wachsam die Weltpolitik, denn Kriege brechen häufig in einer Depression oder kurz danach aus (Genaueres darüber finden Sie in Kapitel 16 von *The Wave Principle of Human Social Behavior*).
- Lehnen Sie sich zurück und schauen Sie zu, wie die Märkte, in die Sie investiert haben, kräftig steigen und damit die Welt überraschen.

Sie haben überlebt! Jetzt lassen Sie es sich gut gehen!

Dienste, die Ihnen helfen können, in einer deflationären Depression zu überleben und zu prosperieren

Was ist für wen geeignet?

Die meisten in diesem Buch erwähnten Dienste sind für alle Anleger geeignet. Manche sind nur für Anleger mit einem gewissen Niveau von Sachkenntnis, Vermögen und/oder Einkommen geeignet. Im Verlauf Ihrer Erkundigungen stoßen Sie vielleicht gelegentlich auf Finanzdienstleistungen, die bestimmten Anlegern verschlossen sind, weil sie rechtliche und finanzielle Kriterien nicht erfüllen, die in den Vorschriften des entsprechenden Landes festgelegt sind und den Status des zugelassenen Händlers, des qualifizierten oder professionellen Anlegers definieren. Diese Vorschriften sind zum Schutz der Öffentlichkeit gedacht und können Ihnen den Zugang zu Diensten verbieten, die als nicht für Sie geeignet gelten. Firmen oder Personen, die mit solchen Regeln arbeiten müssen, sollten Ihnen erklären können, welche Vorschriften für Sie gelten, falls es welche gibt. Die meisten guten Anbieter versuchen verbindlich herauszufinden, welche ihrer Dienste für Sie geeignet sind und sagen Ihnen offen und ehrlich, wenn das nicht der Fall ist. Wenn Sie verschiedene Handlungsweisen erforschen und beurteilen, dann vergeben Sie bitte den Firmen/Personen, die Ihren Wunsch nicht erfüllen, denn sie befolgen gesetzliche Forderungen oder ihre eigenen noch strengeren Maßstäbe zu Ihrem Schutz.

Ich habe mich bemüht, in diesem Buch genügend Erkundungswege anzubieten, damit Leser aller Wohlstandsschichten von niedrig bis hoch nützliche Methoden zum Schutz ihres Vermögens in Zeiten der Deflation und Depression finden. Wenn Sie welche entdecken, die mir entgangen sind, lassen Sie es mich bitte wissen, damit ich sie überprüfen und gegebenenfalls auf unserer regelmäßig aktualisierten Website für die Leser dieses Buches unter www.elliottwave.com/conquerthecrash aufführen kann.

Mit den meisten Dienstleistern habe ich eigene Erfahrungen gesammelt, oder ich kenne den CEO persönlich. Vielleicht werden Sie noch besser bedient, wenn Sie erwähnen, dass Sie aus diesem Buch von ihnen erfahren haben.

Beratungsfirma zum Auffinden von Top-Geldverwaltern

Asset Allocation Consultants, Ltd.
Website: www.assetallocating.com
Email: enquiries@assetallocating.com
Postadresse: P.O. Box 613 Station „Q", Toronto,
Ontario M4T 2N4, Kanada
Telefon: 800-638-5760 oder 416-762-2330
Fax: 416-762-3793
CEO: Mark Edward „Ted" Workman
Mindestanlagesumme: 500.000 US-Dollar

Auskünfte über die sichersten Banken, Versicherungen und Edelmetall-Aufbewahrungseinrichtungen der Welt

Vermittlung von internationalen Werterhaltungs-Managern, Privatbanken, allgemeine Auskünfte etc.:

SafeWealth Group – Service Center
Email: clientservices@safewealthgroup.ch
Vizepräsident: Cari Lima
Postadresse: World Trade Center, C.P. 476,
1000 Lausanne, 30 Grey, Schweiz
Telefon: 41-21-641-1640
Fax: 41-21-641-1390

Übliche Mindestanlagesummen für
qualifizierte Institutionen:
Versicherungen: 100.000 Sfr
Aufbewahrung von Edelmetallen: 100.000 US-Dollar
Banken: 300.000 US-Dollar

Vermittlung von Versicherungen:

SafeWealth Services SA
Email: icollis@safewealthservices.ch
Präsident: Imogen Collis

Kauf und Aufbewahrung von Edelmetallen:

SafeStore Ltd. – Service Center
Email: m.amos@safestoreservices.com
Präsident: Michael Amos

Private Beratung zur Vermögensbewahrung:

SafeWealth Consultants, Ltd.
Email: clientservices@safewealthconsultants.com
Vizepräsident: Cari Lima

„Customized Dynamic Index Allocation"

Invesdex, Ltd
Website: www.invesdex.com
Email: info@invesdex.com
Postadresse: P.O. Box HM 1788, Hamilton HM HX, Bermuda
Telefon: 441-296-4400
Fax: 441-295-2377
Präsident und CEO: Valere B. Costello
Mindestanlagesumme: 100.000 US-Dollar

Inverse Index-Fonds

Bear ProFund, Ultra Bear, Ultra Short 100
Website: www.profunds.com
Postadresse: ProFunds, 7501 Wisconsin Ave,
Ste 1000, Bethesda, MD 20814
Telefon: 888-776-1970 oder 240-497-6400
Mindestanlagesumme: 15.000 US-Dollar

Ursa Fund, Arktos Fund, Tempest Fund, Venture Fund
Website: www.rydexfunds.com
Postadresse: Rydex Series Funds, 9601 Blackwell Rd,
Ste 500, Rockville, MD 20850
Telefon: 800-820-0888 oder 301-296-5406
Mindestanlagesumme: 10.000 US-Dollar

Gemanagte Bärenfonds

Gabelli Mathers Fund
Website: www.gabelli.com/mathers.html
Email: info@gabelli.com
Postadresse: Bannockburn, IL
Telefon: 800-962-3863
Mindestanlagesumme: 1.000 US-Dollar

Prudent Bear Fund
Website: www.prudentbear.com
Email: info@prudentbear.com
Postadresse: 8140 Walnut Hill Lane, Suite 300, Dallas, TX 75231
Telefon: 800-711-1848 oder 214-696-5474
Mindestanlagesumme: 2.000 US-Dollar

Newsletters, die Sie weltweit auf dem Laufenden halten

Early Warning Report
Website: www.richardmaybury.com
Email: pmc701@aol.com
Postadresse: P.O. Box 84908, Phoenix, AZ 85701
Telefon: 800-509-5400 oder 602-252-4477
Fax: 602-943-2363
Herausgeber: Richard Maybury

The Gloom, Boom & Doom Report
Website: www.gloomboomdoom.com
Email: mafaber@attglobal.net
Postadresse: 3308 The Center, 99 Queens Rd. Central, Hong Kong
Telefon: 852-2-801-5410
Fax: 852-2-845-9192
Herausgeber: Marc Faber

Grant's Interest Rate Observer
Website: www.grantspub.com
Email: webmaster@grantspub.com
Postadresse: 30 Wall Street, New York, NY 10005
Telefon: 212-809-7994
Fax: 212-809-8426
Herausgeber: James Grant

The International Speculator
Website: www.dougcasey.com
Email: internationalspec@agora-int.com
Postadresse: P.O. Box 5195, Helena, MT 59604
Telefon: 800-433-1528 oder 406-443-0741
Fax: 406-443-0742
Herausgeber: Doug Casey

The Long Wave Analyst
Email: ian_gordon@canaccord.com
Postadresse: Canaccord Capital, Suite 1200,
595 Burrard St., Vancouver, BC, V7X 1J1 Canada
Telefon: 604-643-0280
Fax: 604-643-0152
Herausgeber: Ian Gordon

Safe Money Report
Website: www.safemoneyreport.com
Email: wr@weissinc.com
Postadresse: Weiss Research, P.O. Box 109665,
Palm Beach Gardens, FL 33410
Telefon: 800-236-0407 oder 561-627-3300
Fax: 561-625-6685
Herausgeber: Martin D. Weiss

SafeWealth Report
Email: clientservices@safewealthadvisory.com
Postadresse: SafeWealth Advisory Ltd. - Service Center, P.O.

Box 1995, Windsor, Berkshire SL4 5LL, U.K.
Telefon: 44-1753-554-461
Fax: 44-1753-554-642
Herstellungs-Manager: Jane V. Scott

Physische Sicherheit

Das ist ein weites Feld. Hinweise finden Sie in den Kapiteln 26 und 28.

Portfolio-Manager, die keine Angst davor haben, bärisch zu sein

Das ist ein weites, spezialisiertes Feld. Hinweise finden Sie in Kapitel 20.

Sicherheitsratings von US-amerikanischen Banken und Versicherungen

IDC Financial Publishing, Inc.
Website: www.idcfp.com
Email: idcfp@execpc.com
Postadresse: P.O. Box 140, Hartland, WI 53029
Telefon: 800-525-5457 oder 262-367-7231
Fax: 262-367-6497

Veribanc, Inc.
Website: www.veribanc.com
Email: veribanc@worldnet.att.net
Postadresse: P.O. Box 461, Wakefield, MA 01880
Telefon: 800-837-4226 oder 781-245-8370
Fax: 781-246-5291

Weiss Ratings, Inc.
Website: www.weissratings.com
Email: wr@weissinc.com
Postadresse: P.O. Box 109665, Palm Beach Gardens, FL 33410
Telefon: 800-289-9222 oder 561-627-3300
Fax: 561-625-6685

Gold-, Silber- und Münzhändler in den Vereinigten Staaten

American Federal Coin & Bullion
Website: americanfederal.com
Email: info@americanfederal.com
Postadresse: 14602 North Cave Creek Rd.,
Ste. C, Phoenix, AZ 85022
Telefon: 1-800-221-7694 oder 602-992-6857
Fax: 602-493-8158
CEO: Nick Grovich

Fidelitrade
Website: www.fidelitrade.com
Email: info@fidelitrade.com
Postadresse: 3601 North Market Street, Wilmington, DE 19802
Telefon: 800-223-1080 oder 302-762-6200
Fax: 302-762-2902
CEO: Mike Clark

Hancock & Harwell
Website: www.raregold.com
Email: info@ raregold.com
Postadresse: Suite 310, 3155 Roswell Rd., Atlanta, GA 30305
Telefon: 888-877-1782 oder 404-261-6566
CEO: Robert L. Harwell

Investment Rarities, Inc.
Website: www.gloomdoom.com
Emai: jcook@investmentrarities.com
Postadresse: 7850 Metro Parkway, Suite 213,
Minneapolis, MN 55425-1521
Telefon: 800-328-1860 oder 612-853-0700
CEO: James R. Cook

Miles Franklin Ltd.
Website: www.milesfranklin.com

Email: miles@ix.netcom.com
Postadresse: 3601 Park Center Building, Suite 120,
St.Louis Park, MN 55416
Telefon: 800-822-8080 oder 952-929-7006
Fax: 952-925-0143
CEO: David M Schectman

Straight Talk Assets, Inc.
Website: www.coinmoney.com
Email: straighttalk@mindspring.com
Postadresse: P.O. Box 1301, Gainesville, GA 30503
Telefon: 800-944-9249 oder 770-536-8045
CEO: Glenn R. Fried

Fed-Beobachtung

Federal Reserve Board
Website: www.federalreserve.gov
Telefon: 202-452-3819

Ludwig von Mises Institute
Website: www.mises.org
Email: mail@mises.org
Postadresse: 518 West Magnolia Avenue, Auburn, AL 36832
Telefon: 334-321-2100
Fax: 334-321-2119
Buchkatalog unter: www.mises.org/catalog.asp?

The Money Market Observer
Wrightson Associates
Website: www.wrightson.com
Email: sales@wrightson.com
Postadresse: 560 Washington St., New York, NY 10014
Telefon: 212-815-6540
Fax: 212-341-9253
Herausgeber: Lou Crandall

Wellenanalyse, Wirtschaftsprognosen und Anlageberatung

Elliott Wave International, Inc.
Website: www.elliottwave.com
Email: customerservice@elliottwave.com
Postadresse: P.O. Box 1618, Gainesville, GA 30503
Telefon: 800-336-1618 oder 770-536-0309
Fax: 770-536-2514
Kostenpflichtiges Angebot: Bücher, Finanzperiodika, intensive Börsenberichterstattung, Blitzinformationen
Kostenfreies Angebot: *Market Watch, Market Report, Club EWI, Big Bear Café*
Nur für Leser des vorliegenden Buches: Regelmäßige kostenlose Aktualisierung der Dienste, die Sie und Ihr Vermögen schützen können: www.elliottwave.com/conquerthecrash
CEO: Robert R. Prechter, Jr.

Spezielle Arrangements

Asset Allocation Consultants, Ltd. (www.assetallocating.com) verschenkt für jeden Beratungsauftrag ein Freiexemplar von *At the Crest of the Tidal Wave*. Das Unternehmen kauft die Bücher bei meinem Verlag, daher ist das für mich in Ordnung.

Lang Asset Management, Inc. (404-256-4100) bietet *At the Crest of the Tidal Wave* jedem, der um Auskunft bittet, zum halben Preis an.

Wenn Sie nachweisen, dass Sie EWI-Kunde sind oder dieses Buch gekauft haben, erhalten Sie den 39 Seiten umfassenden Bericht der SafeWealth Group mit dem Titel *Asset Survival in a Depression* (oder einen neueren Bericht, je nach dem Zeitpunkt) sowie ein Jahresabonnement von *The Safe Wealth Report* für 299 US-Dollar – also deutlich unter dem regulären Preis von 450 US-Dollar. Bestellen Sie bei Elliott Wave International unter 800-336-1618 oder 770-536-0309 oder besuchen Sie www.elliottwave.com/specialoffer/swr

Zusätzlich zu der kostenlos aktualisierten Liste der Dienste erhalten Leser des vorliegenden Buchs unter www.elliottwave.com/conquerthecrash spezielle Paketpreise für *The Elliott Wave Theorist*, *The Elliott Wave Financial Forecast* und unsere wichtigsten Bücher, unter anderem *The Elliott Wave Principle*, *At the Crest of the Tidal Wave* und *The Wave Principle of Human Social Behavior*.